董晓萍主编

清代民俗文献史研究丛书

北京旧城观音女庙研究

舒　燕　著

學苑出版社

图书在版编目（CIP）数据

北京旧城观音女庙研究 / 舒燕著 .—北京：学苑出版社，2015.6
ISBN 978-7-5077-4784-3

Ⅰ .①北… Ⅱ .①舒… Ⅲ .①佛教—寺庙—研究—北京市—近代
Ⅳ .① B947.21

中国版本图书馆 CIP 数据核字（2015）第 118769 号

出 版 人：孟　白
责任编辑：刘　丰
出版发行：学苑出版社
社　　址：北京市丰台区南方庄 2 号院 1 号楼　100079
网　　址：www.book001.com
电子邮箱：xueyuanpress@163.com
销售电话：010-67601101（营销部）、67603091（总编室）
印 刷 厂：北京京华虎彩印刷有限公司
开本尺寸：787×1092　1/16
印　　张：16
字　　数：251 千字
版　　次：2015 年 6 月第 1 版
印　　次：2015 年 6 月第 1 次印刷
定　　价：70.00 元

北京师范大学民俗典籍文字研究中心

教育部人文社会科学重点研究基地重大项目

清代民俗文献研究

（项目编号：01JAZJD840002）

北京市支持中央在京高校共建项目

资 助 出 版

总序：清代民俗文献史研究

董晓萍

清代民俗文献上承以往，下及现代社会文化建设，是我国古今民俗史的交结点，也是民俗学田野作业的切入点。20世纪七八十年代以后，出现了一批研究明清社会的中外学术著述，所研究的问题涉及清代的乡村会社、城镇、家族、戏曲、宗教寺庙和社会风俗等多个方面，但这些研究主要是历史学、社会学和宗教学的，而且以书面文献为主，很少使用民俗文献，这就不免给这种研究的结果带来局限。本丛书弥补这种不足，主要发挥民俗学的优势，研究清代民俗文献史，并将搜集民俗文献与田野调查相结合，争取以较为扎实的理论成果，为这方面的研究提供新的理论思考。

清代民俗文献史是距今最近的民俗史，目前尚健在的90岁以上老人是清末民俗的最后见证人，其子孙是现代文化中人，但他们之间还有三代以上传承民俗的实例。迄至21世纪初，我国基层社会还保存了一批清代民俗文献，如碑刻、宝卷、影卷、会章和仪式文本等，有的还续有流传，口头叙事资料也很多，可供实证研究。此外，清代历史典籍中记载的民俗史料也不少，不过需要在尽可能的条件下开展调查，了解民俗社会的解释，以救活死文献。这种工作，可以让书面文献与民俗文献互相激发、打通阐释清代社会，也适当延伸到民国时期的社会文化变迁，从一个新的视角，探索最容易接近“社情民意”的清代民俗文化的途径。在这项研究的进行过程中，我们还开展了国际学术对话，不少有兴趣的国际同行参与进来，扩大了对中国清代社会的认识。

本丛书的研究获得教育部人文社会科学重点研究基地重大项目“清代民俗文献史研究”（项目批准号：01JAZJD840002）的支持，现在奉献给读者的是它的结项成果。

一、研究思路和研究方案

清代民俗文献史研究是一个前人很少涉及的领域，故本套丛书要有所突破，主要体现在研究思路和研究方案上。

在研究对象上，本套丛书打破从前我国民俗史研究的“三大类”格局（民间文艺、地方志、岁时记），转向按民俗事象本身的分类做通时研究，同时也注意与书面文献做交叉研究，分为清代精神民俗、清代物质民俗、清代宗教民俗和清代社会组织民俗诸类，先做分体研究，然后再做综合性的描述和阐释。

研究方案的突破。根据研究对象的需要，考虑到本项研究的前期基础薄弱，在研究方案上，侧重撰写民俗志，作者提供三个层面的民俗文献分析报告，以增强民俗文献研究的科学性。这三个层面包括：研究对象的民俗文献、研究对象的生活史、研究对象的民俗传统与现代变迁的田野调查报告。研究的个案点，选择目前存在清代民俗传承活动的河北、北京和新疆三地，这些地点也都是作者的家乡或熟人的故乡，可以深入地把握地方文化脉络，获得底层文献，也方便对当事人及其社会网络关系展开深层访谈。我们把民俗文献的历时传承一个点、一个点地搞明白，再做亚文化圈研究，解释民俗文献传承的时空意义形态和社会功能。

这种研究，所看到的不是以大历史为视角的清代地方史，而是民俗社会本身关心的宇宙自然、社会百态、生活方式、宗教信仰和人生具体问题。它们以自下而上的观点和行动，反映国家社会的形象，展现人与自然界和社会的统一生态关系，内含丰富的民俗文化知识。了解它们、认识它们和接纳它们，用它们来发现我们的作茧自缚和自以为是，正是我们的基本思路。在方案中，把民俗文献与书面文献对照研究，也与以往的学术习惯不同。尤其是书面文献，我们会尊重田野的启示，从民众的视角，将之视为另一种手写口传的民俗文献，因为所有的书面文献在民间都有超出书斋想象的意义，也有属于民众的使用方式。所谓文字与民俗的判然分野，是学者自己头脑中对中国历史文化的固有构想，无论在国内还是国际学界，现在都在突破它的束缚。

二、文献分类与资料系统

这套丛书的定稿用了十年的时间。随着搜集民俗文献越多，个案调查越深入，我们越告诫自己要慎重。在所得资料中，有的难以按照以往民俗学的定义分类，有的无法在田野中调查。所搜集到的清代多民族民俗文献，将其完全按照汉族与少数民族切割或完全混同起来也都不合适，根据这种情况，我们采用了兼容性较强的地方性、民族性和个案专题化相结合的原则，用以处理不同地区、不同民族、不同分层和不同介质的资料。在初步研究的基础上，我们还将各类民俗文献数字化，按个案专题分类贮存，或者不分类按附件保存，使之成为可供学术研究使用的资料系统。

本项研究的资料分类要点有三。

研究对象的民俗文献。包括清代至民国刊本地方史志和民俗志著作，北京佛道典藏中的个案点寺庙碑刻文献，国家图书馆和中国第一历史档案馆库藏清代书面文献中关于农政制度、岁时节日、民间习惯法、文娱管理等方面史料，清代俗语辞典，清代社会、历史、文化、外交使节和社会风俗研究书目。有关它们的主要书籍、历史档案与研究专题数据库。

研究对象的生活史。以晚清至民国时期为主，大体可搜集六代人的生活史资料，撰写了个人生活口述史、师徒谱系口述史、行业组织口述史、工匠工程口述史、历史作坊和社会网络口述史料、商号铺保口述史和宗教活动口述史等，附以同名专题数据库，录入研究对象的音视频数据和所在文化空间的 GPS 定位数据，编绘数字地图等。这种储备的目标，是将口述史资料放到具体时空要素中和文化生态环境中做观察和分析。

研究对象的民俗传统与现代变迁的田野调查报告。全部作者都有连续多年的调查，也有个案点与其他点的比较调查，最后编成各书成书前的田野报告资料集，再选择样本刊登。

从清末民初到现在一直流传的民俗文献与保存利用它们的民间组织，如河北易县的南高洛村宝卷乐会、北京旧城寺庙组织和新疆柯尔克孜族麻扎祭祀与《玛纳斯》史诗唱诵仪式等，在这次调查中，在更广阔的中国文化背景下，为我们展现了清代多民族、多阶层民俗互动传承的多样图景，有助于我们从个案化的视角，对清代民俗文献系统和研究成果做描述和阐释。当然，我们也避免将个案点的作用夸大，还是重点揭示个案点民俗文献史的结构模式、文化价值、历史地位和社会功能。

三、个案专题与研究内容摘要

本套丛书的研究内容，选择了以往鲜有涉猎的专题，如清代北京城市行业与寺庙民俗志、河北宝卷民俗研究等，也有清代新疆少数民族民俗史的个案。在研究时段上，均以清代为主，不过也会严格依照民俗传承不会按照学者的历史划界行事的规律，遵循研究对象本身的民俗传承时间，同时也根据田野调查可能性的现实，增加对民国时期或以后相关民俗的研究。

以下说明个案专题名称与主要研究内容。

《清代北京内城鲁班寺庙与木作研究》，董晓萍撰，主要研究清代北京鲁班木作行业文化。在北京首都城市史上，从皇室宫廷、上层社会到市民阶层，都与鲁班木作有联系。北京寺庙中的鲁班碑自清乾隆中期至今已有250年的历史。木作崇祀鲁班碑和鲁班馆的活动持续到近年。本书研究北京历史城市与木作寺庙和行业生产的运行方式，木作对北京清代皇室艺术的塑造，对北京城市手工技艺行业文化遗产的营造和工匠市民化的过程等。相对而言，木作行业与市民社会史民俗文献资料是十分缺乏的。本书采用了多学科交叉研究的方法，使用历史档案、寺庙碑刻和口述史等多种类型的资料开展研究，建立城市民俗史、工匠社会史和行业文化史的综合研究个案，并从这一角度，分析清代城市生产生活。

《北京旧城观音女庙研究》，舒燕撰，从民俗学与宗教学的双视角切入，使用金石碑刻、寺庙档案和个案访谈等多种资料，探讨清末至民国时期北京旧城观音女庙与北京城市社会结构的关系、北京旧城观音女庙与北京女性人生史的关系，以及北京旧城观音女庙的女市民信仰群体类型、地方仪式、传承特征与日常生活等问题。清末至民国时期，北京旧城观音女庙的变化形态与北京城市社会变迁有密切关系。观音女庙是女性的信仰空间，也是她们的社会生存转换空间。该个案从一个侧面，揭示了清代以来北京女性的家族史、生活史和信仰史，可丰富北京城市民俗史和城市社会史的研究成果。

《清代以来北京内城土地庙民俗志》，赵娜撰，主要以清代至民国时期为时段，以北京内城土地庙为对象，使用北京地方史志、土地庙碑刻、政府档案、文物调查资料、民间故事和田野调查资料，对北京内城土地庙进行描述性研究，撰写北京内城土地庙民俗志，重点阐释北京内城土地庙的宗教民俗内涵、北京内城土地庙与首都城市土地管理和人口管理的关系、土地庙的社区性和市民社会组织民俗等，讨论北京内城土地庙的地权问题，指出在北京清代至民国时期土地国家管理的城市环境下，北京内城土地庙地权的概念和所有制内涵的复杂性，对北京历史城市的社区土地观、人口资源观和建筑风水观等做了较充分的调研和分析。

作者还从行政、宗教和空间三个角度，探讨北京内城土地庙的分类与民俗，阐述北京内城土地庙的分类逻辑与规则，指出北京内城土地庙及其地权概念的复杂性，指出政府、寺庙、住持和市民四个利益群体对北京内城土地庙内空间及其相关土地所具有的权力和所拥有的权利，揭示北京内城土地庙现实地权与象征地权的内涵和特点。

《河北后土宝卷与地祇崇拜》，尹虎彬撰。清代宝卷研究成果已有不少，但从民俗文献史的角度，运用史诗学和宗教学结合的方法，使用宝卷经卷、民间叙事和口述史资料，开展宝卷研究，本书是首次尝试。这是关于河北易县民间后土宝卷及其口头叙事传统的个案研究，主要涉及当地村庄和相关农村社区的后土神庙、音乐会、佛事会及其仪式、口头叙事文本，及其清代以来民俗文献史的分析。这些材料存在于地方民俗社会中，也延续到今天。这种宝卷具备了宗教经卷的语言，同时也具有地方性、民间性和口头传统的模式。宝卷和民间叙事互为文本，两者存在着借用、传递、仪式化和地方化的动态影响过程。对这个过程的认识，必须借助在当地文化语境中进行田野调查来完成。作者指出，后土崇拜是一种含有音乐仪式和神话成分的民间信仰活动。后土在季节性重复出现的神灵祭祀仪式中处于中心地位。对于宝卷的实际表演和后土灵验叙事而言，其核心内容表现为讲述后土的故事，把后土作为一位神祇来召唤，它的力量便可以显现，庇护共同体的人们。

《新疆柯尔克孜族麻扎民俗志》，古丽巴哈尔·胡吉西撰。清代皇室与新疆联系密切。本书首次撰写新疆柯尔克孜族麻扎民俗志，作者是新疆柯尔克孜族人，运用民俗学和民间文艺学的理论与方法，在大量第一手田野调查资料的基础上，以柯尔克孜族麻扎信仰研究为切入点，搜集、整理和建立柯尔克孜族麻扎民俗资料系统。使用英雄史诗《玛纳斯》中有关麻扎的内容以及大量的柯尔克孜麻扎传说和相关歌谣，分析麻扎与史诗《玛纳斯》的关系，以及麻扎的传说和歌谣的内涵，阐释有关麻扎的民间叙事所体现出来的“神圣”性叙事核心。围绕这个核心，麻扎传说聚拢了动物神灵、植物神灵、祖先神灵，召唤伊斯兰教先知以及一些历史传说人物。多种神灵以及圣人在麻扎传说中集聚，形成多神崇拜结构。柯尔克孜族麻扎民俗与自然、人文环境关系密切，在新疆当地的生活环境、生产生活方式以及宗教信仰的共同作用下，柯尔克孜族麻扎民俗的分布景观、史诗传承和宗教民俗方面形成了自己的区域特征。

清代民俗文献史研究是一个庞大的计划，清代很长，中国很大，调查研究仅凭几年是做不完的。目前其他个案点的研究还在继续，另几种民俗志的撰写也已完成，期待不久能为读者奉献新作。

本项研究的立项主持人是刘魁立先生，后来由于科研管理体制的变动，由我实际主持完成。刘先生始终是我尊敬的前辈，在此向他致谢！

感谢学苑出版社徐建军先生对出版民俗学理论研究成果的全力支持！此外，我们在学苑出版社出版的本丛书与其他学术期刊中，总编室刘丰主任担任审校和编辑的工作，这些“文字交”让我们神遇，也让我们无法忘记这幕后的许多辛劳！

2014 年 6 月

目　录

第一章　绪　论

观音是中国百姓生活中最有影响力的一位女神。1949 年以前，北京有许多以观音菩萨为主神的庙宇。本书以北京旧城观音女庙为考察对象，以清末至民国时期的历史时段为重点，从民俗学与宗教学综合研究的视角切入，综合运用北京史志文献、寺庙档案、碑刻和田野访谈资料，初步探讨北京旧城观音女庙与北京城市社会结构的关系、北京旧城观音女庙与北京女性人生史的关系以及北京旧城观音女庙中的女市民信仰群体类型、地方仪式、传承特征与日常生活等。笔者尝试通过对相关历史文献和个案访谈记录的梳理，对上述问题进行描述和分析，藉此拓展都市民俗学的研究领域，丰富北京城市民俗史和社会史的研究成果，也为北京作为历史文化名城的寺庙遗产保护工作提供学术参考。

第一节　观音信仰研究综述

观音信仰来源于印度。自汉魏时期传入中国后，形成宗教性与世俗性两种不同的文化特性，二者共同构成了完整的观音文化体系。[①] 李利安认为，观音信仰之所以能在中国落地生根并广为流行，主要有两个原因：一是“印度大乘佛教经过几百年的发展使观音信仰具备了非常完整而成熟的理论体系和实践体系”，“而

① 首都图书馆编《佛教慈悲女神：中国古代观音菩萨》（前言），北京：文物出版社，2008。

观音所具备的慈悲救世的品格也正好切合了中国人的需要，弥补了中国文化之所缺”。二是“观音信仰在向中国传播过程中更加紧密地切合着中国的社会、中国的文化及中国人的心理，从而使这种传播呈现出不断演进、不断调整的动态历史画卷”。[①] 从观音信仰在中国传播与发展的历程来看，观音研究具有很强的综合性和明显的跨学科性质，在信仰层面上即涉及观音经典、观音传说、观音图像、观音仪式等多个方面。以往中外学者从文学、民俗学、民间文艺学、宗教学、历史学、艺术学与考古学等不同学科角度对观音信仰的中国化问题进行研究并取得了显著成果，这些成果拓展了观音信仰研究的思路和领域。

一、观音研究的文学视角

中国学者对观音信仰的关注与研究首先是从文学开始的，这方面的早期论著主要有清代学者俞正燮的《观世音菩萨传略跋》和《观世音菩萨名义考》。在《观世音菩萨传略跋》中，俞正燮从元代大书法家赵孟頫夫人管道昇所作《观世音菩萨传略》入手，对妙善传说自唐至明的传播情况以及文人学士对这一传说的态度进行了简要介绍，并通过大量文献资料（以佛经为主），对观世音菩萨的性别问题进行了详细考证。作者认为“观世音为女身，其事见于南北朝。名妙音、妙善”。而唐代和宋代僧人所译佛经也以观音为女身，元代管道昇的《观世音菩萨传略》正是受了上述佛经内容的影响而产生的。值得注意的是在观音信仰中土化的过程中，观音的名号也数度发生改变。文献中所见最多的是“光世音”、“观世音”和“观自在”。为了正本清源，作者紧接着又在《观世音菩萨名义考》一文中对观音的名号进行了考证，认为“光”字“乃从中土音转”，为俗僧误译，正确的译法应该是“观自在”或“观世音”。[②] 俞正燮在观音研究中主要使用了考证方法以探究观世音菩萨的性别和名号转变问题，其研究对了解自唐代至明代观音信仰在中国的传播概况颇有助益，对20世纪海内外学者的观音研究产生了很大影响。

---

① 李利安《观音信仰的渊源与传播》，北京：宗教文化出版社，2008，第7页。

② 俞正燮《癸巳类稿》（卷十五），上海：商务印书馆，1957，第570—579页。

20世纪90年代以后，中国内地学者对观音信仰的关注有所提升，其中从文学视角进行研究的力作有孙昌武的《中国文学中的维摩与观音》。该书从文学入手，探讨了观音信仰的弘传、六朝观音应验传说、净土信仰与净土观音、大悲观音信仰与文学艺术、观音的俗神化与艺术化、宋代以后文学创作中的观世音等诸多问题，认为观音信仰体现了早期大乘佛教中“他力救济”观念。传到中土以后，其核心是现世救济，并广泛流行于社会各阶层之中。[①] 书中很多观点具有启发意义，如观音信仰与道教的关系、观音的本土化与宋代以后民间宗教的关系、观音信仰与妇女生活的关系等。作者认为，“早在六朝后期，观音已经开始被‘道教化’了”。[②] 观音的本土化与五代以后传统佛教宗派在中土的衰落有关，代之而起的是民间宗教。宋代以后的民间宗教在观音“俗神化”的进程中“起了相当大的作用”。在白莲教、明教等民间宗教教派中，观音被尊奉为主要神祇，具有佛教之神与民间俗神的双重特征。[③] 作者亦指出，在北魏时期的观音造像与题记中“有众多的妇女”。观音图像中女性观音的增加，一方面“是女性信徒在观音信仰中势力增大的表现”，另一方面，中国女神信仰（如女娲、西王母等）的传统给创造新的女神以启发。[④] 在对“净土信仰与净土观音”、“大悲观音信仰与文学艺术”的研究中，作者指出：中国佛教净土信仰的特征之一是向社会更广大层面的普及。唐代的净土观音信仰更已深入地影响到民众的生活与感情的深层。“特别值得注意的是这种信仰广泛普及到士大夫的家庭中。家庭，特别是其中的妇女，构成了与官宦经世之业有距离的另外一个世界。”[⑤] 虽然唐代文人自身的观音信仰有限，但从龙门石窟铭文和大量文献资料看，在当时的士大夫家庭中，观音信仰已相当深入。而唐代大悲观音信仰得到弘传的社会背景则与武则天的提倡有关。[⑥] 除上述内容外，作者还谈到了观音信仰与地方文化的关系，指出观音俗

① 孙昌武《中国文学中的维摩与观音》，天津：天津教育出版社，2005，第8页。

② 孙昌武《中国文学中的维摩与观音》，北京：高等教育出版社，1996，第286页。

③ 孙昌武《中国文学中的维摩与观音》，北京：高等教育出版社，1996，第288—289页。另参见[美]欧大年《中国民间宗教教派研究》，上海：上海古籍出版社，1993，第84页。

④ 孙昌武《中国文学中的维摩与观音》，北京：高等教育出版社，1996，第292—293、312—314页。

⑤ 孙昌武《中国文学中的维摩与观音》，天津：天津教育出版社，2005，第188页。

⑥ 孙昌武《中国文学中的维摩与观音》，天津：天津教育出版社，2005，第207—208页。

神化的结果还产生了一批具体地域的观音，如宋代的东海观音、汝州香山观音、襄阳观音和杭州天竺观音。[①] 作者对古代笔记小说中的观音故事以及对宋代以后作家创作的小说戏曲中所反映的观音信仰形态的分析和研究也有启发意义。[②]

20 世纪 80 年代以来，海外学者对观音信仰亦给予了相当关注，其中从文学视角对观音传说文本进行考察的有台湾学者张静二对《西游记》中观音形象的初步研究、[③] 杜德桥（Glen Dudbridge）对《妙善传说》的个案研究等。《妙善传说》是这一类研究中的代表作。与中国学者的宏观研究和粗线条描述不同，杜德桥（Glen Dudbridge）对《妙善传说》的研究体现了西方学者缜密的逻辑思维能力和善于抓住研究对象层层剖析的能力。在研究方法上，《妙善传说》也给予学界很多启示，比如文献考证法、比较研究法和田野调查法的综合运用等。[④]

二、观音研究的民俗学与民间文艺学视角

在民俗学领域，观音信仰是被作为一种宗教民俗现象加以考察的。钟敬文在 20 世纪 90 年代曾提出对中国民俗文化学体系结构的设想。他认为，中国民俗学作为一门新学科，在结构体系上应包括以下六个方面：一般民俗文化学、特殊民俗文化学、描述民俗文化学、历史民俗文化学、应用民俗文化学和民俗文化学方法论。其中，特殊民俗文化学"指对民俗文化某一门类的研究和表述，如家族民俗文化学、经济民俗文化学、宗教民俗文化学、艺术民俗文化学，等等"。[⑤] 据此，北京旧城观音女庙在研究对象上应属于特殊民俗文化学，与家族民俗、经济民俗、宗教民俗、艺术民俗等民俗文化现象都有密切关系。相对于中国民俗文化学体系结构中的其他方面来说，当代民俗学者在宗教民俗学方面的研究还十分薄弱。作为一个有待开拓的新领域，民俗学者在这方面的研究需要综合运用其他学

---

① 孙昌武《中国文学中的维摩与观音》，北京：高等教育出版社，1996，第 306 页。

② 孙昌武《中国文学中的维摩与观音》，天津：天津教育出版社，2005，第 321—332 页。

③ 张静二《西游记人物研究》，台北：台湾学生书局，1984。

④ 杜德桥（Glen Dudbridge）《妙善传说》，李文彬等译，台北：巨流图书公司，1990。

⑤ 钟敬文《民俗文化学发凡》，《钟敬文文集·民俗学卷》，合肥：安徽教育出版社，2002，第 20—24 页。

科的理论知识——如宗教学、社会学的理论方法才有可能取得突破。钟敬文在其晚年对中国民俗学的理论建构中多次提醒研究者“要树立‘作为文化的民俗’的观念”，并强调了民俗学所涉及的文化事象“不是民族文化范畴的全部，只是其中的中、下层那一部分”。① 钟敬文从中国文化的实际情况出发所提出的中国民俗文化学体系结构的理论构想，拓展了中国现代民俗学的研究领域，使当代中国民俗学者在研究古今民俗现象时具有更加自觉的文化意识，更加注意跨学科方法的运用，这一点对本书具有重要理论指导意义。

现代中国民俗学者对宗教民俗现象的关注可追溯到“五四”时期。从周作人、钟敬文、顾颉刚、江绍原等中国现代民俗学运动参加者的早期研究中可概括出以下几个特点。

早期民俗学者对宗教民俗的关注往往与民间宗教联系在一起。在这方面，周作人的研究对中国现代民俗学产生了较大影响。周作人是一位深受西方现代学术思想影响的学者，同时又对中国传统文化有着深切的认识和感受。他在 20 世纪初至 20 世纪中期所写的关于中国宗教民俗的文章贯穿着对下层民众的同情，其中《无生老母的信息》即体现了作者对宗教民俗所持的既批判又同情的态度。在这篇文章中，作者对中国民间教派的最高女神——无生老母产生的原因进行了分析，指出这类信仰大约起源于人类根本的母神崇拜。作者不赞成黄壬谷把民间宗教一概视为邪教的主张，认为“假如平民的生活稍裕，知识稍高，那么无生老母的崇拜也总可以高明得多吧”。② 这篇文章体现了“五四”以来进步知识分子所倡导的观念，即欲提升民众的精神生活，需先提高民众的物质生活水平，其次是普及教育。尽管二者很难兼顾，但应作为社会改革的方向。

与周作人不同，顾颉刚是以历史学者的身份参与到五四时期中国民俗学运动中来的，其对妙峰山碧霞元君信仰的调查研究活动体现了中国现代民俗学的方法论特色。1925 年春，顾颉刚与容肇祖等人对北京西部妙峰山朝顶进香活动进行了为期三天的调查，并从民间香会的组织、仪式和气氛中感受到了中国民众浓厚的

---

① 钟敬文《民俗文化学发凡》，《钟敬文文集 · 民俗学卷》，合肥：安徽教育出版社，2002，第 19 页。

② 周作人《无生老母的信息》，吴平、邱明一编《周作人民俗学论集》，上海：上海文艺出版社，1999，第 181—187 页。

宗教意识。这次调查活动及其参与者此后撰写的调查报告，在中国现代民俗学史上具有开创意义。顾颉刚对宗教民俗的研究，有些集中在道教方面。他还以碧霞元君和天妃为例，进一步说明了中国道教女神的地方性特征。与其他学者不同，顾颉刚在研究宗教民俗时特别重视实地调查，认为研究神道“必须亲到各地搜集材料，不能单靠书籍”。在研究中，他擅长对不同材料进行对比，较多地使用了比较研究的方法。在知识分子对宗教民俗的态度上，他特别强调：朝山进香，是民众“生活中的一个重要部分，绝不是可用‘迷信’二字一笔抹杀的”。[①]也就是说，知识分子应该把民众的宗教信仰活动与他们的生活联系在一起，用一种理解的目光来看待宗教民俗在民众生活中的重要作用，而不是主观、简单地一批了事。这些观点对于当代民俗学者从事宗教民俗研究仍具有积极意义。

20世纪上半叶，中国学者在宗教民俗研究方面的重要成果还有江绍原对于宗教和礼俗迷信的研究。1919年2月和1919年4月，江绍原在《北京大学月刊》上相继发表了《研究宗教学之紧要》和《宗教与人生》两篇文章，对宗教学及宗教的定义、宗教现象的分类、研究宗教学之利益以及宗教与人生的关系等问题进行了全面阐述。在《研究宗教学之紧要》中，作者指出：在中国古代学术传统中，宗教研究似乎是不占一席之地的，即使到了近现代也还是如此。因而“我处今天的中国，作论讲宗教学的紧要，也好像是在四顾无人的旷野，提起嗓子喊”。在《宗教与人生》中，作者认为宗教与人生的关系十分密切。宗教的作用在于“启发自觉”、“促进生活”。在五四运动早期，江绍原即提倡以科学的态度与批评的眼光，来认真对待和研究宗教问题，既不盲目相信，也不全盘否定。研究宗教的目的是为了正确引导，“使之不与我们个人的、国家的、革新的生活冲突，更进而诱之使有所贡献、圆满、丰富、抬高我们生活的量与德”。[②]江绍原对宗教问题与礼俗迷信的关注与研究，一方面奠定了他在中国现代民俗学史上的重要地位，另一方面也说明民俗学与宗教学的综合研究，不仅在学科建设上具有理论意义，而且有着重要的社会应用价值。

---

① 钱小柏编《顾颉刚民俗学论集》（自序），上海：上海文艺出版社，1998，第9—11页。

② 江绍原《研究宗教学之紧要》、《宗教与人生》，原载《北京大学月刊》，1919年2月第一卷第二号；1919年4月第四号。转引自王文宝、江小蕙编《江绍原民俗学论集》，上海：上海文艺出版社，1998，第36、50—62页。

在中国现代民俗学史上，观音信仰的早期成果主要有李圣华的《观世音菩萨之研究》。该文发表于《民俗》周刊1929年第78期。[①]全文除结论外共有四个部分，包括：一、观世音崇拜史略与其名义传说等；二、观音大士如何变成观音女士；三、观音崇拜；四、观音在文学之地位。李圣华从佛经中之观世音[②]、普通传说中之观音、图画中之观音等三个方面探讨了“观世音菩萨之面目”，并特别强调了中国观音信仰与道教的关系。关于中国观音女性化的时间，作者根据“图画中之观音”指出：唐以前多男像，以后则作女身，即认为中国观音女性化始自唐代。此外，作者从观音形象入手对图画中的观音进行了分类，其中比较重要的有过海观音、紫竹观音、鱼篮观音（含放生意义）、八难观音、千手千眼观音、普陀观音、白衣观音等。关于白衣观音，作者认为“著者不知从何取义。或取其清净无瑕之意。西洋学者疑是受犹太 Essenese 教派常穿白衣之僧侣所影响。此说恐不确”。[③]文章否认了白衣观音与外来文化的关系，但对其来源及意义未做进一步探讨。作为从民俗视角对观音信仰进行考察的早期成果，李圣华的《观世音菩萨之研究》尽管在某些方面失之简略，比如在图像观音部分没有收入所有的观音造像，但其观点对后来的观音研究有诸多启示。[④]作者特别强调了观音在平民文学中具有极其重要的地位，并指出中国民间有多种观音传说或唱本，如观音在《西游记》和被称为“民间最大之戏剧”的《目莲救母》戏中均占有重要位置。此外，作者还指出了佛典宝卷对于中国文学的深刻影响，其中“讲述观音者有香山

---

① 中山大学语言历史学研究所《民俗》（《神的专号》三），1929年第78期，第5—23页。

② 李圣华在《观世音菩萨之研究》中谈到的与观音有关的佛教经典主要有《楞严经》、《妙法莲花经》和《法苑珠林》等。

③ 中山大学语言历史学研究所编《民俗》（《神的专号》三），1929年第78期，第11页。

④ 关于观音，李圣华在文中强调了五点：第一，观世音是中国救苦救难之神（把人从物质困苦或精神迷妄中拯救出来，又可被称为“爱之神”）。第二，观音有两种特别责任：帮助人类生育；管理大海。第三，观音有变神之术，适合环境，以施拯救。第四，观音常显圣，且常在梦中。作者感叹：“中国诸神，有能似观音与中国人心理发生密切关系者，可云绝无！”第五，欲得拯救者，可称其名，或诵其经，便可得救。此“大有法术之臭味”。“观音崇拜与净土宗可云同派，净土宗亦以念佛为得救之道也。”参见李圣华《观世音菩萨之研究》，中山大学语言历史学研究所《民俗》（《神的专号》三），1929年第78期，第11—12页。

宝卷，鱼篮宝卷，鹦哥宝卷，皆极名贵”。[①] 这些观点体现了中国早期民俗学者在考察观音信仰时的独特视角，既注重观音传说、佛典宝卷等民间文本在观音信仰传播中的作用，同时又强调中国观音信仰与道教的关系，凸显了观音信仰作为一种外来宗教信仰与中国本土文化彼此融合的鲜明特色。

从中国现代民俗学学术史来看，中国民俗学者对民众生活中宗教文化现象（如观音信仰和碧霞元君信仰）的关注首先与神话传说故事联系在一起。在这方面研究时间较长并提出了理论观点的学者是钟敬文。早在 20 世纪 30 年代，钟敬文作为一位深受五四新文化运动影响的知识青年，即以其敏锐的洞察力指出了宗教观念对观音故事及传说的影响，并暗示了观音——这位来自印度的菩萨与中国本土文化的深厚关系。1933 年，钟敬文在为张清水所记录的口传故事集《太阳与月亮》作的序言中指出：在古代神话中反映着原始人的宗教观念，如禁忌、语言的超自然的能力、“物体变形”等观念，“像蝇和蚁，是土地伯公和观音老母用小纸团、泥土咒化成功的（《蝇与蚁》）、米粒是观音娘娘的乳汁和血变成的（《米粒的来源》）”。[②] 在这些故事中，观音既是擅长咒术的巫师，又是创造万物的大神，从中可以看到中国民间观音信仰是与女神崇拜紧密联系在一起的，具有鲜明的中国本土文化特色。[③] 其次，中国民俗学者对宗教民俗现象特别是印度观音信仰中国化、本土化的研究，还与富有地方特色的香会活动结合在一起。20 世纪 30 年代，卫惠林在对丰都宗教习俗进行调查时，即从殿宇建造、信仰仪式、香客活动等方面，记述了明清以后特别是清代以来，在丰都以道教为核心的宗教世界中观

---

① 李圣华《观世音菩萨之研究》，中山大学语言历史学研究所《民俗》（《神的专号》三），1929 年第 78 期，第 21—22 页。

② 钟敬文《中国神话之文化史的价值》，钟敬文《民俗文化学 · 梗概与兴起》，北京：中华书局，1996，第 171 页。

③ 20 世纪上半叶，从传说角度研究中国民间女神的论文还有罗香林的《碧霞元君》。在这篇文章中，作者一方面指出了传说在中国民间造神运动中的作用，认为“神的略历是建筑在民众的传说上的”；另一方面对碧霞元君的职能以及与中国古代女神的关系进行了分析。全文分为引文、碧霞元君的略历、碧霞元君的职能、民众迷信碧霞的原因、泰山的碧霞元君、妙峰山的碧霞元君、碧霞元君与古代中国的女神、结论等八个部分。参见中山大学语言历史学研究所编《民俗》周刊（第 69-70 合刊，《妙峰山进香调查专号》），1929 年。

音信仰与道教信仰的融合。[①] 该文发表于 1935 年 7 月，由四川乡村建设学院实验部印行。在这篇文章中，作者从丰都的地理沿革与庙宇分布、丰都宗教中心之起源、通俗迷信中的幽冥世界、丰都的经忏神话故事与迷信习俗、丰都香会、丰都宗教的世界观等六个方面，对丰都作为中国道教冥界中心的来源、信仰形式以及民间举办香会的情况等进行了分析和研究。使用资料与研究方法既有文献、方志的搜集，也有田野调查。作者还从跨文化比较角度指出佛教传入中国以后，对于中国人地狱观的形成产生了深远影响。在术语概念上，作者使用了“宗教习俗”、“迷信习俗”、“民间宗教”等词语来描述丰都人的宗教信仰活动，反映出中国现代早期民俗学者对宗教民俗的理论认识还比较模糊。尽管由于所处地域比较偏远，卫惠林的《丰都宗教习俗调查》研究在当时未产生很大影响，但在学术史上无疑具有重要意义。

1949 年以后，由于众所周知的原因，民俗学与其他大部分人文社会科学一样在中国一度沉寂，直到 1978 年中国政府实行“改革开放”政策以后，中国内地的民俗学研究才重新焕发出生机和活力。

20 世纪 80 年代以后，中国当代民俗学者在宗教民俗方面的研究既体现了对“五四”时期中国现代民俗学思想的继承与发展，又吸收了宗教学、社会学等其他学科的理论知识与研究方法。这方面的研究成果主要有董晓萍在《现代民俗学讲演录》中对宗教民俗的专章讨论，陈子艾与法国学者华澜主持的《湘中宗教与乡土社会》调查和刘锡诚主编的《妙峰山·世纪之交的中国民俗流变》等。[②] 董晓萍在《华北说唱经卷研究》中，通过对河南马街书会的田野研究，探讨了民俗与民间宗教的关系。作者认为“学者在研究民俗时，无法摆脱民间宗教，在研究民间宗教时，也要考虑到民俗传承。学者尤其不能只从已有的道教或佛教的概念出发去解释这方面的历史文化现象，而应该把民众的分类习惯也考虑在内”。关于研究方法，作者提出“应该从地方社会的民间文化形态分布入手，对当地的民俗和宗教加以考察和分析，这样才可能发现不同区域内的民间宗教在民俗文化传

① 卫惠林（1935）《丰都宗教习俗调查》，收入李文海主编《民国时期社会调查丛编》（宗教民俗卷），福州：福建教育出版社，2004，第 306—337 页。

② 刘锡诚主编《妙峰山·世纪之交的中国民俗流变》，北京：中国城市出版社，1996。

承中的特征，得出符合实际的判断”。[①] 在《现代民俗学讲演录》中，董晓萍还专章探讨了现代民俗学者在研究宗教民俗时要解决的概念与方法问题、宗教民俗的历史构建、宗教民俗的精神世界和宗教民俗的物质世界等理论问题，并运用个案研究方法，对晚清至民国年间北京部分庙宇与行业铺保之间的关系及其担当的角色与功能进行了分析。[②] 陈子艾、李新吾的《古梅山峒区域是蚩尤部族的世居地之一》一文，通过对湘中山地蚩尤信仰民俗的实地调查，综合运用碑刻、族谱、传说等民间口头文本，探讨了古梅山地区民间道教与上古蚩尤部族文化之间的关系，并强调了跨区域比较研究法对于开阔研究视野和解决宗教民俗研究中的疑难问题具有重要意义。[③] 刘锡诚主编的《妙峰山 · 世纪之交的中国民俗流变》中收录了多篇民俗学者关于妙峰山香会、碧霞元君考辨及对各地庙会活动进行考察的文章，反映了 20 世纪 90 年代中期，中国民俗学者对于传统与现实中的宗教民俗现象的关注与探索。

值得注意的是，20 世纪 90 年代以来，从民间文艺学和民俗学角度考察观音信仰的研究成果明显增加。如方长生的《观音“中国化”的范例》对舟山民间观音信仰进行了研究；[④] 贺嘉的《民间传说中的观音》从传说角度对观音信仰进行了探讨。[⑤] 对民俗观音进行宏观考察的专著则有邢莉的《观音——世俗与神圣》。全书共分为十一章，依次探讨了观音的由来、观音的本土化、观音的神变、观音女神、少数民族与观音、历代观音、观音与诸神、弱者的烛光、弱者的哀怨、妇婴的保护神、崇拜仪式与物化形式等问题。邢莉运用观音传说等民间资料，“探究了观音的由来及其在中国本土落地生根的过程，探求了观音信仰与中国本土文化的密切关系及其在民俗方面的诸种表现，也总结了观音信仰在民间文化史上的地位”。与此同时，邢莉对观音菩萨与碧霞元君在形象和价值功能等方面的惊人

---

① 董晓萍《华北说唱经卷研究》，《北京师范大学学报》，2000 年第 6 期，第 33 页。

② 参见董晓萍《现代民俗学讲演录》（第六章 宗教组织民俗），桂林：广西师范大学出版社，2007，第 267—297 页。

③ 陈子艾、李新吾《古梅山峒区域是蚩尤部族的世居地之一》，《民俗典籍文字研究》（第一辑），北京：商务印书馆，2003，第 192—233 页。

④ 方长生《观音“中国化”的范例——舟山民间的观音信仰》，《中国民间文化》，1992 年第 1 期。

⑤ 贺嘉《民间传说中的观音》，《民间文学论坛》，1996 年第 3 期，第 30—34 页。

相似性也进行了比较。她认为：在中国民间传说中，碧霞元君“不仅和观音一样可以救民于水火，而且和观音一样可以发生神变”，“在平民百姓的心目中，这二位女神只是名称不同而已”。“在碧霞元君和观音身上都凝聚着平民百姓的世俗生活理想”，但从民间传说的内容来看，碧霞元君“是受观音的指点和护佑的”，其地位在总体上不如观音。邢莉在观音研究中还提供了千手千眼观音传说的异文，[①]但遗憾的是没有收录北京地区的传说。

2000年以来，从民俗学角度研究观音信仰的专著还有周秋良的《观音故事与观音信仰研究》。该书以俗文学中的戏曲作品为中心，结合唱本、小说等其他文学形式，分析了俗文学作品中观音故事的历史演变，探讨了观音形象的产生流变与观音信仰发展之间的关系。[②]

总体上看，以往中国民俗学者对北京宗教民俗的研究主要集中在妙峰山香会和与之相关的碧霞元君信仰上，对观音信仰在北京地区的流布和与之相关的城市社会生活缺乏应有的关注，迄今为止，这方面的研究还是一个空白。而另一方面，观音信仰与女性生活关系密切。在清代至民国时期的北京城中，尚有不少以观音命名且由女性担任住持的庙宇，因此，从北京旧城观音女庙入手，探讨观音女庙与北京城市空间、地方社会结构和女性生活的关系具有独特的意义和价值。

三、观音研究的宗教学与历史学视角

以往宗教学者对观音信仰的关注主要集中在对观音经典、观音伪经及民间教派与观音信仰关系的探讨上。马西沙、韩秉方从民间宗教史的角度研究了在中国本土出现的“伪经”，中国女性观音——特别是白衣观音的演变，以及民间教派西大乘教与观世音信仰之间的关系。在《中国民间宗教史》中，马西沙等对民间宗教与正统宗教的关系进行了深入研究，认为“就宗教意义而言，民间宗教与

---

① 邢莉《观音：世俗与神圣》，北京：学苑出版社，2001（第2版），第5页《引言》，第80—81、267—268页。

② 周秋良《观音故事与观音信仰研究：以俗文学为中心》，广州：广东高等教育出版社，2009，第4页。

正统宗教之间没有隔着不可逾越的壕沟”。[①] 作者还研究了弥勒救世思想的历史渊流，指出“南北朝时代，观世音信仰传入中土，宋昙无竭译《观世音菩萨得大势至菩萨授记经》已传世”。[②] 在印度译经大量问世不久，民间信仰者所造“伪经”也出现了，“伪经”中弥勒信仰与观世音信仰随之发生了联系，并开始显现出中土文化色彩，“佛本无性，在伪经中却成女身”。作者认为观世音在六朝时已作女身。在中国女性观音中，白衣观音是一个非常重要的形象。“在南北朝下迄隋唐，白衣观世音的形象已在社会流传”。“观世音、弥勒的形象因受密宗影响，出现女性化倾向，而且时代也需要一个慈悲为怀的女性神，以慰藉乱世，观世音作为女性神的形象，在历史上固定下来。”[③] 在《中国民间宗教史》中，马西沙等对明清时期北京地区一个鲜为人知的以佛教尼姑寺庙为活动基地的民间宗教教派西大乘教进行了深入研究，该教“直接把明英宗时的吕尼作为中国民间信仰中的最高女神无生老母以及观音菩萨的化身加以崇拜”，其目的“是要在中国老百姓中间重新塑造一位中国面孔的活菩萨，把佛教中的观世音进一步中国化，把民间信仰的无生老母具体化、生活化，变得更具亲和力，以便吸收更多的信奉者，扩大其影响”。[④] 与马西沙、韩秉方的研究相关，李世瑜在《顺天保明寺考》一文中，运用宝卷、碑刻、地方文献等多种资料，将田野调查与文献资料相对证，从顺天保明寺创建人“吕菩萨”的传说、顺天保明寺旧址及残留文物调查、顺天保明寺前期的沿革、顺天保明寺与白莲教支派大乘教、清康熙以来的顺天保明寺等五个方面，考察了保明寺这座建于明代的观音女庙在五百余年的发展历程中，与明清两代皇权政治、民间宗教教派（西大乘教）及道教（主要是全真道）的关系。[⑤]

从现有成果来看，宗教学者对观音信仰的研究主要是微观研究，即从具体问题入手探讨观音信仰与中国文化的关系，如观音的女性化或佛教的中国化、佛教经典与观音信仰的关系、观音信仰与民间宗教教派的关系等。这方面的论文主要

① 马西沙《中国民间宗教史·序言》，上海：上海人民出版社，1992，第 3 页。
② 马西沙、韩秉方《中国民间宗教史》，上海：上海人民出版社，1992，第 47 页。
③ 马西沙、韩秉方《中国民间宗教史》，上海：上海人民出版社，1992，第 36—69、53—54 页。
④ 马西沙、韩秉方《中国民间宗教史》，上海：上海人民出版社，1992，第 653—662 页。
⑤ 李世瑜《顺天保明寺考》，《北京史苑》（第三辑），北京：北京出版社，1985，第 33—63 页。

有赵克尧《从观音的变性看佛教的中国化》，① 陈旸《中国观音的女性化》，② 温金玉《观音菩萨与女性》，③ 朱子彦《论观音变性与儒释文化的融合》，④ 楼宇烈《〈法华经〉与观世音信仰》，⑤ 韩秉方《观世音信仰与妙善的传说》等。⑥ 从总体上看，中国学者从宗教学视角进行的观音研究，着眼于中国观音信仰与佛教、道教和民间宗教的关系，在资料系统方面多以文献为主。在研究对象上，宗教学者与早期民俗学者一样，都重视对民间宗教和道教中的女神进行研究；在资料来源上，宗教学者与民俗学者也有相似之处，除使用历史文献外，还重视对宝卷、碑刻、族谱、故事传说等民间文本的搜集与对比运用，这些都为本书从民俗学与宗教学跨学科视角考察观音信仰奠定了基础。

观音研究的另一个视角是将宏观研究与微观研究结合起来。李利安从中印文化比较视角探讨了观音信仰的形成过程与基本特征等问题。⑦ 在《中国观音文化的基本结构解析》中，李利安回顾了 20 世纪 90 年代中国学术界在观音研究方面的一些成果并将其归纳为三类：第一，从文学角度进行的探讨；第二，从观音灵验故事入手进行的研究；第三，从观音造像角度进行的研究。在此基础上，李利安试图从另一个角度，即把观音文化作为一个完整的结构来进行解析。他将中国境内的观音信仰分为三大体系：汉佛观音信仰、藏佛观音信仰和汉族民间观音信仰，探讨了中国汉传佛教观音文化传播及形成的发展阶段、构成部分、表现形式、内外结构及观音思想的主要特点。⑧

在海外汉学研究中，一些学者是以宗教学者或历史学者的身份对中国女神

---

① 赵克尧《从观音的变性看佛教的中国化》，《东南文化》，1990 年第 4 期。

② 陈旸《中国观音的女性化》，《西北民俗》，1990 年第 1 期，第 4—8 页。

③ 温金玉《观音菩萨与女性》，《中华文化论坛》，1996 年第 4 期，第 86—91 页。

④ 朱子彦《论观音变性与儒释文化的融合》，《上海大学学报》（社会科学版），2000 年第 7 卷第 1 期，第 24—29 页。

⑤ 楼宇烈《〈法华经〉与观世音信仰》，《世界宗教研究》，1998 年第 2 期，第 64—69 页。

⑥ 韩秉方《观世音信仰与妙善的传说》，《世界宗教研究》，2004 年第 2 期，第 54—61 页。

⑦ 李利安《观音信仰的中国化》，《山东大学学报》（哲学社会科学版），2006 年第 4 期，第 62—68 页。

⑧ 李利安《中国观音文化的基本结构解析》，《哲学研究》，2000 年第 4 期，第 44—51 页。

信仰进行研究的，这方面的成果主要有于君方（Chun-fang Yu）对观音的研究[①]，韩书瑞（Susan Naquin）对北京妙峰山进香活动的研究，以及彭慕兰（Kenneth Pomeranz）对泰山女神信仰的研究等。[②]

于君方从事佛教史研究二十多年，关注的主题主要是佛教的中国化。为探索这一历程，自 20 世纪 90 年代以来，于君方一直“在做有关观音信仰在中国发展的研究”，在资料方面除使用正史、佛教史料、地方志、寺庙志和笔记等外，还于 1986、1987 和 1992 年夏天，在台湾和大陆的观音圣地（如杭州）从事了为期 16 个月的田野调查，通过访问香客和僧侣收集了许多口头历史资料及当地的观音传说。1994 年在台湾汉学研究中心举办的“民间信仰与中国文化国际研讨会”上，于君方发表了《宝卷文学中的观音与民间信仰》一文，指出宝卷文学在推广观音信仰方面起了相当重要的作用；中国人的观音信仰与佛经中的观音信仰不同。佛经中的菩萨“存在于非历史的境界”，而中国人则把农历二月十九日变成了观音的“生日”，使这一天成为“观音信仰中最重要的一天”。与此相关，作者“发现中国的观音信仰，有很浓厚的地方性”。[③] 在《观音》这部重要著作中，于君方进一步强调了中国观音信仰的地方性特征，她认为“只有当观音与特定的地点联系在一起，并且人们到这些地方举行香会活动时，观音信仰才真正植根于中国”。[④] 与此同时，她还指出中国观音的女性化也与地方性信仰有密切关系，而这一特点在中国佛教艺术对本土化观音与地方化观音的创造这一更加广阔的背景中有清晰的表现。[⑤]

韩书瑞在《北京妙峰山进香：宗教组织与圣地》一文中，从碧霞元君崇拜、妙峰山进香、相互竞争的构架和内部差异等四个方面，探讨了以妙峰山为圣地中

---

① 于君方《观音：菩萨中国化的演变》，陈怀宇、姚崇新、林佩莹译，北京：商务印书馆，2012。

② 参见韩书瑞《北京妙峰山进香：宗教组织与圣地》，彭慕兰《泰山女神信仰中的权力、性别与多元文化》，[美] 韦思谛（Averill，Stepehn C.）编《中国大众宗教》，陈仲丹译，南京：江苏人民出版社，2006，第 115—142 页。

③ 于君方《宝卷文学中的观音与民间信仰》，《民间信仰与中国文化国际研讨会论文集》，台北：汉学研究中心印行，1994，第 334—335 页。

④ Chun-fang Yu．*Kuan-Yin*: *The Chinese Transformation of Avalokitesvara*，New York: Columbia University Press，2001，第 355 页。

⑤ Chun-fang Yu．*Kuan-Yin*: *The Chinese Transformation of Avalokitesvara*，New York: Columbia University Press，2001，第 224 页。

心的北京香会宗教组织的活动及特征。[①] 在题为《中华帝国后期白莲教的传播》的文章中，韩书瑞进一步探讨了观音信仰与民间宗教教派的关系。[②] 韩书瑞把16世纪以后在中国兴起和发展的白莲教分为"诵经教派"和"冥思教派"两个不同类型，并分析了二者的不同点。其中"诵经教派"由于给妇女"提供了一个额外的活动区域"，使她们"获得教育和领导地位的新途径，也使得她们能够回避家庭"而对妇女特别有吸引力。经卷在这一教派的信仰传承中具有重要作用。为了满足信众的不同需要，"诵经教派并不局限于只用白莲教经卷，而是有必要兼容并蓄，要拥有并诵读更多正规的经卷，诸如《金刚经》、《心经》和《观音经》。[③] 韩书瑞还指出：白莲教的"这些教派把来自民众阶层的神纳入他们的神殿，使这些神成为无生老母的属下，他们还借用较为正统的神的名字来乔装打扮他们自己的神。比如，观音的像就常在诵经教派中出现，教派的经卷也常提到观音"。[④] 显然，作者认为无生老母是属于大众宗教的神，而观音则是属于正统宗教的神。白莲教等大众宗教之所以用观音的名字来"乔装打扮他们自己的神"，是为了使大众宗教得到官方的承认并使之合法化，进而巩固和提升他们在一般民众精神信仰中的地位。这从另一个方面说明观音作为一位外来的菩萨，在漫长的发展过程中，经过与中国本土文化的融合，以至在中国封建社会后期，无论是官方还是民间，无论在社会的上层文化、中层文化还是下层文化中，其地位都是独一无二的。这种独特现象反映了中国文化的特殊性、复杂性。

美国历史学者彭慕兰在《泰山女神信仰中的权力、性别与多元文化》一文中，从"碧霞元君的最初兴起"、"崇拜的社会组织"、"碧霞元君崇拜的仪式、传说和内涵"等三个方面对中国北方民间信奉的女神碧霞元君进行了研究。在这篇文章中，作者研究的重点是碧霞元君，但也探讨了碧霞元君与观音在形象、功能

① Naquin Susan. *The Peking Pilgrimage to Miao-feng Shan：Religious Organizations and Sacred Site*，*Pilgrims and Sacred Sites in China*，California：University of California Press，1992。第333—377页。韩书瑞《北京妙峰山进香：宗教组织与圣地》，[美]韦思谛编《中国大众宗教》，陈仲丹译，南京：江苏人民出版社，2006，第224—266页。

② 韩书瑞《中华帝国后期白莲教的传播》，[美]韦思谛编《中国大众宗教》，陈仲丹译，南京：江苏人民出版社，2006，第18—56页。

③ [美]韦思谛编《中国大众宗教》，陈仲丹译，南京：江苏人民出版社，2006，第25页。

④ [美]韦思谛编《中国大众宗教》，陈仲丹译，南京：江苏人民出版社，2006，第45页。

等方面的差异和联系。①

与国内学者的研究同中有异，海外学者的观音研究大多集中在以下三个方面：一是宝卷中的观音与民间信仰；二是观音信仰与民间宗教教派的关系；三是观音与中国其他民间女神——如碧霞元君的联系与区别。

四、观音研究的艺术学与考古学视角

在观音研究领域，还有一些学者从图像艺术和考古学角度探讨了观音造像与印度文化及中国佛教的关系，如王惠民的《敦煌水月观音像》，刘玉权的《榆林窟第3窟〈千手经变〉研究》，孙修身、孙晓岗的《从观音造型谈佛教的中国化》以及李翎的《水月观音与藏传佛教观音像之关系》，等等。② 印度学者洛克什·钱德拉、苏达尔沙娜·戴维·星哈尔对大英博物馆（the British Museum）所藏敦煌壁画中的观音造像进行了研究，认为汉译佛经中的观音来源于印度的“梵天”和“湿婆”。③ 这些成果有助于人们了解中国观音图像的发展演变及宗教艺术特征，对研究观音图像的类型有启发意义。

此外，还有少数文章介绍了观音信仰在海外华人社会的传播情况以及观音信仰在中国少数民族文化中的表现形式。④

综上所述，以往中外学者对观音信仰的关注是多角度、多方位的。大多数学者的研究主要集中在观音信仰中国化的过程和中国观音的女性化特征上。与此同时，学界在观音研究领域也存在着明显不足，例如在研究对象上，对观音信仰的

---

① [美]韦思谛编《中国大众宗教》，陈仲丹译，南京：江苏人民出版社，2006，第115-142页。

② 参见王惠民《敦煌水月观音像》，《敦煌研究》，1987年第1期，第31—38页。刘玉权《榆林窟第3窟〈千手经变〉研究》，《敦煌研究》，1987年第4期，第13—18页。孙修身、孙晓岗《从观音造型谈佛教的中国化》，《敦煌研究》，1995年第1期，第7—15页。李翎《水月观音与藏传佛教观音像之关系》，《美术》，2002年第11期，第50—53页。

③ [印度]洛克什•钱德拉、苏达尔沙娜•戴维•星哈尔《敦煌壁画中的观音》，杨富学译，《敦煌研究》，1995年第2期，第89—100页。

④ 参见李天锡《观音信仰在东南亚华侨华人中传播的原因及其作用》，《佛学研究》（年刊），2000年，第226—231页；邢莉《观音信仰与少数民族》，《中央民族大学学报》，2002年第2期，第118—124页。

中国化、女性化关注很多，但对以观音信仰为核心的女庙和女性群体关注很少。在时间和地域上，对宋代及江南地区的观音信仰关注较多，而对于宋代以后及中国北方地区——特别是作为中国封建社会后期数代帝都的北京地区观音信仰关注很少。在阐释思路上，多以宏观描述为主，缺少富有地方特色的个案研究等。有鉴于此，本书以北京旧城观音女庙为对象，在时间和空间范围上力求突破以往观音研究的局限。在资料系统方面，综合运用北京史志文献、寺庙碑刻、民间文本和田野调查等不同资料，注重将文献与田野材料进行对比论证。在研究方法上充分发挥民俗学专长，通过对北京旧城观音女庙的宗教民俗传承研究，探讨清末至民国时期北京观音女庙与北京城市社会空间和女性生活的关系，以解读隐含在其背后的深层社会文化意义。

第二节　女庙与女性生活史研究

从现有资料来看，对于女庙与女性生活关系的研究在民俗学领域尚无专门成果，在资料系统、理论阐释与研究方法上都有待开掘和探索。

以往民俗学者对女性的关注和研究主要集中在三个方面：一是民间口头创作，如神话、史诗、传说、故事、歌谣中的妇女形象。二是民间信仰中的女神或女仙。三是与妇女有关的传统节日活动之研究。如邢莉主编的《中国女性民俗文化》出版于 20 世纪 90 年代中期，该书尝试从女性视角重新认识中国民俗，同时强调了女性在民间文化创造与传承中的作用，为中外学者研究中国女性民俗文化提供了宝贵资料。[①]

在其他学科领域，近年来一些中外学者合作进行的研究工作值得关注，中国回族女学者水镜君与英国学者玛利亚·雅绍克（Maria Jaschok）合作撰写的《中国清真女寺史》即为其中之一。该书以中国清真女寺为考察对象，描述了中国清真女寺宗教文化的兴起、发展以及 20 世纪 80 年代以后中国清真女寺宗教改革的状况，并从穆斯林的传统教规与女性的性健康、穆斯林妇女的婚姻权利与家庭地

① 邢莉主编《中国女性民俗文化》，北京：中国档案出版社，1995。

位、清真女寺的经济管理等角度入手，探讨了清真女寺的功能、女阿訇的地位及穆斯林女性宗教文化的内涵。[①] 在介绍清末及民国年间中国清真女寺的发展情况时，水镜君与玛利亚·雅绍克还注意到了北京的情况。[②] 该书对女性身份问题的关注和探讨颇有启发意义。[③]

相对于寂寥的女庙及女性与宗教关系的研究来说，中国学者在妇女史研究——包括女性与历史、女性与社会的关系等方面的一般性研究成果较多。关于妇女史的定义，学界主要持两种观点："一是以妇女为研究对象的历史；二是以女性（或女性主义）立场与视角观察和撰写的整个历史。"后者属于一种新的历史观或史学方法，所以又被称为"女性主义史"。高世瑜认为，当代中国妇女史研究不能将二者截然分开，而应将其结合起来。[④] 关于女性与历史、女性与社会关系方面的研究成果主要有罗苏文《女性与近代中国社会》、[⑤] 杜芳琴《中国社会性别的历史文化寻踪》、[⑥] 萧虹的《阴之德——中国妇女研究论文集》、[⑦] 李小江等《历史、史学与性别》、[⑧] 曹大为《中国古代女子教育》、[⑨] 刘宁元主编《中国女性史类编》、[⑩] 定宜庄《最后的记忆：十六位旗人妇女的口述历史》等等。[⑪] 在上述研

① 参见水镜君、[英]玛利亚·雅绍克（Maria Jaschok）《中国清真女寺史》，北京：三联书店，2002。本书在结构上除前言、导论和结语外，主要包括以下四个部分：第一部分 边缘记忆；第二部分 女寺、女阿訇及女性宗教文化；第三部分 要求天园；第四部分 社区、选择和宗教皈依。此外，还有四篇附录；中、外文参考文献（分列）；索引和出版后记。书中另有图示若干，包括图1: 清代女学分布情况，第118页；图2: 民国年间女寺分布情况，第137页；图3:20世纪90年代女寺分布范围，第163页。

② 民国年间在北京修建的清真女寺共有五座，包括牛街女寺、崇文门外雷家胡同女寺、阜城门外三里河女寺、德胜门外西村女寺和朝阳门外的观音寺女寺。参见水镜君、[英]玛利亚·雅绍克（Maria Jaschok）《中国清真女寺史》，北京：三联书店，2002，第138页。

③ 参见水镜君、[英]玛利亚·雅绍克（Maria Jaschok）《中国清真女寺史》，北京：三联书店，2002，第255—260、330—341页。

④ 高世瑜《关于妇女史研究的几点思考》，李小江主编《历史、史学与性别》，南京：江苏人民出版社，2002，第9—10页。

⑤ 罗苏文《女性与近代中国社会》，上海：上海人民出版社，1996。

⑥ 杜芳琴《中国社会性别的历史文化寻踪》，天津：社会科学院出版社，1998。

⑦ [澳]萧虹《阴之德——中国妇女研究论文集》，中译本，张威译，北京：新世界出版社，1999。

⑧ 李小江主编《历史、史学与性别》，南京：江苏人民出版社，2002。

⑨ 曹大为《中国古代女子教育》，北京：北京师范大学出版社，1996。

⑩ 刘宁元主编《中国女性史类编》，北京：北京师范大学出版社，1999。

⑪ 定宜庄《最后的记忆：十六位旗人妇女的口述历史》，北京：中国广播电视出版社，1999。

究中，富有启发意义的是对女性记忆、女性经验的强调以及与此相关的女性口述史方法的运用。杜芳琴在《妇女史研究：女性意识的“缺席”与“在场”》一文中，追溯和探讨了1985—1995年中国妇女史研究与女性意识的互动关系，并从学术背景等方面分析了20世纪中国妇女史研究中出现的两次高潮的不同。杜芳琴认为，80年代中期出现的“女性主义妇女史”研究强调用女性的眼光看待历史，“发掘历史上被漠视被埋没了的女性活动与经验”，并在研究中“引入性别视角和社会性别理论，使用性别分析方法”，有助于提升人们的女性意识，推动妇女进步。[①] 李小江在《女性的历史记忆与口述方法——以“20世纪（中国）妇女口述史”为例》一文中，回顾了半个世纪以来，口述方法在史学界被广泛使用的情况及作用，探讨了口述史的概念、特征及与妇女史的关系等问题，并以“20世纪（中国）妇女口述史”项目为例，对妇女口述访谈中涉及的一些具体问题提出了自己的建议。李小江认为，“口述史对传统史学有着补充和校正作用，它发掘了沉默的人群（如妇女、少数民族、社会底层）和人们沉默的声音（关于私人情感、生命体验等），使得史学有可能更完整地记录‘人’和普通人的历史”。[②]

与上述学者的理论视角不同，赵世瑜从历史学、民俗学与人类学综合学科视角对女性与宗教的关系等问题进行了研究。他在《发现历史时期女性的历史记忆是否有了可能？》一文中认为，传统史学存在着“通过文字保存并流传历史记忆的文化霸权，使得（身份上的或文化上的）弱势群体很难通过文字保存并流传他们对历史的记忆”。而历史人类学为解决这一问题提供了可以尝试的路径。借助历史人类学的理论方法，“通过人类学问题意识的设定和借助田野工作方法，不仅可以发现关于女性历史的记忆，也可以发现女性自身对历史的记忆”。为此，赵世瑜主张“从非文字的遗存里去发掘历史时期女性的历史记忆”，将田野里的收获拿来与地方文献或政府档案做比较，“会使历史时期的女性、也可能还有其他弱势群体的历史记忆浮出水面，从而得到一个比较完整的历史”。[③] 在另一篇题

① 杜芳琴《中国社会性别的历史文化寻踪》，天津：天津社会科学院出版社，1998，第46页。

② 李小江《女性的历史记忆与口述方法》，《历史、史学与性别》，南京：江苏人民出版社，2002，第196—208页。

③ 赵世瑜《发现历史时期女性的历史记忆是否有了可能？》，李小江等《历史、史学与性别》，南京：江苏人民出版社，2002，第25—29页。

为《明清以来妇女的宗教活动、闲暇生活与女性亚文化》的文章中，赵世瑜试图从性别视角探讨明清以来妇女的宗教活动与闲暇生活的关系，并指出由妇女参加的宗教活动属于一种“女性亚文化”，其形成“是女性所面临的独特问题或困境所导致的”。[①]

从上述观点可以看到20世纪80年代以来中国妇女史研究领域在理论观念与研究方法上的转变。与传统的史学研究相比，20世纪80年代中期以后，中国学者在妇女史研究方面的理论视野更加开阔，研究方法也日益多元化。学者们获取资料的来源从传统的历史文献、地方文献，转向传说、故事、歌谣等民间口头创作以及与民间物质和精神创造活动密切相关的实物、技术和行为活动。[②] 特别是将地方文献、政府档案与田野调查资料进行对比互证的方法，使研究对象更为丰满，也更接近于历史的真实。

20世纪70年代末到80年代初以来，海外学者对于宗教领域中的妇女问题也越来越关注。这方面的代表性论著主要有 Arvind Sharma 编辑的论文集，如 *Women in World Religions,Religion and Women，Today's Woman in World Religions* 等。[③] 此外，一些被译成中文的论著，如美国梅里 · E. 威斯纳 - 汉克斯（Merry E.Wiesner-Hanks）的《历史中的性别》（*Gender in History*）也谈到了女性与宗教的关系等问题。[④]1979年，美国女权主义史学家琼 · 凯利（Joan Kelly）在《女权主义理论的双重视野》（*Doubled Vision of Feminist Theory*）这篇重要论文中提出女性史要用“双重视野”来写。她指出，“女性的位置不是一个隔离的生存空间或存在领地，而是居于社会整体存在中的一个位置”。[⑤] 受这一观点启发，高

---

① 赵世瑜《明清以来妇女的宗教活动、闲暇生活与女性亚文化》，《狂欢与日常》，北京：三联书店，2002，第272页。

② 赵世瑜《发现历史时期女性的历史记忆是否有了可能》，收入李小江主编《历史、史学与性别》，南京：江苏人民出版社，2002，第25—29页。

③ Arvind Sharma. *Women in World Religions，Religion and Women，Today's Woman in World Religions*. Albany：State University of New York Press，1987，1993，1994.

④ [美] 梅里 •E. 威斯纳 - 汉克斯（Merry E.Wiesner-Hanks）《历史中的性别》(Gender in History)，何开松译，北京：东方出版社，2003。

⑤ 琼 · 凯利（Joan Kelly）《女性、历史和理论：琼 · 凯利论文集》（*Women，History and Theory：The Essays of Joan Kelly*），芝加哥：芝加哥大学出版社 (University of Chicago Press)，1984，第57页。

彦颐（Dorothy Ko）在《闺塾师：明末清初江南的才女文化》的研究中，把编排计划建立在“作为女性栖居活动的领域，内和外的领域是一个连续统一体”这一概念基础上，从而建立了一个女性生活从内而外的延伸空间。[①] 自20世纪90年代以来，中外史学界开始关注唐宋明清妇女史中的问题。与此同时，高彦颐还在研究中对“五四”时期中国传统妇女史的理论建构进行了反思。她认为，以往中国学者对妇女生活的认识主要来自于父权压迫的二分模式，这一模式在很大程度上衍生于对儒家伦理道德理想化准则的静态描述。为纠正这一偏颇，她提出以“三重动态模式”——即将中国妇女的生活视为儒家的理想化理念、生活实践、女性视角这三种变化层面的总和来考察妇女史的新方法，以此来重新认识具体的、动态变化的中国妇女生活史。[②] 另一位美国学者曼·素恩 (Mann Susan) 则在其力作《缀珍录》中，从历史学角度考察了18世纪及其前后中国南方妇女的生活。使用资料主要来源于这一时期女性作家的作品，特别是诗作。与此同时，作者也使用了一些出自男性之手的史料——如纪传碑铭、地方史志和官方文献，并将这些习见的、由男性书写的史料与妇女自身的作品相参照，进而从社会性别视角来重新看待18世纪前后中国女性的思想和生活，由此“便推开了一扇通向中国女性世界的崭新的窗口”。[③]

总体来看，中国妇女史领域的上述成果对本课题的借鉴意义主要表现在两个方面：首先，中英学者合作撰写的《中国清真女寺史》凸显了女寺在女性世俗生活与宗教生活中的功能和意义，使女庙研究不仅具有理论色彩，而且具有社会应用价值。其次，20世纪80年代中期以来，受西方学术思想特别是社会性别理论的影响，中国学者开始打破传统妇女史研究的理论边界和资料范畴，重新审视女性与历史及女性与社会的关系，从而使以往在历史文献和学者的书斋研究中长期被忽视的女性经验、女性记忆得以重现；女性口述史方法的运用，进一步拓展了

---

① 高彦颐（Dorothy Ko）《闺塾师：明末清初江南的才女文化》，李志生译，南京：江苏人民出版社，2005，第14—15页。

② 高彦颐（Dorothy Ko）《闺塾师：明末清初江南的才女文化》，李志生译，南京：江苏人民出版社，2005，第8—11页。

③ [美] 曼·素恩 (Mann Susan)《缀珍录：十八世纪及其前后的中国妇女》，定宜庄、颜宜葳译，南京：江苏人民出版社 2005，第2页。

以往主要为人类学者与民俗学者所采用的田野调查方法，从而使田野访谈成为当代学者在研究女性生活史——包括女性与宗教、女庙与城市社会关系等问题时的重要方法。

第三节 本书的研究范围与概念界定

北京旧城。本书所使用的“北京旧城”概念包括内城和外城两部分。明朝永乐元年（1403）燕王朱棣登基，将北平改为北京。永乐十八年（1420），明朝正式迁都北京。正统初年，北京九门城楼建成完工，南为正阳门、崇文门、宣武门，东为朝阳门、东直门，西为阜成门、西直门，北为安定门、德胜门，即“旧日所说的北京内城”。嘉靖三十二年（1553），为抵御蒙古骑兵的南下入侵，明朝统治者又在北京内城南面修筑了外城（南城），“也就是旧日所说的北京外城”。[①]明代建立的北京内城和外城在清代和民国时期被沿袭下来。本书对北京旧城观音女庙的研究即是在这一空间背景下展开的。

观音信仰。“观音”一词来源于佛教经典，梵文为“Avalokita-śvara”，在汉译佛经中有多种译法，如光世音、观世音等，玄奘将之译为“观自在”。[②]唐宋以后，随着观音信仰的中国化，中国民间又有水月观音、南海观音、紫竹观音、观音大士、白衣观音、大悲菩萨、观音老母、观音娘娘等多种形象和称谓。本书所使用的“观音”一词，包括上述所有名称；所使用的“观音信仰”一词，指以观音菩萨为信仰对象、以观音图像或观音经典为仪式内容的信仰。[③]

---

① 明代北京内外两城共有三十六坊，其中内城二十九坊，分属东、西、北、中四城管辖；外城七坊，属南城管辖。清代北京内外两城共分十坊。侯仁之《北京城的生命印记》，北京：三联书店，2009，第195页。

②〔唐〕玄奘述，辩机撰，季羡林等校注《大唐西域记校注》，北京：中华书局，1985，第288页。

③ 李利安将观音信仰界定为“大乘佛教体系之内的一种菩萨信仰，是以观音为崇拜对象的完整的宗教信仰体系，既包含教义、修道、心理等构成内在宗教形态的各要素及其历史发展，也包括信徒、场所、活动等构成外在宗教形态的各要素及其演变，形成一种完整的、动态的、有地区差异的宗教文化体系”。参见李利安《观音信仰的渊源与传播》，北京：宗教文化出版社，2008，第2页。

女庙。本书使用的“女庙”一词含义较广，包括历史文献中的尼寺、尼庵（含女冠庙）以及在田野访谈中被市民称为“姑子庙”、“姑子庵”等由女性出家者担任住持的民间小庙。

尼寺是由比丘尼担任住持、主要为比丘尼和女居士修行之用的寺院。比丘尼，即“梵文 bhiksun ī 的音译。意译为乞士女、除女、熏女等，俗称尼姑，是依法受过具足戒的女性出家者”。[①]“西晋时期中国内地出现了最初的比丘尼，且人数日增。至东晋时，一些有名的比丘尼由于受到王公贵族的支持，往往拥有自己独立的寺院，聚集徒众几十人到百人以上。……比丘尼僧团的建立和发展，是佛教深入社会的标志之一。”[②]一般认为西晋时期，尼僧净检及其同道建于洛阳宫城西门的竹林寺或许是中国内地第一座佛教女寺。[③]

尼庵是由女性出家者——包括比丘尼和女冠担任住持的庙宇。“所谓庵，本指圆顶草屋。初为穷民宿舍，后为寺观内僧道起居处。由于自唐朝以来，政府规定寺观建立必经批准，即系籍或赐额才算合法。北宋中后期，随着民众信仰和官僚守祖坟的需要，部分庵从寺观中独立出来，成为僧道居住与从事宗教活动两者合一的场所。”至明代，从寺观中独立出来的庵“‘不必皆受祠牒，道释得居之，方外亦得居之。所奉不必专主一教，浮屠居者奉浮屠、道流居者奉老氏。所养不必皆有田，近市者乞食以为资，山居者姜术以代粟’，[④]是一种自由程度较大且带有‘真淳之昧’的传教场所。但庵多无合法额名，往往又是被政府清理、撤毁的对象”。[⑤]全真道创始人王重阳将“庵”解释为“凡出家者，先须投庵，庵者，舍也，一身依倚。身有依倚，心渐得安，气神和畅，入真道矣”。[⑥]从文献记载和田野调查来看，清代北京内城遍布观音庵、天仙庵，多为民间私建小型庙宇，其中不少是由女性担任住持的庙宇。本书研究的女庙以尼寺和尼庵为主；女庙中供奉

① 任继愈主编《中国佛教史》（第二卷），北京：中国社会科学出版社，1985，第 569 页。

② 任继愈主编《中国佛教史》（第二卷），北京：中国社会科学出版社，1985，第 574 页。

③ 任继愈主编《中国佛教史》（第二卷），北京：中国社会科学出版社，1985，第 570 页。

④《永乐大典》卷六千七百，《江·九江府·庵岩》，转引自任继愈主编《中国道教史》（增订本），北京：中国社会科学出版社，2001，第 691 页。

⑤ 任继愈主编《中国道教史》（增订本），北京：中国社会科学出版社，2001，第 691 页。

⑥《重阳立教十五论·论住庵》，转引自任继愈主编《中国道教史》（增订本），北京：中国社会科学出版社，2001，第 692 页。

的神偶主要是菩萨或女性神灵；女庙住持为女性，信众亦为女性。

观音女庙。本书首次提出“观音女庙”这一概念，主要指以观音菩萨为信奉对象，以观音经卷、观音图像为信仰内容，以满足女信众的信仰需求和生活愿望为主要目的，寺庙住持（或管理者）为女性的庙宇。

北京旧城观音女庙。本书所使用的“北京旧城观音女庙”概念，主要指清代至民国时期在北京内城和外城空间范围内修建的，以供奉观音菩萨为主，寺庙住持或管理者为女性的庙宇。从本书所使用的历史文献和田野访谈资料来看，民国时期北京旧城不少庙宇经历了复杂的演变过程，一些在民国寺庙档案记录中以广慈、延寿、家庙命名的女庙，在明清时期曾以观音寺、白衣庵或观音庵命名；也有少数女庙在创建之初曾是以道教信仰为主，且由男性担任住持的僧庙，而到清末至民国时期则演变为以观音信仰为主，并由女性担任住持的尼庙。本书研究的女庙亦包括这部分寺庙性质发生变迁的庙宇。

宗教民俗。以往学界在研究中国民众信仰生活时使用了诸多不同的术语概念。对于正统宗教或曰“人为宗教”以外的信仰形式，国内学者或称之为“俗信”、[①]“迷信”，或称之为“民俗信仰”、[②]“民间信仰”。[③]与大陆学者不同，海外学者大多使用“民间宗教”、[④]“大众宗教”[⑤]或“民俗宗教”。[⑥]术语概念的不确定性和多重性，反映了学术界对中国民众信仰生活的复杂性和多样性的模糊认识。而从中国民众的生活与信仰状况来看，正统宗教与民间信仰的存在形态并非泾渭分明，而是多有融合。对于中国民众信仰生活状况的现实认识和田野考察，又使一些学者采用“宗教民俗”（或“宗教习俗”）一词来描述宗教与民众生活

---

① 乌丙安《“俗信”：支配中国人民俗生活的基本观念》，周星主编《民俗学的历史、理论与方法》，北京：商务印书馆，2006，第156—167页。

② 钟敬文主编《民俗学概论》，上海：上海文艺出版社，1998，第187—207页。

③ 金泽《中国民间信仰》（第二版），杭州：浙江教育出版社，1995。

④ [美]欧大年（Overmyer,Daniel L.）《中国民间宗教教派研究》，刘心勇等译，上海：上海古籍出版社，1993。

⑤ [美]韦思谛（Averill，Stephen C.）编《中国大众宗教》，陈仲丹译，南京：江苏人民出版社，2006。

⑥ [日]渡边欣雄《汉族的民俗宗教：社会人类学的研究》，天津：天津人民出版社，1998。

的关系。[①] 与“民间信仰”等带有浓厚外来理论色彩的术语概念相比,“宗教民俗”概念的使用更倾向于把宗教信仰与中国人的日常生活联系在一起，从而使二者成为一个整体。从民俗生活和宗教的关系出发，本书在梳理北京地区观音信仰的发展脉络和北京旧城观音女庙历史变迁时，主要使用“宗教民俗”这一概念，以尽量在一个相对统一的逻辑框架内，将“民间信仰”、“民间宗教”与“正统宗教”等人为界定的术语概念打通，从清末至1949年北京女市民生活的实际状况出发考察和分析个案，以避免术语使用的混乱。笔者认为，在北京旧城观音女庙研究中使用“宗教民俗”而不是“民间信仰”或“民间宗教”等概念，有助于扩大都市民俗学的理论视角，促进民俗学与宗教学等相关学科的交叉研究，同时也有助于加深对清末至民国时期北京城市社会史和女性生活史的认识与理解。

本书阐述的基本问题有以下三个方面：第一，北京旧城观音女庙产生的历史背景。初步探讨观音信仰在北京地区的传播、北京旧城观音女庙的名称分类以及北京旧城观音文本的类型特征。第二，通过对明清至民国时期北京地方史志文献、寺庙档案、碑刻资料中所记录的观音女庙和观音信仰进行梳理，初步探讨北京旧城观音女庙的发展脉络和地方化特征。第三，通过对民国时期北京地方政府档案文献的梳理分析和对1949年以前在北京旧城观音女庙中出家的老北京比丘尼进行个案访谈，初步探讨北京旧城观音女庙与北京城市社会空间、地方社会结构及女性生活之间的关系。

第四节 资料来源与术语说明

一、本书使用的资料来源

本书使用的资料系统包括历史文献、寺庙碑刻、民间文本和田野调查四大类。

第一类为历史文献。主要有以下五个方面：（一）地方志文献。包括明清至

① 卫慧林（1935）《丰都宗教习俗调查》，李文海主编《民国时期社会调查丛编》（宗教民俗卷），福州：福建教育出版社，2004，第306—337页。

民国时期的北京地方志，如明代的《宛署杂记》、[1]《帝景景物略》[2]，清代的《宸垣识略》、[3]《日下旧闻考》、[4]《光绪顺天府志》、[5]《帝京岁时纪胜》[6]、《燕京岁时记》[7]、《京都风俗志》[8]以及民国时期的《燕都丛考》[9]等。这部分资料有助于从北京地区观音信仰的传播发展历程来考察北京旧城观音女庙修建的社会历史背景。（二）宗教史文献。分为两部分：一是佛教史文献，如《妙法莲花经普门品》、《般若波罗蜜多心经》、《比丘尼传》、[10]《续比丘尼传》、[11]《法苑珠林》[12]等。二是北京宗教史文献，包括《北京的宗教》、[13]《北京市志稿·宗教志》、[14]《北京寺庙历史资料》[15]等。使用这部分资料有助于对与北京旧城观音女庙相关的观音经典、宗教史事和女性所从事的宗教活动进行梳理和描述。（三）档案文献。主要包括中国第一历史档案馆藏清代宫廷档案；北京档案馆藏 1929 年北平特别市公安局寺庙调查档案，1936 年北平市社会局寺庙登记表和 1949 年北京市民政局寺庙登记表等。上述文献有助于人们了解 18 世纪中叶至 20 世纪中叶北京旧城观音女庙的兴废及生存状态，以及北京旧城观音女庙尼僧的家族背景、出家原因等，从而弥补宗教史文献相关记录的不足。（四）北京历史地图资料，包括清代乾隆年间绘制的《乾隆京

① 沈榜《宛署杂记》（二十卷），明万历二十一年刻本，北京：北京出版社，1961。

②〔明〕刘侗、于奕正《帝京景物略》，明崇祯八年本，北京：北京古籍出版社，重印本，1983。

③ 吴长元《宸垣识略》，清乾隆戊申刻本（1788），光绪丙子刻本（1876），北京：北京古籍出版社，重印本，1982。

④ 于敏中《日下旧闻考》，清乾隆内府刻本，北京：北京古籍出版社，重印本，1983。

⑤ 周家楣、缪荃孙等编纂《光绪顺天府志》，北京：北京古籍出版社，重印本，1987。

⑥〔清〕潘荣陛《帝京岁时纪胜》，北京：北京古籍出版社，重印本，1981。

⑦〔清〕富察敦崇《燕京岁时记》，北京：北京古籍出版社，重印本，1981。

⑧〔清〕让廉《京都风俗志》，北京：北京古籍出版社，重印本，1981。

⑨ 陈宗蕃《燕都丛考》，1930 年初版，1935 年再版，北京：北京古籍出版社，重印本，1991。

⑩〔梁〕释宝唱著，王孺童校注《比丘尼传校注》，北京：中华书局，2006。

⑪ 震华编述《续比丘尼传》（六卷）（民国铅印本），方广錩主编；中国宗教历史文献集成编纂委员会编纂《藏外佛经》（第十九册），合肥：黄山书社，2005。

⑫〔唐〕释道世撰，周叔迦、苏晋仁校注《法苑珠林校注》（全六册），北京：中华书局，2003。

⑬ 姜立勋、富丽、罗志发《北京的宗教》，天津：天津古籍出版社，1995。

⑭ 吴延燮《北京市志稿 · 八》（宗教志），北京：北京燕山出版社，1998。

⑮ 北京档案馆编《北京寺庙历史资料》，北京：中国档案出版社，1997。

城地图》、[1] 徐苹芳的《明清北京城图》[2] 和侯仁之《北京历史地图集》[3] 等。这部分资料有助于了解和把握明清至民国时期北京旧城观音女庙的数量与空间分布，为分析 1949 年以前北京旧城观音女庙的地方化特征提供依据。（五）观音信仰文献集。20 世纪 90 年代以后，随着宗教信仰活动在中国内地的复兴，中国大陆陆续出版了一些由学者或居士编辑的观音信仰文献集，主要有姜忠信的《观音尊像图谱》（图文本）、[4] 马书田的《全像观音》、[5] 颜素慧的《观音小百科》，[6] 以及《观音宝典》（佛教小百科 11）等，[7] 其中《观音小百科》和《观音宝典》是从台湾引进的版本。这些文献为本书从总体上把握中国化观音信仰的表现形式与基本特征提供了丰富的知识和材料。

上述文献不仅时空跨度大，而且在数量和内容分布上也很不平衡。本书使用这部分资料的基本原则是：在时间范围上以清代为主，延伸至民国时期，重点探讨清末至 1949 年北京旧城观音女庙的修建与城市社会变迁的关系以及北京观音女庙与女性生活的关系等问题；在空间范围上以文献中记载的北京旧城庙宇为主，兼及北京郊区和其他地区的情况。

第二类是寺庙碑刻。碑刻是本书使用的另一重要资料来源。在这方面，笔者主要利用了《北京图书馆藏中国历代石刻拓片汇编》，[8] 对其中的北京地区观音庙和部分碧霞元君庙（天仙庙）碑刻进行了检索，对于个别因磨泐不清而未被收入《汇编》的碑刻，作者在中国国家图书馆查阅并抄录了原拓片。迄今为止，共搜集到北京旧城观音女庙碑刻 11 通，这些资料主要被用于分析北京旧城观音女庙与北京城市空间关系、地方性特征以及观音女庙的宗派传承等问题。

---

① 本文所使用的《乾隆京城地图》为电子本复印件。2003—2007 年，笔者参加北京师范大学民俗学与社会发展研究所与法国远东学院合作项目“北京寺庙碑刻与社会史”田野普查工作时，由北师大数字民俗学重点实验室提供。谨此致谢！

② 徐苹芳《明清北京城图》，中国社会科学院考古研究所编辑，北京：地图出版社，1986。

③ 侯仁之《北京历史地图集》，北京：北京出版社，1985。《北京历史地图集》（二集），北京：北京出版社，1995。

④ 姜忠信绘 / 著《观音尊像图谱》（图文本），北京：宗教文化出版社，2006。

⑤ 马书田《全像观音》，南昌：江西美术出版社，2006。

⑥ 颜素慧《观音小百科》，长沙：岳麓书社，2003。

⑦《观音宝典》（佛教小百科 11），北京：中国社会科学出版社，2003。

⑧ 北京图书馆金石组编《北京图书馆藏中国历代石刻拓本汇编》，郑州：中州古籍出版社，1990。

从立碑时间来看，北京旧城观音女庙中年代较早的一通碑刻是明天顺三年（1459）刻立于广慈寺的《观音寺碑》（京 185），① 年代较晚的一通碑刻是民国十年（1921）刻立于大栅栏西街观音寺的《观音寺碑》（京 770）。② 由于历史上北京旧城与北京郊区在政治、经济、文化等方面存在着多方面联系，本书在探讨北京旧城观音女庙的地方化特征时，也会参考使用部分刻立于京郊庙宇的观音碑刻。需要强调的是，碑刻对于了解庙宇的宗派传承谱系具有重要价值。韩书瑞在对 1400 年至 1900 年北京的城市生活和庙宇进行研究时曾指出，“在北京最常见的两个佛教宗派谱系是临济宗和曹洞宗。至少有二十一座不同庙宇的僧侣与临济宗相关，其代际传承可追溯到唐代的禅僧。有七座庙宇以碑刻图示形式列举了自创建以来僧人的代际关系，作为宗派谱系的真实可见的证明。至清初，一位僧人宣称自己可能属于第 28 代；至 18 世纪末，则为第 35 代”。③ 但在以往北京地方史志和宗教史文献中，对以女性为住持的庙宇宗派传承情况缺乏详细记录，因而北京旧城观音女庙碑刻中的相关记载十分珍贵。

本书在使用这部分资料时主要遵循以下原则：第一，把碑刻放到其产生的历史情境中去分析；第二，采用对比互证方法，运用碑刻、档案、访谈等多种资料，对清末至民国时期北京旧城观音女庙的宗派传承情况（以临济宗女庙为主）进行综合考察，以此弥补以往北京宗教史文献对于北京女庙宗派传承记录之不足。

第三类是民间文本资料。本书使用的民间文本资料主要包括《中国民间故事集成·北京卷》中的观音传说故事，④ 以及作者在田野访谈中搜集的观音宝卷、观

---

① 《观音寺碑》（京 185），明天顺三年（1459）十二月八日刻，碑在北京东城区广慈寺。北京图书馆金石组编《北京图书馆藏中国历代石刻拓本汇编》，郑州：中州古籍出版社，1991，第 52 册，第 20 页。

② 《观音寺碑》（京 770），民国十年（1921）五月一日刻，碑在北京大栅栏西街观音寺。北京图书馆金石组编《北京图书馆藏中国历代石刻拓本汇编》，郑州：中州古籍出版社，1991，第 93 册，第 58 页。

③ Naquin Susan，*Peking Temples and City Life,1400-1900*，Berkeley and Los Angeles, California: University of California Press，2000，第 53—54 页。

④ 中国民间文学集成全国编辑委员会、《中国民间故事集成·北京卷》编辑委员会《中国民间故事集成·北京卷》，北京：中国 ISBN 中心出版，1998。本文使用的《中国民间故事集成·北京卷》系数字化文本，为文化部民族民间文艺发展中心与北京师范大学数字民俗学重点实验室的合作项目《中国民间故事集成》电子书之一。项目主持人为文化部民族民间文艺发展中心主任李松、北京师范大学数字民俗学重点实验室主任董晓萍教授。本电子书制作人：王宇琛、赖彦斌、周云磊。谨此致谢！

音经典以及《1941 年拈花寺受戒同戒录》等。这些资料来自民间，保留了民间文本的基本特点，有助于了解观音信仰在北京民间社会的传播情况。从《中国民间故事集成·北京卷》的内容与数量来看，该书收录的民间文本传说中有八篇与观音有关；从作品采集地来看，有一篇来自北京旧城，其余七篇均来自北京郊区。本文在使用这部分资料时，首先根据每篇传说的内容和观音在其中被赋予的角色，将这些传说划分为不同类型，其次考察不同类型观音传说之间的联系和区别。在地域范围上以北京旧城观音传说为主，另一方面也考察收录在《中国民间故事集成·北京卷》中采自京郊地区的观音传说，旨在对比分析北京地区观音传说的地方化特征。在田野访谈中，笔者还搜集到一些反映民国时期北京宗教发展状况的民间藏本，如《1941 年拈花寺受戒同戒录》，以及至今仍在北京内城女庙（尼寺）中流通的观音宝卷（《观音济渡本愿真经》）和观音经典（如《法华经》、《观世音菩萨普门品》、《大悲咒》、《心经》等）。对上述文本，本书将在第二章中进行分析。

第四类是田野调查资料。2003 年 11 月至 2007 年 7 月，笔者参加了北京师范大学民俗典籍文字研究中心与法国远东学院合作的“北京寺庙碑刻与社会史”项目，对北京内城部分庙宇进行了普查。[①] 此外，还参加了董晓萍教授主持的对北京隆长寺寺庙大院住户的调查，以及北京师范大学民俗学与社会发展研究所和英国牛津大学国际文化研究中心的合作项目——关于北京牛街清真女寺与妇女生活的调查活动。[②] 在此基础上，笔者对民国北京地方政府寺庙登记档案中记载的部分北京旧城观音女庙进行了踏访。访谈对象为民国时期在北京旧城女庙出家的老北京比丘尼以及在北京旧城观音女庙和胡同社区中租住了 50 年以上的北京老人。本书个案资料主要来自 2005 年至 2008 年笔者对北京西直门内南小街西观音寺及其相关庙宇和北京外城三教寺的田野调查，以及对 1949 年以前在北京旧城女庙出家的老北京比丘尼的多次访谈。在做访谈记录时，尽力做到忠实、客观地反映被访者的思想、情感、心理和愿望。与此同时，为了遵守田野工作的伦理原

① 该项目中方主持人为北京师范大学董晓萍教授，法方主持人为法国远东学院吕敏（Marrianne Bujard）教授。本研究得到了她们的启发、鼓励和帮助，谨此致谢！

② 该项目中方主持人为北京师范大学董晓萍教授，英方主持人为英国牛津大学国际文化研究中心主任玛利亚 • 雅绍克（Maria Jaschok）教授。本研究受到了该项目的启发，谨此致谢！

则，本书在引用口述史资料时，仅注明被访者的法名、姓氏及访谈时间。

二、对本书部分术语的说明

本书使用的术语主要由两部分构成：第一部分是来自田野调查和访谈中的民间术语，如“小庙”、“子孙庙”、“姑子庙”、“家庙”、“发心”、“养例”等。对于这些术语，作者将在各章相关部分加以说明。第二部分是本书在研究中使用的术语，除前文已做界定的“北京旧城”、“观音信仰”、“女庙”、“观音女庙”、“北京旧城观音女庙”、“宗教民俗”等基本概念外，还有“观音文本”、“观音经典”、“观音碑刻”、“观音女庙碑刻”、“寺庙空间”、“女市民信仰群体”、“地方仪式”等。以下简要分述之。

观音文本。本书使用的“观音文本”是一个广义概念，指观音信仰传入中国以后，中国僧侣和民间知识分子为满足中国民众的信仰需求，翻译或再造的观音经典、观音宝卷；中国民间以观音菩萨为主要信奉对象描绘或刻立的观音图像，包括观音造像与观音绘画两种类型；以及中国民间口头流传的观音故事传说。上述文本形式在观音信仰本土化过程中扮演了重要角色，不仅构筑了中国观音信仰的基础，同时也体现了观音信仰的地方化特征。从档案记录来看，清末至1949年北京旧城观音女庙中保存了大量不同类型的观音文本，为研究观音信仰在北京地区的发展状况提供了宝贵资料。

观音经典。本书使用的“观音经典”一词，既包括古代僧侣从印度翻译而来的、以观音菩萨为主要形象的佛教经典；[①] 也包括观音信仰传入中国之后，经过中国民众加工创造的以观音菩萨事迹为主要内容的本土经典。从本书搜集和使用的地方文献与田野调查来看，北京地区流传的观音经典主要有《心经》、《高王观世音经》、《白衣大悲五印心陀罗尼经》和《请观音经》等。

观音碑刻。本书使用的“观音碑刻”一词，指以观音名号或观音经典命名，以观音信仰为主要内容的碑刻。这些碑刻对于了解观音信仰在中国大陆，特别是

---

① 肖武男主编的《观世音菩萨经典》中，收入了〔唐〕玄奘译《般若波罗蜜多心经》、〔唐〕般刺蜜帝译《大佛顶首楞严经·观世音菩萨耳根圆通章》、〔唐〕实叉难陀《大方广佛华严经·入法界品·观自在菩萨章》和（姚秦）鸠摩罗什译《妙法莲华经·观世音菩萨普门品》等十五部观音经典。北京：华夏出版社，2007。

北京地区的传播与发展具有重要价值。

观音女庙碑刻。本书使用的“观音女庙碑刻”一词，是指在北京旧城观音女庙中刻立的，以清代为主要历史时段，延展至明代与民国时期的碑刻，其中大部分与观音信仰有关。对于观音女庙碑刻进行解读和分析，有助于探讨北京旧城观音女庙的空间特征，以及北京旧城观音女庙与北京城市社会的关系。

寺庙空间。本书使用的“寺庙空间”一词，是指由庙宇殿房和院落构成的物质空间和精神空间，又可分为“信仰空间”与“社会空间”两部分。“信仰空间”主要由大殿及在大殿举行的仪式活动构成，包括僧尼供奉的佛像、神像以及举行仪式时所使用的法物和经典等；“社会空间”主要由庙宇提供给僧尼家属寓居或出租给市民、铺户的房屋院落构成，亦包括僧尼、寓居者以及到寺庙中参加仪式活动的居士等社会群体之间的复杂关系。“信仰空间”体现了庙宇与神圣世界的关系，而“社会空间”则体现了庙宇与世俗生活的关系。

女市民信仰群体。本书所说的“女市民信仰群体”，主要指北京庙宇中的出家尼僧群体以及寄居在女庙中的俗家女弟子或出家尼僧的女性亲属，此外也包括在家修行的女居士和经常到寺庙中去上香的女香客。

地方仪式。本书所使用的“地方仪式”概念，主要指北京旧城观音女庙尼僧的日常修行仪式和传承仪式。由于以往北京历史文献在这方面的记录很少，因而本书使用的这部分资料主要来自笔者对老北京比丘尼所做的的个案访谈。

需要说明的是，由于目前学界对北京女庙的研究成果极少，笔者对上述术语的界定与使用还十分初步，主要限于本书讨论的范围。不妥之处，诚望学界同仁及读者指正。

第二章　北京旧城观音女庙产生的历史背景

如前所述，观音菩萨来自印度。于君方认为印度观音的出现不早于公元5世纪，并通过西域的丝绸之路向中国传播。但与中国的菩萨不同，印度的菩萨形式中没有女性形象。[①]李利安从印度观音信仰向中国传播的历史阶段入手，将汉传佛教观音信仰分为初传期（三国至东晋十六国）、兴盛期（南北朝至隋代）、普及期（隋代到宋代）、演变期（元明清）和持续期（1912年至今）等五个阶段，并从观音名号、观音经典、修持方式、女性观音传说、观音道场、观音信仰与现实人生的结合等方面概括了每个阶段的特点。[②]上述两位学者的研究成果对本书写作颇有启发意义。

本章从宗教民俗学的理论视角入手，以观音信仰在北京地区的传播历程为切入点，以北京旧城观音女庙为重点考察对象，把女庙作为中国女性观音信仰发展历程的重要组成部分，通过梳理北京旧城观音女庙的名称类别，分析历史上观音信仰在北京地区的发展概况，以及清末至1949年北京旧城观音女庙中保存的观音经卷、观音图像和北京地区观音传说的地方化特征。探讨的基本问题有以下三个方面：第一，观音信仰在北京地区的传播与发展概况。第二，北京旧城观音女庙的类别与特征。第三，北京地区观音文本的主要类型与基本特征。

---

① Chun-fang Yu，*Kuan-Yin: The Chinese Transformation of Avalokitesvara*，New York: Columbia University Press,2001，第8—14页。

② 李利安《观音信仰的渊源与传播》，北京：宗教文化出版社，第46－47页。

第一节　观音信仰在北京地区的传播

印度观音信仰传入中国之后，经历了漫长的本土化、女性化和地方化过程。本节以汉传佛教观音信仰为重点，结合观音信仰在北京地区的传播历程以及对女性生活的影响，将观音信仰在北京地区传播的历史分期分为魏晋南北朝至唐宋时期、辽金元时期、明清至民国时期三个发展阶段。

一、魏晋南北朝至唐宋时期北京地区观音信仰的传播

从中国古代女性生活和观音信仰传播的角度来看，魏晋南北朝时期汉传佛教的发展主要表现在尼寺的创建、观音经典的传播与观音造像的流行等方面。

据前人研究，西晋时期，“佛教活动以洛阳和长安为两大中心”。关于洛阳的佛寺，北魏杨衒之《洛阳伽蓝记》和《魏书·释老志》中载有四十二所，而据现存资料可查者有八所，其中一座为尼寺，即由比丘尼净检在洛阳宫城西门创建的竹林寺（《比丘尼传》卷一《净检传》）。[①] 东晋时期，由皇室和公卿臣僚创建的寺庙很多，其中尼寺有康帝褚皇后建的延兴寺、晋穆帝何皇后建的永安寺（又称“何后寺”）、简文帝建的新林寺、恭帝褚皇后建的青园寺、会稽王司马道子建的简静寺、中书令何充建的建福寺等，此外还有镇西将军谢尚舍宅造的庄严寺。这些佛寺都在建康及其附近一带。其他地区的尼寺有山阴北寺等。[②]

由此可见，佛教寺院与皇室和上层政治的关系早在晋代就已出现，而女性出家最早也是从贵族妇女开始的。随着佛教的普及，女性出家之风渐入民间。值得注意的是，舍宅造寺之例在佛教传入中国早期（东晋时期）也已经有了，其影响一直延续到中国封建社会晚期。

中国佛教尼寺创建的一个前提是比丘尼和比丘尼团体在中国本土的出现。比丘尼“是梵文 bhiksun ī 的音译。意译为乞士女、除女、熏女等，俗称尼姑，是

---

① 任继愈主编《中国佛教史》（第二卷），北京：中国社会科学出版社，1985，第 8 页。

② 任继愈主编《中国佛教史》（第二卷），北京：中国社会科学出版社，1985，第 577—578 页。

依法受过具足戒的女性出家者”。[①] 传说佛教的第一个比丘尼是释迦牟尼的姨母。而据南朝梁释宝唱的《比丘尼传》记载，中国内地第一个比丘尼是西晋时期的净检。净检及其同道在洛阳宫城西门建立的竹林寺，是中国内地的第一个佛教女寺。[②] 东晋时，一些在社会上享有名望的比丘尼因得到王公贵族支持往往拥有自己独立的寺院，徒众达几十人甚至百人以上。随着比丘尼人数的增加，开始出现女性出家修行者的佛教组织、团体——比丘尼僧团。“比丘尼僧团的建立和发展，是佛教深入社会的标志之一。”[③]

魏晋南北朝时期，中国民间流行最广的是阿弥陀佛信仰、观世音菩萨信仰、弥勒佛（或称“弥勒菩萨”）信仰和地藏菩萨信仰。这一时期有关观世音菩萨的经典很多，但最基本的是《法华经》中的《观世音菩萨普门品》。[④] “《法华经》是大乘佛教早期经典之一，对中国佛教影响极大。”《正法华经》是现存最早的译本，而历代最为流行的是鸠摩罗什的译本《妙法莲花经》八卷。此经之所以受到信徒重视，是因为其内容主要有以下三个特点：第一，把大乘佛教的佛身理论形象化。第二，主张人人可以成佛。第三，塑造出观世音（译为“光世音”）菩萨的形象。[⑤]《普门品》是《观世音菩萨普门品》的简称，后世民间又称之为“观音经”，其内容体现了观音信仰的简易性和实用性，即无论何人，身处何地，只要一心称名就可得救。魏晋南北朝时期《普门品》在中国各地的广泛流行，对观音信仰的中国化起了重要作用。

据北京史学者研究，北朝时期（420—581）佛教开始在北京地区传播。“公元420年，幽州僧侣昙无竭西行求法的壮举掀开了北朝时期北京佛教的第一页。”[⑥] 这一时期除《法华经》外，还有两部观音经典对观音信仰在北京及周边地区的传播起了重要作用，一部是《观世音受记经》，另一部是《高王观世音经》。

---

① 任继愈主编《中国佛教史》（第二卷），北京：中国社会科学出版社，1985，第569页。

② 〔梁〕释宝唱著，王孺童校注《比丘尼传校注》（卷一），北京：中华书局，2006，第1—2页。

③ 任继愈主编《中国佛教史》（第二卷），北京：中国社会科学出版社，1985，第574页。

④ 任继愈主编《中国佛教史》（第三卷），北京：中国社会科学出版社，1988，第567页。

⑤ 鸠摩罗什译本《妙法莲花经》译于后秦弘始八年（406）。参见任继愈主编《中国佛教史》（第二卷），北京：中国社会科学出版社，1985，第33页。

⑥ 徐威《北京汉传佛教史》（《前言》）（北京宗教史丛书），北京：宗教文化出版社，2010，第20页。

据《高僧传》记载，幽州僧人昙无竭将在印度寻求的梵文《观世音受记经》带回中国并译成汉文，使之广泛流传于南北各地。[①] 魏晋时期，随着佛教的进一步传播，中国民间还产生了一些由中国僧人编撰或选抄的佛经。这些佛经与译自印度被称为"真经"的梵文经典在内容和形式上有很大不同，被佛教界、学术界称为"伪经"、"疑经"或"疑伪经"。有学者认为"北朝时期观音成为社会各阶层人士普遍信仰的对象，是以疑伪经的广泛流传为前提的"。[②] 据史料记载，北朝时期，幽州民间开始流传一部伪经，名《高王观世音经》。在《北史 · 卢景裕传》中记载了卢景裕因至心诵念《高王观世音经》而"枷锁自脱"的传奇经历。[③]《法苑珠林》（卷十七）亦记载了魏天平年间（534—537）定州人孙敬德因诵念《高王观世音经》而应验得救的故事。[④] 两个故事发生的时间、地点相距不远，说明当时观音信仰在幽州及周边地区已有广泛影响。

魏晋南北朝时期，随着观音经典的译介、选抄和传播，不同形式的观音造像也开始流行起来。"公元 1 世纪以后，在印度出现了最早的佛的造像，这对以后佛教的通俗宣传和广泛传播有极大影响。"[⑤] 从造像形式看，魏晋南北朝时期的观音信仰已带有净土色彩。"东晋以后，观世音造像也日益增多，从一些残存的造像题记看，多为祈愿'离苦得乐'，为死者早日超脱，'往生西方妙乐世界'，以及为自己及亲属、一切众生'速登正觉'等等。"[⑥] 对于观音信仰与净土信仰的关系，前人多有论述。李圣华（1929）认为，"观音崇拜与净土宗可云同派，净土宗亦以念佛为得救之道也。"[⑦] 孙昌武、马西沙等当代学者对此亦进行过深入研

---

① 〔梁〕慧皎《高僧传》卷 3《释昙无竭传》，载《续修四库全书 · 子部 · 宗教类》，上海古籍出版社，2002。

② 徐威《北京汉传佛教史》(《前言》)（北京宗教史丛书），北京：宗教文化出版社，2010，第 52 页。

③ 〔唐〕李延寿《北史 · 卢景裕传》（卷 30），北京：中华书局，1974，第 1098 页。

④ 〔唐〕释道世撰，周叔迦、苏晋仁校注《法苑珠林校注》（全六册），北京：中华书局，2003，第 565 页。

⑤ 任继愈主编《中国佛教史》（第一卷），北京：中国社会科学出版社，1981，第 79 页。

⑥ 见《陶斋藏石记》卷 8—12 造像记。另参见任继愈主编《中国佛教史》第三卷，北京：中国社会科学出版社，1988，第 589 页。

⑦ 李圣华《观世音菩萨之研究》，中山大学语言历史学研究所编《民俗》（神的专号／三），1929 年第 78 期，第 12 页。

究。[①]从魏晋南北朝时期中国各地观音经典和观音造像来看，观音信仰与净土信仰的结合已成为本土观音信仰的一大特色，对后世的中国化观音信仰产生了巨大影响。除观音造像外，魏晋南北朝时期中国各地还出现了一些观音石刻。从《北京图书馆藏中国历代石刻拓本汇编》中收录的碑刻来看，较早的一通观音碑刻为《观音讚》，刻立于南朝梁代时期。[②]观音碑刻的出现及其在后世的流行，从一个侧面体现了印度观音信仰传入中国后的本土化进程。

隋唐时期，汉传佛教观音信仰在中国各地进一步发展。其变化与表现形式主要体现在观音经典的翻译与本土观音经卷的印行；各地观音庙宇纷纷兴建，影响远播边陲地区；观音造像的形式也进一步得到发展，出现了水月观音等中国本土化女性观音形象。从历史文献来看，最晚至唐代，观音信仰已在北京地区广泛传播。主要体现在几个方面：一是《高王观世音经》等本土观音经典在北京及周边地区的刻印和传播；二是以观音为主神的庙宇在北京及周边地区的创建；三是观音造像的流行。

《高王观世音经》等本土观音经典在唐代已十分流行。据于君方研究，从道安到智昇的300多年间，中国本土经典数量不断增加。《高王观世音经》现存五个版本，其中之一在北京房山，为公元665至669年的石版。故事来源于河北，这或许可以解释《高王观世音经》的石刻地点何以在房山的原因。[③]在北京法源寺佛教艺术图书馆中收藏有《高王观世音经》及其木刻年画，其中《法华经·普门品》和《高王观世音经》均刻于明代。最早的版本印于1428年，其余多数印于万历年间。[④]

从文献来看，隋唐时期北京已有一些观音庙宇，其中位于北京城区的庙宇是

---

① 孙昌武《中国文学中的维摩与观音》，北京：高等教育出版社，1996。马西沙、韩秉方《中国民间宗教史》，上海：上海人民出版社，1992。

②《观音讚》（轴173），南朝梁（502—507）刻。拓片高26厘米，宽27厘米。正书。北京图书馆金石组编《北京图书馆藏中国历代石刻拓本汇编》，郑州：中州古籍出版社，1990，第2册，第168页。

③ Chun-fang Yu，*Kuan-Yin: The Chinese Transformation of Avalokitesvara*，New York: Columbia University Press，2001，第98—118页。

④ Chun-fang Yu，*Kuan-Yin: The Chinese Transformation of Avalokitesvara*，New York: Columbia University Press，2001，第94页。

修建于唐代的观音阁，即法源寺大悲阁。法源寺是北京旧城现存最古老的一座寺庙，始建于唐贞观十九年（645），武则天万岁通天元年（696）建成。初名“悯忠寺”，是唐太宗为安抚东征高丽阵亡将士所建。唐中和二年（882），寺遭火灾，景福初年（892），幽州节度使李匡威重修，“并建三层高阁供奉观音菩萨像”。[①]唐代北京郊区也建有观音庙宇，如位于北京门头沟区东部的三家店村，属龙泉镇辖村，因昔日有三家客店而得名。据文献记载，“辽代时即已成村，村内文物古迹较多。位于三家店中街的白衣观音庵，始建于唐代”。该庙在宋代、明代都曾重修，清末曾是义和团拳坛。庙内保存有碑刻。三家店村中街有山西会馆，清代及民国时期为山西公议局。该村地理位置重要，交通亦便利。[②]

观音造像是观音信仰的外在体现。隋唐时期随着佛教在中国的传播与发展，中国化观音信仰一方面保留着印度佛教的痕迹，另一方面也越来越具有中国本土特色。从文献记载和考古发现来看，隋唐时期，中国的观音形象主要有水月观音、白衣观音和大悲观音。据碑刻铭文记载，出土于陕西的 7 世纪末唐代观世音菩萨形象在服饰上已有女性特征，尽管碑文语言尚有印度佛教的痕迹。[③]从碑刻来看，8 世纪中期，在中国西南巴蜀地区也有观音菩萨造像。[④]据北京美术史学者研究，隋唐时期北京地区的佛教造像遗存“主要以金石造像为主”。[⑤]另据北京地方志文献记载，晋阳庵中有唐代贞观十四年尉迟敬德监造的观音像，“观音古铜身，三尺，不以髹塑，不以金涂饰，妙相慈颜端若，而丈夫槩（概）具，磊磊然也”。[⑥]从观音形象来看，这尊观音像尚带有男性特征。从幽州在唐代所处的战略位置来看，当时建造观音铜像的目的应具有护国保民的作用，故此晋阳庵中的

① 吕铁钢、黄春和《法源寺》，北京：华文出版社，2006，《前言》第 1 页、正文第 19—21 页。

② 王彬、徐秀珊主编《北京地名典》，北京：中国文联出版社，2001，第 559 页。

③《观世音菩萨像铭》（轴 162），唐天授二年（691）九月七日刻。陕西出土，藏美国华盛顿博物馆。拓片高 127 厘米，48 厘米。正书。北京图书馆金石组编《北京图书馆藏中国历代石刻拓本汇编》，郑州：中州古籍出版社，1990，第 17 册，第 157 页。

④《观音菩萨像赞》（各 877），唐乾元二年（759）正月十三日刻。石在四川巴县。拓片高 148 厘米，宽 57 厘米，韩济撰，正书。此拓为陆和九旧藏本。北京图书馆金石组编《北京图书馆藏中国历代石刻拓本汇编》，郑州：中州古籍出版社，1990，第 27 册，第 11 页。

⑤ 李福顺主编《北京美术史》（上、下卷），北京：首都师范大学出版社，2008，第 149 页。

⑥〔明〕刘侗、于奕正《帝京景物略》，北京：北京古籍出版社，1983，第 180 页。

观音造像兼具慈悲与勇武的双重特征。

宋代流行的女性观音形象主要是白衣观音。在北京法源寺图书馆藏有《白衣大悲五印心陀罗尼经》的 35 个版本。于君方认为《白衣大悲五印心陀罗尼经》中的奇迹故事最早来自 11 世纪，一些来自元代，但大量来自明代。在这一观音经典的多数版本中，奇迹故事被假定发生在唐代。宋代本土观音经典在汉传佛教观音信仰传播中具有重要作用。“本土经典和奇迹故事是促使观音信仰在中国传播的两种有力媒介。”①

宋代的考古资料表明，最晚在 10 世纪后期，观音信仰已深入中国家庭。伊沛霞（Ebrey Patricia）在对宋代妇女生活的研究中指出，宋代大家族中的女性“似乎特别喜欢献身佛教”。因“献身于佛教使她们得到了退避三舍、深居内闱的途径”，而观音菩萨对她们“有特殊的吸引力”。在一些宋儒妻子的墓里，会有小小的观音菩萨像，②而另一些大家族里的妻子，则“奉观世音尤力。课所谓大悲咒者数以万亿计”。③通过对宋墓壁画作品的分析，伊沛霞认为“宋代的观音菩萨塑像越来越普遍地表现为女性”。作于 968 年的一幅宋墓壁画，“放在观音菩萨像底部，画的是一对夫妇捐赠人”。该画藏于华盛顿史密斯索尼亚学院艺术画廊。④与佛教传入中国早期时以青铜为主的观音造像有所不同，宋代观音造像不仅在形式，而且在材质上趋于多样化。除木质造像外，也有玉质造像，如南宋时期江苏吴县地区出现的白玉观音像。⑤

总之，在中国女性观音形象的演变历程中，宋代是一个关键时期。中国女性观音性别的最终确立，与宋代及其以后的社会思潮和社会风尚有密切关系。从文

---

① Chun-fang Yu，*Kuan-Yin: The Chinese Transformation of Avalokitesvara*，New York: Columbia University Press，2001，第 110、130 页。

② 衢州市文管会编《浙江衢州市南宋墓出土器物》，《考古》，1983 年第 11 期，第 1004—1011 页。

③ [美]伊沛霞（Ebrey Patricia）《内闱：宋代的婚姻和妇女生活》，胡志宏译，南京：江苏人民出版社，2004，第 111 页。

④ [美]伊沛霞（Ebrey Patricia）《内闱：宋代的婚姻和妇女生活》，胡志宏译，南京：江苏人民出版社，2004，第 31—32 页。

⑤《白玉观音像记》，南宋绍兴五年（1135）五月刻。石在江苏吴县灵巖（岩）山。北京图书馆金石组编《北京图书馆藏中国历代石刻拓本汇编》，郑州：中州古籍出版社，1990，第 43 册第 26 页。

献和考古资料来看，宋代观音信仰表现出明显的女性特征，对妇女及其家族生活有着深刻影响。

二、辽金元时期北京地区观音信仰的遗存

辽金元时期由于统治者的提倡，观音信仰在中国北方特别是北京地区得到进一步发展。从碑刻和地方志文献来看，主要表现在修观音阁、造观音像、建观音经幢等方面。

辽代燕京地区的观音信仰遗存主要有观音阁与观音造像。据史料记载，建于唐代的悯忠寺在辽代进行过四次重修，最后一次是在辽大安十年（1094），由寺中赐紫沙门善制主持完成。在这次修缮中，悯忠寺住持善制为悯忠阁塑造了“百尺水月之像”（应为水月观音像），并亲自撰写《燕京大悯忠寺观音菩萨地宫舍利函记》，记载了塑像及供藏舍利的因缘（《元一统志》）。[①] 又：《日下旧闻考》引《析津志》记载：大悲阁建自唐，在悯忠寺。辽圣宗时将悯忠寺改为圣恩寺。金代、元代重修，供奉大悲观音菩萨。

圣恩寺，即大悲阁，后有方石甃八角塔。（《日下旧闻考》卷六十城市引《析津志》。）

在南城旧市之中。建自唐，至辽开泰重修。圣宗遇雨，飞驾来临，改寺圣恩，而阁隶焉。金皇统九载，即其地而新之。元至元壬午春重修。中奉大夫总制翰林国史集贤院领会同馆道教事，安藏撰记。二十四年四月立石寺外。阁祠大悲观音菩萨。（《日下旧闻考》卷一百五十五存疑引《析津志》）[②]

辽代燕京地区制造的观音菩萨像主要有青铜像、三彩像和玉石（观音）造像等。今首都博物馆藏有辽代南京青铜观音菩萨造像和门头沟龙泉务窑出土的观音菩萨三彩像，为辽代造型艺术的精美之作，体现了北朝以来北方传统造像的质朴风格。从制作工艺看，辽代观音造像十分精美，这一点与统治者对观音信仰的执

---

① 吕铁钢、黄春和《法源寺》，北京：华文出版社，2006，第26—28、335—336页。

② 〔元〕熊梦祥《析津志辑轶》，北京：北京古籍出版社，1983，第68页。

着以及观音信仰在上层社会的流行有关。据《辽史》记载："太宗幸幽州大悲阁，迁白衣观音像，建庙木叶山，尊为家神。"由于统治者的提倡，辽代时期，观音菩萨信仰是"燕京地区乃至整个辽国最为流行的造像题材"。"辽燕京天庆寺中还有玉石观音像，座高七尺，形象逼真，巧夺天工，雕刻艺术也是相当精湛。"[①]在《全辽文》中收有《玉石观音唱和诗》，共二十五首。《玉石观音唱和诗》写于辽寿昌五年（1099），从第七首的内容来看，是为天庆寺之玉石观音所作。辽代《玉石观音唱和诗》的作者既有僧人，亦有居士，从中可见观音信仰在辽代不同社会阶层的广泛影响。[②]

金中都时期，北京地区观音信仰遗存主要有观音庙宇、观音经幢、观音菩萨石造像和观音陶瓷造像等。金代由民间士庶兴建与重修了一些以供奉观音菩萨为主的佛教庙宇，其中包括中都城内的十方观音院及城郊昌平的银山法华寺等。[③]今北京陶然亭公园内还有一座金代观音经幢塔，又称"观音甘露破地狱净法界真言幢"，建于金太宗完颜晟天会九年（1131），石质。[④]从实物来看，金中都时期的观音菩萨造像——"无论石造像还是陶瓷造像，均体现出中原宋以来细腻精致的风格与影响"。如丰台大葆台汉墓遗址封土中出土的金代汉白玉观音菩萨坐像，以及1964年出土于丰台区瓦窑金代塔基的青白釉反瓷观音菩萨像，在细节刻画和整体手法、风格等方面与南宋雕塑有着许多共同之处，[⑤]从中可见宋代特别是南宋时期中原地区观音信仰对辽金元时期中国北方地区观音信仰的深刻影响。

与前代相比，元代北京地区观音信仰具有明显的包容性和融合性，南方与北方、汉传佛教与藏传佛教的观音信仰在元大都及周边地区都有所体现。元大都时期北京地区观音信仰的丰富和发展主要体现在女性观音信仰在世俗社会的最终确立，以观音命名的庵堂大量出现，观音诞日的产生以及道教对观音信仰的影响等方面。在艺术上则表现为以观音为题材的画像、造像、浮雕等作品大量产生。其

---

① 李福顺主编《北京美术史》（上、下卷），北京：首都师范大学出版社，2008，第156页。
② 陈述辑校《全辽文》，北京：中华书局，1982，第260—264页。
③ 李福顺主编《北京美术史》（上、下卷），北京：首都师范大学出版社，2008，第102页。
④ 李福顺主编《北京美术史》（上、下卷），北京：首都师范大学出版社，2008，第114页。
⑤ 李福顺主编《北京美术史》（上、下卷），北京：首都师范大学出版社，2008，第156—157页。

中造像类又包括青铜造像、汉白玉石造像和瓷器造像等。李利安认为，宋元时期，“女性观音信仰成为汉传佛教观音信仰的主流”。在中国观音信仰女性化的过程中，“宋代开始萌芽的、宣传女性观音身世的妙善公主的传说，经元代的加工完善而定型，并迅速普及”，对中国女性观音信仰的最终确立起了重要的作用。[①]

从碑刻来看，元代以观音命名的庙宇主要有观音堂、妙善寺等。在山西晋城发现的元代碑刻《观音堂遗迹感应记》记载了当地居民为洪水所困后，郡守亲率所属恭谒观音堂祈祷，终使水退，并为此立碑的历史事件。[②]另据历史文献和碑刻记载，元代女性对观音菩萨的信仰遍及各社会阶层，其中既有皇亲贵族、官宦之家的女性，也有平民女性。元代皇亲贵族女性信奉观音菩萨最著名者为妙严大师。妙严大师为忽必烈之女，曾常年修炼于潭柘寺观音殿内。而元代官宦之家的女性虔诚信奉观世音菩萨的例子，则有赵孟頫夫人管道昇。据史料记载，管道昇不仅虔诚信奉观音，而且善画《观音像》，并著有《观世音菩萨传略》。与上述女性的信仰行为不同，元代平民女性对观音菩萨的信仰则主要体现在修建以观音名号命名的尼庙庵堂等方面。从历史文献记载来看，宋元时期，在中国南北各地创建了很多以观音名号命名的庵（堂）。于君方认为，“其中一些庵堂是中庸的男人们为其女性亲属建立的，而另一些则是由妇女自己建立的。多数庵堂以‘观音’、‘白衣’或‘大悲’、‘紫竹’命名”。于君方还认为，“至少从元代开始，观音就有了一个被僧俗共庆的诞辰日，即每年农历二月十九日”。[③]

与观音信仰的普遍流行相关，观音像成为元代文人学士作品中的常见题材。今存碑刻有元代著名书法家赵孟頫绘书之《观音像》。从图像上看，观音居于画面右下方，面对流水，身后是枝叶交错的竹林；画面左侧及上方是缭绕的云气。整幅画给人以静谧、安详之感。画面左上角又刻有明万历十六年二月一日《观音

---

① 李利安《观音信仰的渊源与传播》，北京：宗教文化出版社，2008，第 47 页。

②《观音堂遗迹感应记》（各 1436），元至元二年（1336）八月上旬刻。石在山西晋城。拓片高 110 厘米，宽 62 厘米。贺禄撰并正书，王志信刻。此本系陆和九旧藏。北京图书馆金石组编《北京图书馆藏中国历代石刻拓本汇编》，郑州：中州古籍出版社，1990，第 49 册第 172 页。

③ Chun-fang Yu，*Kuan-Yin: The Chinese Transformation of Avalokitesvara*，New York: Columbia University Press，2001，第 493—494、413 页。

像赞》几个字。①

从信仰遗存来看，元代北京地区亦有一些观音造像。迄今在法源寺珍藏的佛教文物中，除唐景福元年（893）《重藏舍利记》、辽大安十年（1094）《燕京大悯忠寺观音菩萨地宫舍利函记》等碑铭外，还有元代铜铸观音像，均是观音信仰在北京地区传播的珍贵（实物）史料。②元大都时期遗存的北京汉传佛教观音造像主要有阜成门内广济寺圆通殿内的观音像和房山中山寺遗址出土的汉白玉石观音坐像。北京广济寺圆通殿内的观音坐像座高 1 米左右，面形长圆饱满，是元代造像遗存中的精品。北京房山中山寺遗址出土的汉白玉石观音像高 2 米多，宽 1 米余，造型细腻优美，具有中原地区传统观音造像风格。在元大都寺塔浮雕中保存的观音像则有延庆石佛寺遗址出土的千手观音像浮雕。③

此外，在北京墓葬遗址发现的瓷器中，有元代制作的影青瓷观音像和青瓷骑狁观音菩萨像。其中影青瓷观音像颇具特色，其造型端庄、优美，工艺考究，尤其是观音胸前的璎珞等佩饰表现得十分精细。北京美术史研究者认为，这类制品不同于习见的日用器皿，可能为专门加工定制，应当是元大都上层社会方能拥有的产品，体现了元代影青瓷的制作水平。④而在京郊昌平出土的元代青瓷骑狁观音菩萨像，则"反映了元代龙泉窑瓷塑的艺术水平"。北京美术史学者认为这类佛像制品"与以往在北京地区发现的越窑青瓷有渊源关系，反映了北京地区民众对南方青瓷的喜爱，未因时间的改变和空间的阻隔受到影响"。⑤从元代龙泉窑瓷器制品与南方越窑青瓷的关系也能看到：自宋代以来，中国南方汉族地区与北方少数民族地区的宗教文化交流延续不断，辽金元时期北京地区汉传佛教观音信仰即体现了这一特色。

① 《观音像》(顾 1061)，元延佑四年（1317）六月二十七日刻于江西九江。拓片高 89 厘米，宽 33 厘米。赵孟頫绘并正书。北京图书馆金石组编《北京图书馆藏中国历代石刻拓本汇编》，郑州：中州古籍出版社，1990，第 49 册第 56 页。

② 吕铁钢、黄春和《法源寺》，北京：华文出版社，2006，第 330—333 页、第 335—336 页。

③ 李福顺主编《北京美术史》（上、下卷），北京：首都师范大学出版社，2008，第 339—347 页。

④ 李福顺主编《北京美术史》（上、下卷），北京：首都师范大学出版社，2008，第 378 页。

⑤ 李福顺主编《北京美术史》（上、下卷），北京：首都师范大学出版社，2008，第 381 页。

三、明清时期北京地区观音信仰与观音庙宇概况

明清时期北京地区观音信仰的发展经历了由盛到衰的过程。一方面，帝王后妃对观音菩萨的崇奉和信仰活动对观音信仰的传播依然起着推动作用；另一方面，观音信仰与地方文化的结合更加紧密。从现有资料来看，明代北京地区观音信仰的特征首先表现在与皇权政治的关系上。主要体现在敕建观音庙宇增多、太监及京城官员热衷参与修庙活动等方面。从碑刻内容来看，明代北京地区修建的不少观音庙宇都是由京城官员奉敕修建的。明代北京城区较早刻立的两通观音寺碑刻即为皇帝敕赐。一通碑立于天顺三年（1459），在北京城东之广慈寺。[①]另一通碑立于成化五年（1469），在北京城南之观音寺，据碑文可知，该寺为明代敕赐禅寺。[②]另一个例子是万历十三年（1585），进士中顺大夫陕西提刑按察司副使奉敕重修位于北京大兴县海子角村的观音寺，并刻立两通石碑以记其事。碑刻首题为“重修古刹镇国观音寺碑记”，撰书人为赐进士第大中大夫四川等处承宣布政使司奉敕督理粮储前河南道监察御史晋阳董文寀等，文中多有太监之名。从碑文可知海子角村观音寺建于唐代，京城官员奉敕重修该寺的目的是为了镇国保民。[③]另据《北京历史灾荒灾害纪年》记载，万历十三年，京城遭受了旱灾、风灾、雨灾、震灾。[④]据此可了解当年明朝皇帝派官员重修京郊古刹观音寺之原因。明代北京城中还有不少观音庙宇是太监修建的。如嘉靖二十七年在吉市口修建的

---

①《观音寺碑》（京 185），明天顺三年（1459）十二月八日刻。碑在北京东城区东四九条广慈寺。北京图书馆金石组编《北京图书馆藏中国历代石刻拓本汇编》，郑州：中州古籍出版社，1990，第 52 册第 20 页。

②《观音寺碑》，明成化五年（1469）正月刻。碑在北京宣武区广安门外大街。北京图书馆金石组编《北京图书馆藏中国历代石刻拓本汇编》，郑州：中州古籍出版社，1990，第 52 册第 65 页。

③《观音寺碑》（京 8280），明万历十三年（1585）二月刻。碑在北京大兴县海子角村。拓片碑身高 153 厘米，宽 84 厘米；额高 33 厘米，宽 23 厘米。刘效祖撰，徐奎正书并撰额。北京图书馆金石组编《北京图书馆藏中国历代石刻拓本汇编》，郑州：中州古籍出版社，1990，第 57 册第 132 页。《观音寺碑》，明万历十三年（1585）二月刻。碑在北京大兴县海子角村。拓片碑身高 152 厘米，宽 82 厘米；额高 35 厘米，宽 24 厘米。董文寀撰，徐继申正书并篆额。北京图书馆金石组编《北京图书馆藏中国历代石刻拓本汇编》，郑州：中州古籍出版社，1990，第 57 册第 133 页。

④ 于德源编著《北京历史灾荒灾害纪年（公元前 80 年—公元 1948 年）》，北京：学苑出版社，2004，第 74 页。

观音寺，由□膳太监杜公领头修建；[①] 嘉靖三十五年修建于北京西城皇城根的观音庵，亦为两太监重修。[②]

除太监外，明代北京一些官员亦热衷修建观音庙宇，其中不少是重修。如万历五年（1577）刻立于北京东郊的《观音庵碑》，即由赐进士第四川提刑按察司副使都门杨廷选撰。碑中记述观音庵原为古刹，其来源已不可考，相传修建于正统年间（1436—1449）。碑文记载了观音庵重修之后的布局和规模（50 亩），从中可见万历初年京城官宦重修庙宇的动机既有信仰因素，又有谋取经济利益等功利目的，一些官吏通过修庙来收取地租以获得钱财。[③]

值得一提的是，明末万历皇帝的母亲李太后的崇教活动对京畿地区观音庙宇和碧霞元君庙的修建起了重要作用。关于这位著名太后的崇教活动，韩书瑞曾做过详细研究。1571 年，李太后以皇后身份捐资 1500 两白银，重建了东郊的一座观音庙。1572 年，在她的丈夫去世后几个月，守寡后的李氏又给京郊保明寺捐了一口钟，而保明寺的住持尼僧归圆则宣称自己是观音的化身。1574 年，李太后又捐资再建和扩建了北京南郊另一座观音庙。此外，她还在北京城南 60 公里处修建了一座泰山娘娘庙。自 1576 年至 1581 年，李太后先后出资修建了位于京城西部的慈寿寺、万寿寺和城北的拈花寺，其中拈花寺被用作从西域来到北京的僧人徧融的居留之所。1700 多名太监和宫女也捐了钱，并铸了许多铜佛像。1587 年，李太后在 40 岁时做了一个梦，梦见菩萨给了她一本《九莲经》，她因此相信自己也是观音的化身。自此，九莲菩萨像被安放在李太后捐资修建的京城庙宇中。1591 年，李太后和陈太后以及众多公主、妃子和贵族成员共 275 人又捐资重建

---

① 《观音寺碑》，明嘉靖二十七年（1548）五月一日刻。碑在北京朝阳区吉市口。拓片碑身高 153 厘米，宽 86 厘米；额高 28 厘米，宽 23 厘米。僧宗林撰，岑业正书并篆额。首题为“重修古刹观音寺碑”。北京图书馆金石组编《北京图书馆藏中国历代石刻拓本汇编》，郑州：中州古籍出版社，1990，第 55 册第 132 页。

② 《观音庵碑》（京 446），明嘉靖三十五年（1556）三月刻。碑在北京西城区皇城根观音堂。北京图书馆金石组编《北京图书馆藏中国历代石刻拓本汇编》，郑州：中州古籍出版社，1990，第 56 册第 9 页。

③ 《观音庵碑》，明万历五年（1577）七月十五日刻。碑在北京朝阳区东坝镇南岗村。拓片高 165 厘米，宽 82 厘米。杨廷选撰，王槐正书，杨天臣篆额。此本额失拓。北京图书馆金石组编《北京图书馆藏中国历代石刻拓本汇编》，郑州：中州古籍出版社，1990，第 57 册第 48 页。

了北京西部的一座观音庙。1594 年，李太后还给西山潭柘寺捐资修建了一座新大殿。1608 年，她又捐资帮助郊区的一座小真武庙变身为一座高大而坚固的碧霞元君庙。[①] 从 16 世纪末至 17 世纪初北京地区观音庙宇的修建以及明末以来观音信仰在北京地区的传播情况来看，万历时期李太后的捐资修庙行为对宫廷和民间社会都产生了很大影响。

随着观音庙宇的大量修建，明代北京观音庙宇碑刻中还出现了一些对观音女庙及出家女性人生经历的记载。如万历三十年（1602）刻于北京昌平白羊城村的《观音庵碑》，不仅记载了这座观音庵为尼庙，而且记述了该庙尼僧嫁人、夫亡、最终出家的经历。碑文还提到佛祖姨母出家始创比丘尼教的典故，为研究明清北京宗教与女性生活的关系提供了不可多得的史料。[②]

从图像上看，明代北京地区的女性观音形象主要有白衣观音、送子观音与南海观音。于君方认为，中国人对白衣观音的崇拜大约出现在 10 世纪。“在中国，观音这一新的形象创造，与中国佛教及佛教艺术的地方性特征有关。”“最早的观音女性化形象——白衣观音是在中国艺术中发现的。由于在印度、中亚、东南亚或西藏艺术传统中的 Avalokitesvara 没有相同（或不同）的女性形式，因而这是真正的中国创造。”[③] 从碑刻来看，明代万历年间是观音信仰的兴盛期，送子观音在这一时期十分流行。万历十三年（1585）二月，在江苏江宁的一座地藏庵刻有石碑《观世音传并像及跋》，碑文上段为管道昇所撰《观世音菩萨传略》；中段之画像为观音怀抱婴儿状，画面线条流畅，形象突出，画像之上方篆书题写横额“观音圣像”四字；下段是跋。[④] 于君方认为，白衣观音在明代，特别是晚明时期

---

① Naquin Susan，*Peking Temples and City Life,1400-1900*，Berkeley and Los Angeles, California: University of California Press，2000，第 156—159 页。

②《观音庵碑》（京 8596），明万历三十年（1602）八月十五刻。碑在北京昌平县白羊城村。拓片连额通高 138 厘米，宽 61 厘米。萧良乾撰，正书。北京图书馆金石组编《北京图书馆藏中国历代石刻拓本汇编》，郑州：中州古籍出版社，1990，第 58 册第 141 页。

③ Chun-fang Yu，*Kuan-Yin: The Chinese Transformation of Avalokitesvara*，New York: Columbia University Press，2001，第 224、262 页。

④《观世音传并像及跋》（顾 1044），明万历十三年（1585）二月一日刻。石在江苏江宁地藏庵。拓片高 90 厘米，宽 33 厘米。管道昇撰并正书，田应元跋。三截刻：上传，中画像，下跋。北京图书馆金石组编《北京图书馆藏中国历代石刻拓本汇编》，郑州：中州古籍出版社，1990，第 57 册第 131 页。

被作为男性继承人的慈悲赠予者而受到特别的崇拜。在1400至1600年间，对白衣观音作为子嗣赠予者的崇拜盛行于中国。明代的中国文人——不仅是他们的妻子，也把白衣观音作为产育女神，为了自己的继承人而向她祈祷。随着普陀山在明代成为全国最著名的观音香会圣地，白衣观音又被认为是南海观音。[①]

从寺庙碑刻和北京历史文献来看，明代北京地区观音信仰还与民间教派女神无生老母和道教女神碧霞元君信仰结合在一起。在华北地区的民间传说和宝卷中，观音又被称为“老母”。1968年，Topley在对香港地区斋堂的研究中也发现，在地方信众的观念里，老母和观音是紧密相连的，这一点在神像的位置上有鲜明体现。[②]于君方在《老母：观音与中华帝国晚期的教派宗教》这篇长文中探讨了晚明以后中国一些著名教派经典中所描绘的老母形象，并表述了她对教派经典文本中出现的女神、宗教创立者和观音之间关系的理解。她还以《观音济渡本愿真经》为例，考察了明清时期中国民间教派借用观音形象来表达其思想内容的情况，认为“《真经》是教派宗教对妙善传说的改写”。[③]据于君方研究，明末以后中国民间崇拜观音的教派宗教主要有长生教、一贯道、理教、先天道、白莲教等。长生教以白衣观音为主神，把观音描述为老母。一贯道供奉的神除老母外还有观音等五位，其中女性观音明显表现为南海观音形式。理教的主神被称为“圣宗古佛”，但不是老母，而是白衣观音。[④]明清时期，民间教派宗教对宝卷的利用，对北京地区观音信仰的传播也产生了一定作用。

与前代相比，明代北京地区观音图像具有鲜明的艺术特色，其遗存主要表现在寺庙壁画、殿堂建筑及造像、彩塑等方面，其中包括法海寺中的水月观音壁

---

① Chun-fang Yu，*Kuan-Yin: The Chinese Transformation of Avalokitesvara*，New York: Columbia University Press，2001，第258、251、261页。

② Topley，Marjorie(1968)“*Note on Some Vegetarian Halls in Hong Kong Belonging to the Sect of the Hsien-t' ien Tao:The Way of Former Heaven.*” Journal of Royal Asiatic Society Hong Kong Branch 8:135—148. 转引自 Chun-fang Yu，*Kuan-Yin: The Chinese Transformation of Avalokitesvara*，New York: Columbia University Press，2001，第463页。

③ Chun-fang Yu。*Kuan-Yin: The Chinese Transformation of Avalokitesvara*，New York: Columbia University Press,2001，第453页。

④ Chun-fang Yu.*Kuan-Yin: The Chinese Transformation of Avalokitesvara*，New York: Columbia University Press,2001，第449—453页。

画、大慧寺大悲宝殿中的观音造像与千手观音二十八部众彩塑、法源寺观音殿中的明代禅定观音像等。从实物形式看，明代北京观音造像多铜铸；从造型特征看，明代北京观音图像既有汉地佛教形式也有藏地佛教形式，充分体现了北京汉传佛教与藏传佛教、宫廷文化与民间文化的交流与融合。

清代北京地区观音庙宇数量很多，特别是白衣庵激增。随着观音信仰的日益世俗化与地方化，一些庙宇的名称、性质及功能也发生了转变。从北京庙宇观音碑刻内容来看，清代北京地区的白衣观音是与送子观音信仰联系在一起的。据碑刻记载，康熙三十八年（1699）九月，位于北京崇文门外之东的白衣观音庵经过不到一个月的修缮，庙貌焕然一新，故修缮者刻碑以记其事。首题为“重修白衣送子观音殿起血盆会碑记”，碑文语言平实通俗，有“观音大士愿力弘深，有感必应”、“观音之福，于世者大也”之语，从中可知当时北京市民之观音信仰。① 从碑文内容来看，康熙年间，北京百姓已把白衣观音与送子观音合二为一，对白衣观音的信仰与妇女祈求观音保佑生育之信仰被结合在一起。另从碑刻来看，北京地区建立较早的白衣观音庙在门头沟区三家店中街。据咸丰五年（1855）刻立的《白衣观音庵碑》记载，位于京都顺天府宛平县玉河乡三家店村的“白衣观音庵创始于唐代，重修于宋明，迄今历数百年矣”。碑文记述了清末该庙之颓败、住持海亮重修之艰辛，以及地方乡众齐心协力共襄善举之义行，并将庙宇的修缮完工归因于观音的灵感，曰“非菩萨之灵应慈恩贯古今，何能勃然而兴乎？”② 从碑文看，该庙历史悠久，可追溯到唐代；从施钱者名单看，既有村庄、商号，又有个人，其中商户多达百余家。由此可见，清末北京地区观音庙宇的修缮与京城商业活动也有密切关系。

从北京地方志文献和寺庙碑刻资料来看，清代至民国时期，北京许多庙宇都经历了复杂的历史变迁，例如玉虚观。据清代朱一新《京城坊巷志稿》，玉虚观

① 《白衣庵血盆会碑》（京 695），清康熙三十八年（1699）九月十五日刻。碑在北京东城区（原崇文区）花市中头条。北京图书馆金石组编《北京图书馆藏中国历代石刻拓本汇编》，郑州：中州古籍出版社，1990，第 65 册第 145 页。

② 《白衣观音庵碑》（京 6827），清咸丰五年（1855）三月刻。碑在北京门头沟区三家店中街。拓片碑身高 157 厘米，宽 63 厘米；额高 24 厘米，宽 22 厘米。王凌阁撰并正书。北京图书馆金石组编《北京图书馆藏中国历代石刻拓本汇编》，郑州：中州古籍出版社，1990，第 82 册第 95 页。

“地以观名，比丘尼居之”。[①] 从寺庙名称来看，以“观”命名的庙宇本属道教，但据地方志文献记载，玉虚观在清末已成为一座尼庙。清末至民国时期北京庙宇的复杂变化，从一个侧面反映了在以儒家思想为主导的中国传统社会中，佛教、道教和民间宗教等不同宗教思想和教派势力在北京地区的兴衰嬗变。从清末至民国时期北京旧城观音女庙的演变历程中，亦能清晰地看到时代和社会巨变对女性人生的巨大影响，这也是本书要探讨的一个主题。

第二节　北京旧城观音女庙的名称类别

本节拟通过对文献资料的梳理和分析，对北京旧城观音女庙的名称类别进行概述，在此基础上，探讨北京旧城观音女庙与女性化观音信仰的关系。使用的资料主要来自两部宗教史文献，一部是魏晋南北朝时期梁释宝唱的《比丘尼传》，[②] 另一部是民国时期释震华撰写的《续比丘尼传》。[③]

《比丘尼传》是中国佛教史文献中稀有的一部专载比丘尼事迹的书。最早著录于《开元释教录》(卷六)，作者为梁代名僧宝唱。[④] 全书四卷，“所收尼众 116 人，始自西晋建兴年间 (313—315)，止于梁天监十五年 (516)，是中国佛教为比丘尼独立作传之始”。[⑤] 其中与观音信仰有关的传记共有 19 人，包括晋代比丘尼 5 人、宋代和梁代的比丘尼各 7 人。作者对当时妇女虔诚信奉观世音的情况进行了多方面记录，从中可见魏晋南北朝时期以《法华经》为主的观音经典——特

---

① 〔明〕张爵、〔清〕朱一新《京师五城坊巷胡同集　京师坊巷志稿》，北京古籍出版社，重印本，1983。

② 〔梁〕释宝唱著，王孺童校注《比丘尼传校注》(中国佛教典籍选刊)，北京：中华书局，2006。

③ 释震华编述《续比丘尼传》(六卷)，民国铅印本，1939 年版。收入中国宗教历史文献集成编纂委员会编《藏外佛经》第十九册，黄山书社，2005。

④ 释宝唱，俗姓岑，吴郡人，年十八依僧祐出家，从学经律，又从顾道旷、吕僧智等学经、史、《庄》、《易》等。梁武帝天监四年 (505) 敕为新安寺主。参见任继愈主编《中国佛教史》(第三卷)，北京：中国社会科学出版社，1988，第 522—523 页。

⑤ 杜继文主编《佛教史》，南京：江苏人民出版社，2006，第 546 页。

别是《法华经》第二十五《普门品》的译介与印行，对观音信仰在女性群体中的弘传起了重要作用。观音经典的流传以及生活在战乱中的女性群体对观音经典的信奉和修持，为观音女庙在中国的建立奠定了基础。

《续比丘尼传》共六卷，作者释震华（1908—1947），俗姓唐，名全心，法名乘实，字震华，江苏兴化县人，生于光绪三十四年（1908）。幼年家贫，父母相继病故，无所依归，遂入家乡附近圆通庵，依怀莲老和尚剃度出家。1940 年，释震华担任上海玉佛寺住持。1947 年，病逝于玉佛寺。[①]1939 年 4 月，震华在《自序》中叙述了编撰此书的目的与艰辛过程，从佛教的男女平等观谈到五四以后社会所倡导的男女平等。他对当时比丘尼的委顿状况感到痛惜，期望借为比丘尼作传来激励后人。[②] 全书共有传记 200 篇，时间上自魏晋南北朝，下讫民国，其中包括梁代至唐代比丘尼 35 人；五代至宋代比丘尼 30 人；元、明两代比丘尼 22 人；清代比丘尼 86 人；民国时期比丘尼 27 人。

上述两部传记，为本书探讨佛教传入中国以后内地女庙的创立与女性信仰活动提供了颇有价值的历史信息。但由于这两部传记都不是从中国观音信仰史或女性生活史的角度来记录比丘尼的生活，因此本节在使用这些资料时主要选择了那些与观音信仰有关的比丘尼传记，此外还参考了清代至民国时期北京历史文献和寺庙登记档案，以及近年出版的一些观音文献集，如《观音尊像图谱》、《观音小百科》等。[③]

一、北京旧城观音女庙的名称与分类

据文献记载，北京历史上兴建最早的佛教尼寺是胜果寺，始称“尉使君寺”，建于东魏孝静帝元象元年（538），因由当时幽州刺史尉苌命舍宅所建而得名，后

---

① 关于释震华的生平，参见于凌波《中国近现代佛教人物志》，北京：宗教文化出版社，1995，第 276—279 页。

② 释震华编述《续比丘尼传》（六卷），民国铅印本，1939 年版。收入中国宗教历史文献集成编纂委员会编纂《藏外佛经》第十九册，黄山书社，2005，第 529 页。

③ 姜忠信 绘 / 著《观音尊像图谱》（图文本），北京：宗教文化出版社，2006。颜素慧《观音小百科》，长沙：岳麓书社，2003。

改为“智泉寺”。吕铁钢、黄春和认为胜果寺也是北京城内最早兴建的一座佛寺，其原址与法源寺毗邻，位于今法源寺东。后周时寺毁，隋代重修，改为“普觉寺”。唐代武则天时期更名为“大云寺”；唐开元时期改名“龙兴寺”。唐大和六年（832）寺毁，唐宣宗大中（847—859）时，“在当时幽州刺史张仲武护持下”得到重修，更名“胜果寺”，限住尼师三十名。元代改为“延寿寺”，今不存。①

辽金时期，北京城区内的著名尼寺有竹林寺和仙露寺。竹林寺为辽代尼寺，又称“竹林禅寺”。据《日下旧闻考》记载，“原辽道宗清宁八年，楚国大长公主舍诸私第。创厥精庐，奉敕以竹林为额。《奉福寺尊胜陀罗尼幢》(外城西城一)”。②仙露寺亦为辽代尼寺，金人曾将所俘宋室子女置于其中。“地名千人邑，故比丘尼皆曰邑头尼。”千人邑，社名。仙露寺讲维摩经比丘尼定徽曾在此建舍利塔（外城西城一）。③

另据《析津志》记载，元大都时期北京佛教女寺还有妙善寺、弘法寺、兴教院和弥勒下生院等。

妙善寺，在咸宜坊。④

弘法寺，在旧城。金大定十八年，潞州崔进之女法珍，印经一藏，进于朝。命圣安寺设坛，为法珍受戒，为比丘尼。二十三年，赐紫衣弘教大师。明昌四年，立碑石。秘书丞兼翰林修撰赵沨记，翰林侍讲学士党怀英撰额。⑤

兴教院，在南城右铁牛坊，又名头陀妙真院。寂照禅师道碑，翰林侍讲学士知制诰同修国史中顺大夫李鑑撰，雪庵书。⑥

下生院，在仙露坊东，旧刹。开山（志）果兴建。中统初名殿曰：弥勒，坛

① 吕铁钢、黄春和《法源寺》，北京：华文出版社，2006，第15—16页。

②〔清〕于敏中等编纂《日下旧闻考》，清乾隆内府刻本，北京：北京古籍出版社，重印本，1983，第953—954页。

③〔清〕于敏中等编纂《日下旧闻考》，清乾隆内府刻本，北京：北京古籍出版社，重印本，1983，第969—970页。

④〔元〕熊梦祥《析津志辑轶》，北京：北京古籍出版社，1983，第78页。

⑤〔元〕熊梦祥《析津志辑轶》，北京：北京古籍出版社，1983，第68页。

⑥〔元〕熊梦祥《析津志辑轶》，北京：北京古籍出版社，1983，第85—87页。大定（1161—1189）为金世宗完颜雍的年号。明昌（1190—1196），为金章宗完颜景年号。

主圆悟通辩大师比丘尼志果兴建。有翰林侍讲学士赵□撰记。[①]

除上述佛教女寺外，元大都中还有一些道教女冠庙，如修真观、崇仙宫、玄元万寿宫等。[②]

明代北京佛教女寺有皇姑寺。

皇姑寺，英宗睿皇帝复辟建也。正统八年，驾出紫荆关，亲征也先。陕西吕尼，迎驾谏行，曰："不利。"上怒，叱武士交捶，尼趺坐以逝。及蒙尘虏营，数数见尼，娓娓有所说，时时授上饼饵。驾返，居南宫，数数见尼，娓娓有所说。复辟后，诏封皇姑，建寺，赐额曰：顺天保明寺……今寺尼皆发，裹巾，缁方袍，男子揖。[③]

从北京历史文献和寺庙登记档案来看，清末至民国时期北京旧城女庙以尼寺、尼庵为主，另有少数道教女冠庙，此外，也有部分女庙属私建家庙。[④] 历史上北京女庙名称多样，一般以庙中供奉的主神为名，如观音寺、白衣庵、大悲庵、天仙庵、娘娘庙等。

从现有资料来看，1949 年以前北京旧城观音女庙的名称主要有以下四类：

第一类，以观音经典命名的女庙。根据《比丘尼传》中的记载，南北朝时期，以《法华经》为主的观音经典对观音信仰的弘传具有重要作用。"法华"二字来源于大乘佛教的重要经典《法华经》。在中国，最早将《法华经》译成汉语的是竺法护，其译本称为《正法华经》。此外，还有姚秦三藏法师鸠摩罗什译本《妙法莲花经》和隋阇那崛多译《妙法莲花经》等译本。唐代以前，《法华经》至少已有上述三种中文译本，而后世最为流行的是鸠摩罗什本。《法华经》共

---

① 〔元〕熊梦祥《析津志辑轶》，北京：北京古籍出版社，1983，第 86 页。中统（1260—1264），为元世祖忽必烈年号。

② 〔元〕熊梦祥《析津志辑佚》，北京：北京古籍出版社，1983，第 91、93、94 页。

③ 〔明〕刘侗、于奕正《帝京景物略》，明崇祯八年本，北京：北京古籍出版社，重印本，1983，第 215 页"皇姑寺"条。

④ 在中国，伊斯兰教也有专门为女性学习宗教知识和进行礼拜活动而修建的女庙，一般称"女寺"，但由于本书研究对象主要是清末至民国时期北京旧城观音女庙，因而暂不涉及清真女寺的问题。

二十八品，其中影响最大的是第二十五品《观世音菩萨普门品》，后来又以单行本通行于世，简称《普门品》或《观世音经》。任继愈主编的《中国佛教史》认为，《法华经》之所以受到信徒重视，是因为其内容有以下三个特点：第一，把大乘佛教的佛身理论形象化。第二，主张人人可以成佛。第三，塑造出观世音（又译为“光世音”）菩萨的形象。① 从《续比丘尼传》及《唐五代佛寺辑考》等宗教史文献来看，中国各地早期兴建的观音女庙多以观音经典中的“法华”二字命名，如梁代湖州法华寺、唐代营州法华寺等。② 明清以后，北京旧城观音女庙则多以“观音”或“白衣”命名，但也有少数年代久远的庙宇依然保留了以“法华”命名的形式。民国北京地方政府寺庙档案中记载的、位于西直门内南小街的法华尼寺即是其中之一。

第二类，以观音名号命名的女庙。观世音菩萨的名号很多，“这些名号都是佛教东传时，由西域以及中国去印度取经的高僧所翻译的”。在把印度早期梵文经典翻成汉文佛教经典时，高僧大德们对观音的称号有很多不同译法，如观音、关音、观世音、光世音、现音声、观世自在、观自在等，其中以“观音”和“观世音”的译法最多。此外“根据修持功德的特性”，观音还有其他诸多名号，如大悲圣者、施无畏者、圆通大士、正法明如来、普光功德山王如来、遍出一切光明功德山王如来、大精进观世自在、千光眼、大悲大慈主、莲花手、南海大士、慈航大士、普门大士等等。③ 在上述观音名号中，被中国的观音信仰者们在修建庙宇时所用的名号主要有“观音”、“圆通”和“大悲”等。直到今天，虽然独立修建的观音寺、圆通寺和大悲寺已不多见，但各地庙宇中以观音、圆通或大悲命名的大殿仍有很多。大悲观音即千手千眼观音，是佛教密宗六观音之一。唐代密教传入中国，并发展为密宗。“武则天时，曾令宫女绣千手千眼观音像，流布天下。但受到儒家伦理观影响，在内地缺少更大发展的适宜气候，倒是在藏传佛教中得以盛传。”④ 从历史文献来看，明清以后，北京旧城以观音名号命

① 鸠摩罗什译本《妙法莲花经》，译于后秦弘始八年（406）。参见任继愈主编《中国佛教史》（第二卷），北京：中国社会科学出版社，1985，第33页。

② 李芳民《唐五代佛寺辑考》，北京：商务印书馆，2006，第179页。

③ 颜素慧《观音小百科》，长沙：岳麓书社，2003，第36页。

④ 姜忠信 绘/著《观音尊像图谱》（图文本），北京：宗教文化出版社，2006，第11页。

名的女庙日益增多，如观音寺、观音庵、大悲庵、圆通寺等，而在清代，以“观音庵”命名的女庙数量最多。因此，以观音名号命名的女庙是本书考察的重点。

第三类，以观音传说命名的女庙。随着唐代大悲观音的盛行，宋代以后，关于妙善公主的传说在中国民间广为流传。据《续比丘尼传》记载，元大都中曾有一座以妙善命名的女庙，名曰“妙善寺”。① 关于这座女庙的修建历史，目前尚缺乏其他文献资料的印证，因而本书暂不将第三类女庙作为考察重点。

第四类，以观音形象特征命名的女庙。唐代以后，随着观音信仰中国化的逐步完成，以观音形象特征命名的女庙也日益增多，如“白衣庵”、“水月庵”、“紫竹庵”等。这一特点在明清时期北京旧城观音女庙中有明显体现。颜素慧认为白衣观音具有“温婉慈祥的女性形象，是中国观音的代表”。宋代以后，中国化的女性观音“还包括水月观音、鱼篮观音、送子观音、南海观音等等”。② 孙昌武认为白衣观音来自密教，对白衣观音的信仰最晚在宋初即已形成。③ 马西沙、韩秉方则认为白衣观音来源于印度观音信仰，“在南北朝下迄隋唐，白衣观世音的形象已在社会流传”。其依据是白衣观音在早期传入的观音经典——如《妙法莲花经观世音菩萨普门品》中已经出现，而唐代以前就流传于中土的《不空羂索经》和流传于西域的密宗《大日经》中也已有白衣观音。④ 对于白衣观音的源流考证，本书暂不进行深入探讨，仅在此指出：清代北京旧城有不少白衣庵，其中既有男庙（僧庙或道观），也有女庙，如民国时期位于内三区安定门内方家胡同的白衣庵，即是一座建于清乾隆年间的观音女庙。

在中国女性观音中，水月观音也是一个非常突出的形象，有学者甚至认为“水月观音是最具中国化的观音”。在中国佛教美术史上，“水月观音的形象最早

① 参见《元京师妙善寺舍兰兰传》，震华编述《续比丘尼传》（卷三），民国铅印本，1939年。收入中国宗教历史文献集成编纂委员会编《藏外佛经》第十九册，合肥：黄山书社，2005，第540页。

② 颜素慧《观音小百科》，长沙：岳麓书社，2003，第14页。

③ 参见孙昌武《中国文学中的维摩与观音》（第十章），北京：高等教育出版社，1996，第299页。

④ 参见马西沙、韩秉方《中国民间宗教史》，上海：上海人民出版社，1992，第53—54页。

出现于中唐”。在长安胜光寺，塔东南有“周昉画水月观自在菩萨掩障”。魏迎春认为，“敦煌石窟中所发现的水月观音像主要有两种绘制形式：一是壁画，二是纸画或绢画。敦煌石窟中现存有 31 幅水月观音壁画，藏经洞出土了 7 幅纸质或绢质的水月观音画像”。[①] 唐宋以后，随着水月观音形象的流行，以水月命名的观音女庙开始兴建，无论在中国的南方还是北方都有。清末至民国时期北京旧城有一些观音女庙即是以水月命名的，如位于外四区烂缦胡同 32 号的水月庵（又名“水月禅林”）。此外，由水月观音形象衍生出来的观音女庙名称还有“紫竹林”等，如位于北京外城广安门内南线阁 15 号的“紫竹禅林”。故此，以“水月”、“紫竹”命名的女庙也将被列入北京旧城观音女庙的考察范围中。

综上所述，1949 年以前，北京旧城观音女庙在名称类别上主要有以下四种：一是以观音经典命名的女庙，如法华尼寺。二是以观音名号命名的女庙，如观音寺、观音庵、圆通寺、大悲庵等。三是以观音传说命名的女庙，如妙善寺。四是以观音形象特征命名的女庙，如白衣庵、水月庵、紫竹禅林等。

韩书瑞认为，“庙宇的名称一定程度上反映了神与庙之间的联系。北京庙宇中大约有 50%的名称直接以寺庙供奉的主神来命名”，从这个意义上说，庙宇是众神的家。另一方面，庙宇名称又与神的角色功能联系在一起。[②] 笔者的研究亦表明，清代至民国时期北京旧城庙宇名称的变化，与庙宇的信仰群体、信仰对象——特别是寺庙主神的角色及功能转换有关。从本书个案来看，清末至民国时期位于北京外城的三教寺，即经历了从庙宇名称、供奉神灵到信众群体类型的一系列复杂变化。据三教寺碑刻和笔者对相关尼僧所做的田野访谈资料，该寺在明末原是一座道教庙宇，以供奉玉皇大帝为主。清初改建文昌殿，清末又修观音殿，并由僧庙变为尼庙。关于北京旧城观音女庙的寺庙空间与社会空间关系的探讨，本书将在第四章详述。

---

① 魏迎春《敦煌菩萨漫谈》，北京：民族出版社，2004，第 88—92 页。

② Naquin Susan，*Peking Temples and City Life,1400-1900*，Berkeley and Los Angeles, California: University of California Press，2000，第 36—40 页。

二、北京旧城观音女庙与女性化观音信仰的关系

北京旧城观音女庙的建立与观音信仰在北京地区的传播有密切关系。由于历史文献对女庙和出家女性的记载极少，因此，在这部分，笔者只能利用有限资料，将北京旧城观音女庙置于中国佛教女寺和中国化观音信仰发展的总体背景下，初步探讨北京旧城观音女庙与女性化观音信仰的关系。

一般认为，中国历史上第一个女性出家者是净检。据释宝唱《比丘尼传》记载，西晋时，净检与其同道建于洛阳宫城西门的竹林寺或许是中国第一座佛教女寺。[①] 此后，中国内地的比丘尼人数日益增多。

从《续比丘尼传》推知，梁代湖州法华寺应为中国第一座观音女庙。据塔碑记载，该寺为敕建尼庙，其兴建缘起是为了纪念圆寂后显示灵迹的尼僧道蹟。兹摘录原文如下：

道蹟，一名明练，号总持。吴兴人。或作梁武帝女。事达摩为弟子。遁居湖州弁岭峰，昼夜诵法华经，诵满万部不下山者，凡二十年。感空中白雀常来听经，山遂以白雀名。既圆寂，塔全身于结庐之所，大同元年，塔内忽有青莲华一朵，道俗异之。起视见华从舌根生。州郡录奏，勅建法华寺。事具褚询望所写塔碑。[②]

从上述内容来看，观音女庙在中国初创时主要有三个特点：第一，与贵族女性对《法华经》等观音经典的虔诚信奉有关。第二，有灵异色彩。第三，和皇室对建寺、立碑的支持分不开。

根据本书对观音女庙的名称分类，《续比丘尼传》中共记录了 12 座观音女

① 任继愈主编《中国佛教史》（第二卷），北京：中国社会科学出版社，1985，第 569—570 页。

②《梁湖州法华寺尼道蹟传》，震华编述《续比丘尼传》（卷一），民国铅印本，1939 年。收入中国宗教历史文献集成编纂委员会编《藏外佛经》第十九册，合肥：黄山书社，2005，第 530 页。

庙，包括梁代湖州的法华寺、宜都的紫竹庵；[①] 元代京师的妙善寺；[②] 明代南都的法华庵、山阳的紫竹庵；[③] 清代苏州的水月庵、圆通庵（两座）、白衣庵，泰州姜堰的观音庵和高邮的观音庵；[④] 以及民国时期南通的大悲庵。[⑤]

从《续比丘尼传》所记观音女庙的年代和数量来看，清代最多，明代次之。从观音女庙所在地区来看，苏州最多，北京只有一座。从观音女庙名称来看，有“法华”、“紫竹”、“妙善”、“水月”、“圆通”、“白衣”、“观音”、“大悲”等八种，而以“紫竹”、“圆通”、“观音”命名的庙宇较多。从观音女庙尼僧持诵的经典来看，以《法华经》（含《普门品》）最多，其次为《阿弥陀经》、《大悲咒》、《楞严咒》。

从《续比丘尼传》可知，元代以后中国各地以观音名号和观音形象特征命名的女庙日渐增多，清代达到高峰。值得注意的是，元大都中有一座以“妙善”命名的观音女庙。对于这座庙宇中的尼僧舍蓝蓝，《续比丘尼传》有详细记载。原文如下。

舍蓝蓝，高昌人。其地隶北庭，风尚好佛，故为苾刍者多。太祖皇帝龙飞漠北，其王率所部以从，帝嘉其义，处之诸国君长之上，待以子婿之礼。海都之叛，国人南徙。师始八岁，从其亲至京师，入侍中宫。真懿顺圣皇后爱其明敏，恩顾尤厚。成宗之世，事皇太后于西宫。以侍从之久，勤劳之多，诏理帝师迦罗斯巴干即儿为师，薙染为尼，服用之物，皆取给于官，又□宫官例，继以既廪。武宗继统，仁宗以太弟监国，师朝夕于太后之侧，入而侍，出而从，所言必听，所谏必从，眷宠之隆，犹子侄焉。内而如主，外而王公，皆敬以师礼，称曰

---

① 震华编述《续比丘尼传》（卷一），民国铅印本，1939 年。收入中国宗教历史文献集成编纂委员会编《藏外佛经》第十九册，合肥：黄山书社，2005，第 530 页。

② 震华编述《续比丘尼传》（卷三），民国铅印本，1939 年。收入中国宗教历史文献集成编纂委员会编《藏外佛经》第十九册，合肥：黄山书社，2005，第 540 页。

③ 震华编述《续比丘尼传》（卷三），民国铅印本，1939 年。收入中国宗教历史文献集成编纂委员会编《藏外佛经》第十九册，合肥：黄山书社，2005，第 543 页。

④ 震华编述《续比丘尼传》（卷五），民国铅印本，1939 年。收入中国宗教历史文献集成编纂委员会编《藏外佛经》第十九册，合肥：黄山书社，2005，第 552—556 页。

⑤ 震华编述《续比丘尼传》（卷六），民国铅印本，1939 年。收入中国宗教历史文献集成编纂委员会编《藏外佛经》第十九册，合肥：黄山书社，2005，第 559 页。

八哈石。北人之称巴哈石，犹汉人之称师也。仁宗之世，师以桑榆晚景，自谓出入宫掖数十余年，凡历四朝事三后，宠荣兼至，志愿足矣。数请静退居于宫外，求至道以求罔极。太后弗听，力辞弗已。诏居妙善寺，以时入见。赐予之物，不可胜纪。师以其物创寺于京师曰妙善，又建寺于台山曰普明，各置佛经一藏，恒业有差，又以黄金缮写番字藏经般若八千颂，五护陀罗尼十余部及汉字华严楞严畏兀字法华金光明等经二部，又于西山重修龙泉寺。建层阁于莲池，于吐蕃五大寺，高昌旃檀佛寺，京师万安寺等，皆助钞币以给燃灯续明之费。又制僧伽黎衣数百，施番汉诸国之僧。其书写佛经，凡用金数万两。创寺施舍所用币以万计。其积而能散，施予不吝，期积福于来生，必至于地者，皆人所不能也。英宗之□，以其有静退之□，[待]遇尤至。每称之贤，以为知己。文宗即位，皇太后居中宫，以皇妣鲁国太长公主爱重于师，有兄弟之义，尤加敬焉。至顺三年二月二十一日殁，年六十四，葬南城之阳，赐号真净大师。①

从上述传记内容来看，元代京师“妙善寺”是一座颇具规模和影响力的女庙。传记作者记述了该寺尼僧舍蓝蓝充满传奇的一生，从中透视出佛教在元大都的发展盛况，特别是来自西域的尼僧与元代皇室女性的密切关系及其在当时的巨大影响。

清代是中国女性化观音信仰发展的一个高峰。《续比丘尼传》中反映清代出家女性生活的观音女庙共有六座，占该书观音女庙总数的二分之一。从传记内容来看，改家宅为女庙成为清代一时风尚，《续比丘尼传》中记述的“泰州姜堰观音庵”，即是这样一座女庙。观音庵中的尼僧悟真为泰州姜堰邵家港人，因“幼年早寡，族业萧条，亲旧亦复乏人”，于是“改家宅为庵，号曰观音”。② 从本书个案来看，因守寡而出家的例子在清代北京旧城观音女庙中亦不少见。观音女庙的建立不仅为在现实生活中遭遇困境的女性提供了相对独立的生存空间，而且满

① 《元京师妙善寺尼舍蓝蓝传》，震华编述《续比丘尼传》（卷三），民国铅印本，1939。收入中国宗教历史文献集成编纂委员会编《藏外佛经》第十九册，合肥：黄山书社，2005，第540页。

② 《清泰州姜堰观音庵尼悟真传》，震华编述《续比丘尼传》（卷五），民国铅印本，1939。收入中国宗教历史文献集成编纂委员会编《藏外佛经》第十九册，合肥：黄山书社，2005，第555页。

足了她们在精神信仰方面的执着追求。观音女庙所具有的这种功能特征，在《续比丘尼传》中对高邮观音庵尼僧本莲的记述中亦有体现。

本莲，字理明，高邮人。俗姓管，幼茹素，依小教场观音庵绪修上人出家。及长受戒于乾明寺，归则佐师襄理庵务。性甚慈和，善忍辱。强怜凶恶多受其感化。每日作务之余，密持大悲咒，楞严咒，心弥陀圣号以为恒课。绪修极爱重之。时宛平红螺山瑞安法师为州牧魏默深所信敬，促锡来邮，创建永清莲社。修于六斋课毕，即入方丈问道，或移晷而后出。轻薄者造蜚语谓与瑞公有染，修无以自明，对佛立誓曰：我坐脱必以六月，露尸五日，必不腐臭。若不然者，即有玷清规，非佛弟子。后果于盛夏圆寂，坐尸五日，面目如生，酷暑蒸腾，毫无秽气。五日中瞻仰膜拜者，恒数百人，无不嗟叹惊异，前疑尽释。莲自师寂后，益励苦行，精进无间，省节余赀，购室西厝肆，建佛堂七间，从此不闻半夜悲声。莲尝在佛前发愿：弟子逝后，愿幻躯不腐，留劝后学。光绪八年八月二十日示寂。①

从上述内容可以了解清末一部分观音女庙尼僧的生活和信仰状况，以及外省女庙与京师庙宇之间的联系。《续比丘尼传》中对出家尼僧的记录，无论在女性生活史还是宗教文献史上都有重要意义。

据比丘尼传记，观音女庙与女性化观音信仰的关系还体现在大悲观音信仰与净土观音信仰的结合上。清代以来，中国各地兴建的观音女庙中有不少大悲庵。从中国化观音信仰发展历程来看，以“大悲”命名的观音女庙的建立与大悲观音信仰在各地的传播有关。大悲观音，又称“千手千眼观音”，是唐初随印度瑜伽密教兴起的变形观音之一种。唐代兴起的大悲观音信仰与净土信仰结合在一起，对观音信仰在中国民间的传播起着重要作用。

《续比丘尼传》中记有民国时期大悲庵一座，其内容反映了江南地区观音女庙的情况和女庙尼僧的人生经历、生活境遇以及对净土的虔诚信仰。兹转录

① 《清高邮观音庵尼本莲传》，震华编述《续比丘尼传》（卷五），民国铅印本，1939 年。收入中国宗教历史文献集成编纂委员会编《藏外佛经》第十九册，合肥：黄山书社，2005，第 556—557 页。

如下。

大悟，字法林，姓袁，江苏南通人，幼许邵，未嫁夫卒，誓不再适，投县西大悲庵为尼，立志舍佛，求生净土。常云佛法之大，唯净土为契机，拜经坐香等，乃助消业障，俾易成就净业耳。出家后，历任苦行，汲舂炊□，取给一已。晨夕净课，日愈虔谨。初薙染时，年二十二，夫家执世见，百计阻之，悟志坚卒成所愿。庵荒败，募修严饰，辟佛堂，营蔬圃，资众清修。见人有苦，随为说法，常有感动。晚年因色力渐退，急朝普陀九华，颇感瑞相。民国十六年二月示微疾，病中书偈云：世间万缘都放下，唯有念佛是真心，一念超出娑婆苦，贪瞋痴爱都除尽。寸丝不挂光明台，参透法身脱苦轮，得满极乐清净愿，再入娑婆度众生。至十八日见佛垂光接引，安然化去，世寿七十三。至二十八阇维，得舍利五颗。①

从上述内容可知，民国时期有不少女性依然生活在男权传统的重压之下，而出家到观音女庙则是她们决心自主选择生活道路的特殊方式。一方面，观音女庙为在生活中遭遇困顿的女性提供了一种生存转换空间，使她们把庙作为家来经营、维护；另一方面，那些品行不俗的出家女性还能走出自我的小圈子，以救苦为己任，把女庙作为“资众清修”、为人说法的空间，从而赢得世人尊敬。由此可见观音女庙在为女性提供生存空间和信仰空间的同时，也赋予女性以精神的力量，给她们的生活带来改变。

第三节　北京地区观音文本的类型与特征

本节以民国时期北京旧城观音女庙中所保存的观音文本为考察对象，讨论的基本问题有以下几个方面：一、北京地区观音文本的主要类别。二、北京观音经卷的内容与特征。三、北京观音图像的类型与特征。四、北京观音传说的类型与

---

①《民国南通大悲庵尼大悟传》，震华编述《续比丘尼传》（卷六），民国铅印本，1939 年。收入中国宗教历史文献集成编纂委员会编《藏外佛经》第十九册，合肥：黄山书社，2005，第 559 页。

特征。从现有资料来看，北京地区观音文本既有官方文本，也有民间文本。与官方文本相比，民间文本在观音信仰地方化的过程中同样起着重要的作用。

一、北京地区观音文本类别概述

观音文本的印制与流通对于观音女庙的修建和观音信仰在女市民群体中的传播具有重要作用。从现有资料来看，北京地区观音文本主要包括观音经卷、观音图像和观音故事传说等，它们共同构成了北京旧城观音女庙的信仰基础。其中观音经卷对于女性的宗教生活和世俗生活都具有重要影响，前者主要体现为日常修持、念诵、礼拜等仪式活动；后者主要表现为帮助妇女解决在生育和疾病等方面所遭遇的痛苦和问题。相对于观音经卷来说，北京观音图像的类型十分丰富，其流变一方面反映了中国观音信仰与印度观音信仰的渊源关系，另一方面具有鲜明的地方特色。观音图像既是女性群体在宗教生活中不可缺少的礼拜对象，也是她们在世俗生活中对观音即时显化的求助对象。作为观音文本的一个重要组成部分，北京地区观音传说对女性生活的影响则主要反映在作品中观音对现实人生苦难的解救，以及对遭遇生活困顿的世人的点化上，具有浓厚的地方色彩。

从文献和档案资料来看，北京地区观音文本主要有以下三类。

第一类是观音经卷。根据经卷的内容和来源，又可分为观音经典、观音伪经和观音宝卷。（一）观音经典。魏晋南北朝以后，随着观音信仰的弘传，被译介到中国的观音经典越来越多，其中在民间流传最广、影响最大的是《法华经》和《心经》。“《法华经》先后汉译过六次，现存三个译本：西晋竺法护译的《正法华经》、后秦鸠摩罗什译的《妙法莲花经》以及隋阇那崛多译的《添品妙法莲花经》，此外还有个别的单品译本。”[①] 在上述译本中，鸠摩罗什翻译的《妙法莲花经》对后世影响最大，在社会上流布也最广。《心经》又称《般若波罗蜜多心经》，是观音经典中最为著名的一部。“一般认为，此经在各类般若经典中应该是晚出的。”在中国相继被译过十次，留存至今者共有八个汉译本，其中唐玄奘译

① 任继愈主编《中国佛教史》（第二卷），北京：中国社会科学出版社，1985，第 414 页。

的《般若波罗蜜多心经》最为流行，为历代通行本。全经只有260字，"短小精粹，便于持诵，历史上流传极广"。[①] 本节在分析北京旧城观音女庙中保存的观音经典时，主要选取了《妙法莲花经》的鸠摩罗什译本和《心经》的玄奘译本，通过这两个最为通行的版本来分析观音经典与女性生活的关系。（二）观音伪经。观音伪经是中国僧侣为了满足国人的宗教信仰和现实生活需求所"创造"的中国化观音经典，又被称为"本土观音经典"。伪经的编撰对于观音信仰在中国各地的传播以及观音信仰的中国化起着十分重要的作用。本节在使用观音伪经资料时主要选取了两部作品，一部是被学术界公认为观音伪经的《高王观世音经》，另一部是与女性生活关系密切的《白衣大悲五印心陀罗尼经》。（三）观音宝卷。宝卷的来源与唐宋时期宣讲佛经的变文有关，后世民间宗教还常常把宝卷作为自己的经典。中国民间创造的与观音有关的宝卷数量众多，其中《香山宝卷》被认为是最早的宝卷，同时也被视为观音宝卷的代表。作为观音信仰的一种传播形式，《香山宝卷》至今仍流传于民间[②]。

第二类是观音图像。北京地区观音图像包括造像和画像两大类，以造像为主，兼及画像。从档案资料来看，清末至民国时期被保存在北京旧城观音女庙中的观音图像主要有正观音像、大悲观音、水月观音、白衣观音、送子观音、南海观音和紫竹观音等。就观音图像的材质而言，有木质、铜质、瓷质、泥质和绢质多种。这些大大小小、形态各异的观音图像，在历史上曾被不同时期的女性供奉在北京观音女庙中的大殿或世俗家庭的佛堂上，以作为每日早晚的礼拜对象。而民国时期北京地方政府寺庙档案中记录的各种观音图像，为考察北京观音女庙的建立年代以及观音信仰与北京女性生活的关系提供了具象化视角。

---

① 李利安《观音信仰的渊源与传播》，北京：宗教文化出版社，2008，第115页。

② 2005年，笔者在北京内城进行寺庙田野调查时，搜集到一部由信众自发印制的《观音济度本愿真经》，该书"依壬戌年西安义兴堂校印存版为据而制版"，对原书中之错别字，刻印者亦尽力予以了改正。关于《观音济度本愿真经》与《香山宝卷》的关系，学界已有研究。参见郑振铎《中国俗文学史》（上、下册），上海：上海书店，1984。李世喻《宝卷综录》，上海：中华书局，1961。杜德桥（Glen Dudbridge）《妙善传说》，中译本，李文彬等译，（台）巨流图书公司，1990。车锡伦《清代民间宗教的两种宝卷》，《兰州学刊》，1995年第4期。

第三类是观音故事传说。从文献记录和民间口头作品来看，观音故事传说包括古代流传的观音应验故事和现代流传的观音传说等不同类型。本节使用的观音故事传说资料主要有以下两个来源：一是民俗学资料。以《中国民间故事集成·北京卷》中保存的北京地区观音故事传说为主。这部分资料有助于分析北京观音传说的地方化特征。二是由中国古代文人记录、现代学者点校的观音应验故事集。这类故事数量较多，但比较分散。本节主要使用了董志翘译注的《观世音应验记三种》作为参照。①

二、北京观音经卷的内容与特征

从民国时期北京地方政府档案文献资料来看，北京旧城观音女庙中保存最多的观音经典是《观音经》、《妙法莲华经》或《法华经》，但在北京外城部分观音女庙中也保存着《高王观世音经》这类本土经典。而从笔者在北京旧城庙宇进行田野调查时的情况来看，所见最多的经典是《心经》，此外也有《白衣大悲五印心陀罗尼经》等民间流通本。

在所有观音经典中，《观音经》——即《妙法莲华经》中的第二十五品《普门品》无疑是最重要的一部，对女性的影响力也最大。分析其原因主要有以下三个方面：第一，《普门品》中记述的观音法门十分简单，只要一心称名就可心想事成，故极受妇女欢迎。第二，《普门品》中有专门针对女性的文字，“若有女人，设欲求男，礼拜供养观世音菩萨，便生福德智慧之男；设欲求女，便生端正有相之女，宿值德本，众人爱敬”。这些文字对于中国传统社会中必须依靠生育，特别是生男来确定自己在家族中地位的女性来说具有极强的吸引力。第三，《普门品》中的观世音菩萨可以随形度化众生，在遇到身份不同的女信众时可以显形为比丘尼、优婆夷、妇女身、童女身等为其说法，因而使女性在情感上很容易接近。

《心经》是另一部重要的观音经典。李利安认为，《心经》所描述的观音菩萨的般若法门，反映了中国观音信仰从立足于现实的“称名救难型”到关注来世的“净土往生型”，进而发展到追求永恒超越和最高圆满的“智慧解脱型”的又一次

① 董志翘《〈观世音应验记三种〉译注》，南京：江苏古籍出版社，2002。

重大扩展。[①] 笔者赞同李利安的观点，同时也更强调不同类型的观音信仰在中国传播发展过程中具有共生性。就中国化观音信仰的发展历程以及一般信众的修持情况来看，不同类型的观音信仰往往与现实生活中来自不同社会阶层群体的世俗利益和信仰需求结合在一起。

除从印度译介而来的观音经典外，在中国还出现了大量以观音信仰为核心内容的伪经。所谓伪经是一个与译经相对的概念，指中国人出于信仰需要自己撰写出来、而非译自印度佛教的宗教经典。伪经通常简短易懂，内容往往强调发生在真实人物身上的奇迹，而发生的地点绝大多数在中国。通常认为中国历史上最著名的观音伪经是出现于 7 世纪的《高王观音经》，这也是现存年代最早的观音伪经；[②] 此外还有 11 世纪的《白衣大悲五印心陀罗尼经》、12 世纪的《佛顶心观世音菩萨大陀罗尼》等。“这些伪经广为民间信徒推崇阅读，有时更甚于原始经典，是观音信仰中国化的重要媒介。”[③] 马西沙认为，观音伪经的出现与南北朝时期动荡不安的社会局势和民众的心理需要有关。在乱世中，人们不仅需要弥勒这样的救世主，而且通过伪经的编撰，将弥勒救世信仰与观世音信仰联结在一起。[④]

从本书的研究对象来看，在现存观音伪经中产生较早且流传较广的两部作品是《高王观世音经》和《白衣大悲五印心陀罗尼经》。

据民国北京地方政府寺庙登记档案记载，20 世纪 20 年代在北京外城的一座观音女庙——外五区铺陈市观音庵中保存着四十余本《高王观世音经》。从该庙住持尼僧法如在 1929 年填写的寺庙调查登记表来看，这座观音女庙为明代万历年间募化所建，庙中有观音、娘娘、释迦、关帝等大小泥胎神佛像五十二尊，韦驮木像一尊。[⑤]

---

① 李利安《观音信仰的渊源与传播》，北京：宗教文化出版社，2008，第 116 页。

② 关于《高王观音经》流传的年代学术界说法不一，待考。

③ 颜素慧《观音小百科》，长沙：岳麓书社，2003，第 91 页。

④ 马西沙《弥勒信仰与南北朝、隋唐底层社会运动》，《中国民间宗教史》，上海：上海人民出版社，1992，第 46—59 页。

⑤ 北京市档案馆藏《伪北平特别市公安局训令外五区尼僧法如请登记观音庵庙产由》，1929 年，档号 J181-15-404，第 141—142 页。

《高王观世音经》又称《观世音救生经》或《高王观音经》，著于东魏天平四年（537）。[①]《法苑珠林》卷十三有《元魏定州金观音像高王经缘》：

元魏天平中，定州募士孙敬德防于北陲，造观音金像。年满将还，常加礼事。后为劫贼横引，禁于京狱。不胜考掠，遂妄称罪，并断死刑。明旦行决，其夜礼拜忏悔，泪下如雨。启曰：今身被枉，当是过去枉他，愿偿债毕，誓不重作。又发大愿云云。言已少时，依稀如梦，见一沙门教诵《观世音救生经》，经有佛名，令诵千遍，得度苦难。敬德欻觉，起坐缘之，了无参错，比至平明，已满九百。有司值缚向市，且行且诵，临欲加刑，诵满千遍。执刀下斫，刀折三段，不损皮肉。易刀又折，凡经三换，刀折如初。监当官人，莫不惊异，具状闻奏。

丞相高欢表请其事，遂得免死。敕写此经传之，今所谓《高王观世音》是也。敬德放还，设斋报愿。出访存像，乃见项上有三刀痕，乡亲同睹，叹其通感。（见《齐志》及《旌异》等记）。[②]

从上述引文来看，《高王观世音经》中的故事发生在东魏孝静帝天平年间（534—537）的北方边陲。主人公孙敬德为戍边将领，在戍边期间造了观音金像并虔诚信奉。后来主人公遭遇劫难，被判死刑，临刑前仍虔心礼敬观音，并感梦得解救之法。丞相高欢禀报皇帝，皇帝勅令“写此经传之”，《高王观世音》由此而来。主人公生还之后“设斋报愿”。乡人亲见其项上有三道刀痕，于是坚定了对观音灵感无边的信仰。

分析《高王观世音经》的信仰特征、地方色彩以及对后世的影响主要有以下几个方面。第一，该经强调了造观音金像并勤加礼拜的重要意义，即在生死攸关

① 关于《观世音救生经》，参见《续高僧传》二十九，《法苑珠林》二十五，转引自颜素慧编著《观音小百科》，长沙：岳麓书社，2003，第59页。关于《高王观音经》，参见《魏书》卷八四《儒林传》，转引自孙昌武《文坛佛影》，北京：中华书局，2001，第68、80—81页。关于《高王观世音经》的评述，另见周一良《魏晋南北朝史札记》，北京：中华书局，1985，第115页。关于《高王观世音经》的著述年代，一说著于东魏初年，见《北史》卷30，《魏书》卷84（《卢景裕传》），转引自任继愈主编《中国佛教史》（第二卷），北京：中国社会科学出版社，1985，第579页。

②〔唐〕释道世撰，周叔迦、苏晋仁校注《法苑珠林校注》，北京：中华书局，2003，第466页。

的危急时刻，可使虔诚信奉者免除灾难。第二，强调了专一持诵经典的重要性。如经中所述一沙门教诵主人公孙敬德《观世音救生经》，孙诵满千遍，终于得度苦难。在这里我们不难看到《普门品》的思想内容对中国本土观音经典的巨大影响。第三，通过引入相当具体的时间、地点和人物使伪经中所描述的事件地方化、传说化，从而增强了观音灵感的现实性、可信性和巨大影响力。最后该经的撰述者还不忘让最高权力者出面参与此事，即由丞相高欢上表，孙敬德“遂得免死”；再由皇帝“勅写此经传之”；最后“敬德放还，设斋报愿。出访存像”，乡亲们见其项上有三道刀痕，同睹之后，“叹其通感”。从《高王观世音经》中可以清晰地看到观音信仰在中国传播过程中具有鲜明的本土文化特色。正是因为伪经的撰述者将宗教的虔诚性与世俗的权威性很好地结合在一起，并通过地方化的传说故事加以表现，因而满足了中国人在宗教信仰领域和世俗社会心理方面的双重需要。也正因如此，《高王观世音经》被作为庙宇中代代相传的法物，在民国北京旧城观音女庙中被完好地保存下来。

与《高王观世音经》不同，另外一部观音伪经则通过“允诺”的方式，在观音信仰与女性生活之间建立起相当直接的联系，这就是流行于 11 世纪的《白衣大悲五印心陀罗尼经》。在该经中，观音被描述为拥有允增小孩——特别是男孩的能力，[①] 由此可以推断这部伪经的创作应该是为了迎合世俗社会中女性群体的现实需要而产生的。从北京地方政府寺庙登记档案来看，清末至民国时期北京旧城观音女庙中的观音信仰多与娘娘信仰结合在一起，包括送子娘娘、保生娘娘、眼光娘娘等，均与女性对孩子的生育和养护有关，这与观音伪经中所宣扬的白衣观音信仰以及观音在救助妇女和儿童方面具有特殊能力有密切关系。

与观音经典相比，观音宝卷在中国观音信仰的世俗化和女性化方面具有更为重要的作用。关于宝卷前人已有研究。李世瑜认为宝卷最初系唐五代时期宣讲佛经的变文，至明代被民间秘密宗教用作经典。[②] 但前辈学者对宝卷的研究，多将其作为农民运动史、宗教思想史或文学史资料加以考察，很少从社会史角度切入。一些海外学者如于君方（Chun-fang Yu）对宝卷的研究则侧重于宝卷文学与

---

① 颜素慧《观音小百科》，长沙：岳麓书社，2003，第 91、100 页。

② 李世瑜《宝卷综录》，上海：中华书局，1961，第 1 页。

中国民间观音信仰的关系。① 英国汉学家杜德桥（Glen Dudbridge）在对《妙善传说》的研究中也大量使用了宝卷资料。在这部著作中，作者选取了一个独特的视角，即避开中外学者所共同关心的古老难题“中国女性观音”的起源，以妙善故事的民间写本为研究对象，“探讨在传统中国社会中，一个故事如何为了适应各个不同阶层的兴趣与偏好而成型，而演变”。杜德桥在研究中运用了比较论证的方法，对18、19世纪的香山宝卷本进行了细致入微的分析，不仅探讨了“印度神话传说在中国被加以地方化的过程”等重要问题，② 而且探讨了妙善传说“与整个中国宗教传统中其他重要的传说与主题”之间的“清楚的关系”。③ 在这部著作中，作者还对妙善传说的主题和社会功能进行了透彻分析，并在后半部分对观音文本中的女性问题予以了较多关注。杜德桥认为，对中国妇女而言，“婚姻与禁欲之间的抉择正是决定俗世或宗教生活成败最重要的关键”。他分析了《观音济度本愿真经》中所描述的妇女苦难，并指出正是宝卷文学满足了“中国传统妇女特有的热而不狂的信仰方式”的需要。④

总体上看，清末至民国时期北京旧城观音女庙中保存的观音经卷有如下特征：第一，与女性生活关系密切。在这些经卷中，观音不仅以殉道者的世俗身

---

① 于君方《宝卷文学中的观音与民间信仰》，《民间信仰与中国文化国际研讨会论文集》，台北：汉学研究中心印行，1994，第333—347页。

② 杜德桥认为，妙善传说的写本是从公元12世纪开始的，其产生与发展经历了三个阶段，“顺序的开始是一流传于民间的故事，以某种方式处理一常见的主题”。故事的“第一阶段是重塑自1104年之残缺碑文以及祖琇与觉连之记述的妙善故事”。“第二个阶段出现于流通本。”第三阶段“是已成形的故事因历经不同的时代和不同的作者而被添加上许多附加事件的阶段”。“故事超越第三阶段之后就进入非本研究所欲探讨之领域。”“涉及那些地方性传统”——这些是作者从“一开始就打算留待给以后的专门研究去处理的问题”——“以及检视各种不同的地方环境如何为满足其需要而重塑此故事”。参见[英]杜德桥（Glen Dudbridge）《妙善传说》，中译本，李文彬等译，台北：巨流图书公司，1990，第99—103页。

③ 杜德桥认为，中国宗教传统中的先天大道所体现的教义，“在《观音济度本愿真经》中随处可见”。“先天大道是一个宗教体系。我们对它的了解部分来自文献的记载，部分得自对南中国及东南亚地区宗教现况所做的田野调查。它的主要特征是：千年循环的末世论（三个宇宙周期依次临世，每一周期都以大灾劫结束）；结合三教所形成的宇宙论及神话系统；对无生老母所代表的真空家乡的崇拜，以密法导引上根参悟大道；修行重视禁欲及吃斋。”参见[英]杜德桥《妙善传说》，中译本，李文彬等译，台北：巨流图书公司，1990，第四章注释71。

④ [英]杜德桥（Glen Dudbridge）《妙善传说》，中译本，李文彬等译，台北：巨流图书公司，1990，第103—106页。

份，同时也是以宣教者和开示者的宗教身份对世俗之人进行劝化，其对象主要是女性。第二，多以灵验为主要内容，具有世俗的“权威性”。这种权威性主要通过官方和民间两种不同的声音交织体现。如在《高王观世音经》中，来自官方的权威声音主要表现为丞相上表或皇帝下敕书；而来自民间的声音则主要体现在主人公回乡之后，乡人亲见其人、亲睹其貌进而相信其事这一地方化过程中。在这里，一个偶然性事件通过信仰的力量转化为一个具有浓厚地方色彩的必然性事件，从中传达出来的集体声音是对观音信仰及其灵感的权威性认同。在这一过程中，中国传统知识分子（或曰乡绅仕宦）在官方与民间之间起到重要的桥梁作用。第三，具有浓厚的三教合一色彩，体现了中国文化的多样性与融合性。在明代以后的观音宝卷作品中，三教合一思想表现得非常突出。例如在《香山宝卷》中，儒家的孝道思想、道教的神灵思想以及佛教的轮回思想被杂糅在一起，从中不难看到中国封建社会后期一般民众的思想状况。这一特点在清末至民国时期北京旧城观音女庙尼僧所供奉的神偶中亦有充分体现。

三、北京观音图像的类型与特征

自魏晋南北朝时期观音信仰传入中国以后，观音图像就成为观音信仰者虔诚礼拜的对象。从寺庙登记档案资料来看，民国时期北京旧城观音女庙中保存的观音图像主要有造像和画像两大类，以观音造像居多，包括大悲观音（千手千眼观音）、密教观音、白衣观音、观音三十二应身像等多种。从造像的材质上看，又有木像、铜像、瓷像、泥像等。其中铜像观音在魏晋南北朝时期的文献中已有记载，以后历代均有，而以明代较多。木像观音多出现于宋代文献，杭州上天竺寺的著名灵感观音像即是木质造像。清末至民国时期北京旧城观音女庙中除保留着大量前代遗存的观音图像外，还有不少民间工匠制造的瓷制与泥制观音像。这些图像是研究北京地区观音信仰史的重要实物资料。

据宗教史学者研究，最早的佛教造像是公元 1 世纪以后在印度出现的佛的造像，“对以后佛教的通俗宣传和广泛传播有极大影响”。[①] “东晋以后，观世音造像

① 任继愈主编《中国佛教史》（第一卷），北京：中国社会科学出版社，1981，第 79 页。

也日益增多，从一些残存的造像题记看，多为祈愿‘离苦得乐’，为死者早日超脱，‘往生西方妙乐世界’，以及为自己及亲属、一切众生‘速登正觉’等等。”①美术史学者李凇认为：从现存实物看，南北朝时期“北方在十六国至北朝时期较多出现的菩萨图像依次为：弥勒菩萨、观世音菩萨、维摩诘经变、思惟菩萨（或太子）、供养菩萨和胁侍菩萨共六类”。“北魏后期比较流行观世音菩萨和维摩诘经变，其中观世音菩萨多为金铜铸单独小型像”，“观世音菩萨流行时间很长，一直延续到唐以后”，“北朝造像所依据的佛典，主要是《法华经》、《弥勒上生经》、《维摩诘所说经》等”。②日本学者佐藤永智对北朝时期云冈、龙门、巩县诸石窟和所知传世金、铜佛像进行过统计，其中观世音造像的数量为171尊，仅次于释迦（178尊），位列第二。而东魏、北齐时期的观世音造像甚至远远超过了释迦牟尼造像，达到94尊，位列第一。③值得注意的是：这一时期也正是中国本土观音经典产生的时期，这说明魏晋南北朝时期观音信仰在中国经历了一次传播高峰。在传播过程中，为适应来自不同社会阶层信众的信仰需求，观音信仰不仅在经典上，而且在图像方面也被加以改造。

从北魏到唐代的石窟造像和造像题记中，可以看到中国佛教信仰（包括观音信仰）从渴望解脱现实苦难到热烈追求往生净土的转变。④马西沙和孙昌武都认为魏晋南北朝时期观音信仰已带有净土色彩，对后世直到近现代以来中国汉传佛教地区的观音信仰产生了巨大影响。⑤李凇以唐代为主，对中国南北两地的菩萨图像进行了深入研究，认为二者有明显不同。南方多画像，北方多造像。“南方有记载而缺实物”，“北方记载不多却实物丰富”。唐代是观音造像转型的重要时期。唐代的菩萨图像是“中国菩萨图像发展史上最为重要的一页”，其中有引进与摹仿，也有改造与创造。推动其发展的社会力量来自社会上中下各个阶层，包

---

① 见《陶斋藏石记》卷8—12的有关造像记。任继愈主编《中国佛教史》第三卷，北京：中国社会科学出版社，1988，第589页。

② 李凇《长安艺术与宗教文明》，北京：中华书局，2002，第146—147页。

③ 唐长儒《北朝的弥勒信仰及其衰落》，载其著《魏晋南北朝史论拾遗》。转引自马西沙、韩秉方《中国民间宗教史》，上海：上海人民出版社，1992，第45页。

④ 孙昌武《中国文学中的维摩与观音》，天津：天津教育出版社，2005，第183—185页。

⑤ 李凇《长安艺术与宗教文明》，北京：中华书局，2002。马西沙、韩秉方《中国民间宗教史》，上海：上海人民出版社，1992。

括皇室贵族、寺院僧徒和一般民众，“三者达到高度的统一与和谐”，从而促进了唐代菩萨图像的完善与发展。李凇认为，唐代菩萨图像的发展与观音的密切关系主要表现在两个方面：第一，“观音菩萨图像形成最为庞大的独立系统，成为最为普及的菩萨图像”；第二，随着密宗图像的传入和影响的扩大，观音菩萨图像系统增添了新的内容，十一面观音和千手观音成为最普遍的图像。[①] 除上述密教观音外，唐代还出现了水月观音。“‘水月观音’是周昉中唐时期在两京所创（胜光寺中即有周昉画‘水月观自在菩萨’），在敦煌一带流行，则是五代时期（如藏经洞出土绢画）。再在四川流行，晚至宋代，如大足北山第 113 窟。这说明某种图像的流布，有时是一个十分缓慢的过程。”李凇认为，佛像在中国不同地区的流布有三个层次：首先是国都地区，其次是宗教中心及交通要道，再次为其他农村地区。借此可以看到“菩萨图像的传布主线。另一方面，这三个层次不仅有时间上的错位关系，更有文化从属关系的差异。具体而言，两京地区的图像更贴近国之主流文化及贵族文化，敦煌图像更能代表宗教文化，四川图像则以民间文化为归属。这三种不同的层次，还反映了不同文化圈的交互关系，构成中国菩萨图像的立体结构”。宋代是中国化观音造像的完型时期。宋代菩萨图像基本围绕观音的主题产生和展开，如四川大足石门山十圣观音造像。“观音菩萨的种类和名目空前增多，而对佛典的依赖性却日益减弱，其依据和来源主要是民间传说和民俗信仰。从而彻底脱离印度菩萨图像的轨道，形成完全中国化的菩萨图像系统。”明清时期，“菩萨图像集中在观音尤其是民俗观音范围内，其图像学意义和规范性更弱，而民间文化的性质更充分”。[②] 上述学者对观音图像的研究或侧重于中国封建社会中期以前的某一历史时段，如魏晋南北朝或唐代，或限于某个大范围地区，如中国北方。对于中国封建社会后期——如清代至民国时期北京地区观音图像与观音信仰的关系，以往学者们大多缺乏关注和研究，因而本节拟对这一问题进行初步探讨。

如上所述，自魏晋南北朝以来，中国的菩萨图像与观音信仰一直有着密切关

① 李凇《长安艺术与宗教文明》，北京：中华书局，2002，第 149 页。关于唐代观音图像，可参考作者所列三张图表《表一 唐代两京寺院菩萨壁画》，第 150—151 页；《表二 莫高窟唐代主要菩萨壁画简表》，第 152—153 页；《表三 四川主要菩萨雕刻简表》，第 155—157 页。

② 李凇《长安艺术与宗教文明》，北京：中华书局，2002，第 157—158 页。

系。特别是唐宋以后，具有女性特征的民俗观音大量出现，反映了中国人对于观音的认识以及观音信仰在广大妇女中的传播情况。[①] 从民国北京地方政府寺庙登记档案文献来看，清末至民国时期北京旧城观音女庙中保留的观音图像在类别属性上主要有两种：一种是佛像，即将观音图像归入正统佛教中的佛、菩萨加以敬奉；另一种是神像，即将观音图像归入中国民俗宗教中的神灵加以崇拜。无论佛像还是神像，都可分为偶像和画像两类。偶像类的观音，即观音造像，在北京旧城观音女庙中数量最多，几乎每一座观音女庙中都至少有一尊这类造像。画像类的观音在北京旧城观音女庙中数量很少，只在几座历史悠久的观音女庙——如明代万历年间修建的西直门内南小街法华寺、清代康熙年间重修的旧鼓楼大街小石桥胡同观音庵以及乾隆年间修建的方家胡同白衣庵档案中有所记录。

从寺庙登记档案内容来看，清末至民国时期北京旧城观音女庙中保存的观音图像主要有以下两方面特征：第一，北京旧城观音女庙中的观音图像常与西方三圣联系在一起，具有浓厚的净土色彩。这一特点不仅表现在北京的佛教女庙中，而且也体现在北京的道教女庙中。如民国时期位于内一区干面胡同的“延寿院”，在乾隆年间曾以“白衣庵”命名，虽然是女冠庙，但在民国档案中由该庙住持道姑填写的偶像类法物中也有三圣佛。这说明民国年间，在北京旧城观音女庙的女市民信仰群体中，供奉西方三圣以求往生净土的思想具有相当大的影响力。第二，在民国时期北京旧城观音女庙中，同一座庙宇中的观音图像常有数种，它们被小心地安放在大殿的不同位置，在女市民信仰群体的日常生活中承担着不同角色。被划归为“佛像”类的观音图像主要承担着宗教功能，而被划归为“神像”类的观音图像则主要承担着世俗功能。这其中最为引人注目的是观音三十二应身像，它们使人不由自主地会想到《妙法莲花经·普门品》中的各种观音救难故事，由此也使观音信仰者产生虔信的力量。在民国北京旧城观音女庙档案记录中，和

---

① 孙昌武指出：在龙门石窟唐代佛教造像中，观音的数量明显增大，从造像题记看，信仰的内涵更加具体、平凡，也更加生活化了。值得注意的是，在这些造像与题记中“有众多的妇女”。李凇认为中国观音图像出现女性化特征始于“8 世纪的盛唐”。“不过真正大批观音的女性化出现在宋以后的晚期图像中，其中最有代表性的是白衣观音和送子娘娘”。参见孙昌武《中国文学中的维摩与观音》，北京：高等教育出版社，1996，第 292—293 页。李凇《长安艺术与宗教文明》，北京：中华书局，2002，第 165 页。

观音菩萨并列排在一起的还有许多“神像”，如关帝、娘娘、韦陀、占童（又写作“站童”）、药王等。此外，部分观音女庙中还供奉着一些特殊神灵，如龙王、哥哥、财神、王奶奶、三老爷子，[①]火神、天王神，[②]三义神、神马、吕祖、药王、财神，[③]玉皇、周仓、关平、药王、药圣、吕祖、瘟神、土地、灶王，[④]斗母等，[⑤]可谓林林总总，反映了中国地方道教信仰与外来佛教信仰的融合性和民俗宗教的实用性，也隐含着北京旧城观音女庙与北京城市社会的多重关系。

四、北京观音传说的类型与特征

从现有文献资料和田野调查资料来看，观音故事传说在时间上可分为古代和现代两部分。其中古代文献记录中既有观音应验故事也有观音传说，又以观音应验故事为主；而现代民俗学者通过田野调查搜集的主要为观音传说。从作品内容与表现形式来看，观音应验故事的核心在于强调观音的灵感，其显现方式通常是梦境，具有浓厚的宗教色彩；而观音传说的核心则在于强调观音与地方文化传统的关系，其表现方式通常是将观音与某个历史人物或历史事件联系在一起，具有浓厚的世俗色彩。

在《中国民间故事集成·北京卷》中共收录了北京地区观音传说 8 则，分列于人物传说、史事传说、地方传说和风俗传说等四种不同类型中，其中被列入人物传说和地方传说的各有三则；列入史事传说和风俗传说的各有一则。根据上述观音传说的核心内容，本书又将它们分为千手千眼型、观音点化型及信仰融合型

---

①《内一延寿院住持广圆庭关于登记庙产的呈及社会局的批示》1935—1936 年，档号 J2-8-885，第 11 页。北京档案馆藏。

②《内四法华寺尼僧常纲呈请登记庙产及社会局的批示》1930—1936 年，档号 J2-8-159，第 43 页。北京档案馆藏。

③《内二区大栅栏观音寺尼僧觉旺登记庙产的呈文及社会局的批示》1931—1936 年，档号 J2-8-634，第 51 页。北京档案馆藏。

④《内五观音庵（尼）僧觉清呈请登记庙产和昌果接允住持的呈文及社会局的批示》1930—1941 年，档号 J2-8-232，第 47 页。北京档案馆藏。

⑤《内三区白衣庵尼僧法光关于呈请登记庙产及社会局的批示》1931—1936 年，档号 J2-8-315，第 46 页。北京档案馆藏。

等三种不同类型。从采集地来看，上述传说大多分布于北京郊县，其中千手千眼型传说的流传地在平谷县和丰台区；[①] 观音点化型传说的流传地在西城区、石景山区、门头沟区、顺义县和大兴县；[②] 信仰融合型传说的流传地在门头沟区。[③]

在北京地区观音传说中，“观音点化型”数量最多，共有五则。从情节来看，这一类型的传说一方面突出了观音的灵感和应化能力，另一方面又与特定地点或历史人物联系在一起。从现有资料来看，在北京地区流传的“千手千眼型”观音传说仅有两则，其内容明显受到“妙善传说”的影响，但与《香山宝卷》等作品相比，北京地区“千手千眼型”观音传说的故事情节要简单得多，且与地方风物紧密结合在一起。与上述两类传说不同，流传于北京地区的“信仰融合型”观音传说则反映了明清以来北京汉传佛教观音信仰与华北民间道教系统中的碧霞元君信仰的融合。这一特征在北京旧城观音女庙碑刻中也有所体现。[④]

综上所述，北京观音文本在中国观音信仰的世俗化与地方化过程中起着重要作用。从清末至民国时期北京旧城观音女庙中保存的观音文本及笔者近年在北京内城进行田野调查的情况来看，北京观音文本主要包括“文字”与“口头”两种形式。其中源于印度的观音译经和在中国本土产生的观音伪经均属于文字文本，而观音伪经对中国观音信仰的世俗化具有重要作用，其来源是熟悉百姓生活状况的中国僧侣和民间知识分子对佛教经典的利用和改造。观音故事传说属于口头文本，对中国观音信仰的地方化起着重要作用。观音宝卷则介于伪经与故事传说之间，其底本是文字的，而宣讲方式则是口头的，在中国观音信仰的地方化过程中起着将正统观念与民间意识打通以适应底层民众需要的作用。从内容上看，观音

---

① 《千手千眼佛》（平谷县），《活鲁班巧铸佛像》（丰台区），参见《中国民间故事集成·北京卷》，北京：中国 ISBN 中心出版，1998，第 50、357 页。

② 《君臣看匾》（西城区）、《顺治出家天泰山》（石景山区）、《罗汉抗日》（门头沟区）、《金鸡河的来历》（顺义县）、《广阳城的传说》（大兴县），参见《中国民间故事集成·北京卷》，北京：中国 ISBN 中心出版，1998，第 114、83、216、287、405 页。

③ 《涿州幡赴会的来历》（门头沟区），参见《中国民间故事集成·北京卷》，北京：中国 ISBN 中心出版，1998，第 658 页。

④ 鞠熙在对北京旧城寺庙碑刻进行研究时发现，“碧霞元君传说在情节上非常类似于妙善传说，可能有融合的成分”。参见鞠熙《碑刻民俗志——北京旧城寺庙碑刻民俗分析及其数据处理》，第 156 页（《碧霞元君传说》），北京师范大学博士学位论文，2007 年。导师：董晓萍教授。

宝卷一方面借鉴了正统宗教的教理教义，另一方面通过加入中国民间文化元素对正统宗教进行改造，以此为底层民众解决现实问题提供“理论”依据，进而达到宣扬民间伦理道德与劝善惩恶的目的。从理论上说，观音图像既不属于文字文本，也不属于口头文本，但与二者都有联系。在观音信仰的地方化过程中，观音图像以其鲜明可感的形式，对观音文本中所蕴含的观念起着再现与强化的作用。上述文本形式在北京地方史志文献、寺庙碑刻和民国北京寺庙登记档案中多有记录，共同构成了北京旧城观音女庙女市民信仰群体的精神信仰空间。

第三章　北京旧城观音女庙历史文献与碑刻记录

本章从明清时期北京作为封建帝都的社会文化背景入手，通过梳理分析与北京旧城观音女庙相关的历史文献和碑刻记录，重点探讨以下三个方面的问题：一、清代北京旧城观音庙宇的分布特点以及与皇权政治的关系。二、北京地方志文献和宗教史文献中对观音女庙、观音信仰及燕地女性宗教信仰活动的记录。三、北京旧城观音女庙碑刻的主要内容与基本特点。

第一节　北京旧城观音女庙与城市社会的关系

明清时期北京旧城观音庙宇的分布与中国封建社会后期帝都的皇权政治有密切关系。从北京地方志文献、宗教史文献与民国北京地方政府档案资料来看，清代至民国时期北京旧城观音女庙与北京城市社会的关系主要体现在修建方式、庙宇性质、社会功能及信仰群体类型等方面，观音女庙的寺庙空间主要由出家女性的私密空间和女市民信仰群体的公共空间两部分构成。从北京旧城观音女庙的历史沿革来看，存在着由男庙转化为女庙或由女庙转化为男庙的现象；而观音女庙之间，或观音女庙与其他女庙之间存在着同宗、本家或戒亲关系，由此构成复杂的宗派关系网络。

一、清代北京旧城观音庙宇的分布以及与皇权政治的关系

从文献资料来看，清代北京地区观音信仰比前代有所发展。主要表现在观音庙宇的数量和分布范围都超过了前代；庙宇修建方式、性质和规模不仅与皇权政治，而且与北京地方社会结构有密切关系，信仰群体来自社会不同阶层。

（一）清代北京旧城观音庙宇的分布特点

本节对清代北京旧城观音庙宇的数量与分布统计资料主要依据沈榜的《宛署杂记》、[①] 张爵的《五城坊巷胡同集》、[②] 徐苹芳的《明清北京城图》[③] 等。从时间范围来看，《宛署杂记》主要记载了明代万历年间京西地区（含宛平城内与宛平城外）观音庙宇的修建情况。《明清北京城图》则反映了明末至清中叶北京庙宇的修建情况，其中《明北京城复原图》反映的时代上自嘉靖末年，下至崇祯时期（1560—1644）；[④]《清乾隆北京城图》则反映了自乾隆十四五年至乾隆二十六年以前（1749—1761）北京庙宇的建置情况。[⑤]

据《宛署杂记》记载，万历年间宛平城内外共有庙宇 575 处，其中城内以观音命名的庙宇有 24 座，包括观音寺 8 座，观音庵 13 座，观音庙 1 座，观音堂 2 座。城外以观音命名的庙宇有 26 座，包括观音寺 9 座，观音庵 10 座，观音堂 7 座，合计 50 座。[⑥] 另据徐苹芳《明清北京城图》，明代嘉靖至崇祯年间，北京内外两城以观音、法华、大悲、水月、海潮等不同名称命名的观音庙宇共有 17

---

① 〔明〕沈榜《宛署杂记》，北京：中国书目出版社，2002。

② 〔明〕张爵《五城坊巷胡同集》，北京：北京古籍出版社，1982。

③ 徐苹芳《明清北京城图》，北京：地图出版社，1986。

④ 参见《明北京城复原图说明书》，徐苹芳《明清北京城图》，北京：地图出版社，1986，第 6 页。

⑤《明清北京城图》包括“目录”和“文字说明”两大部分，其中“目录”又分为《明北京城复原图》和《清乾隆北京城图》。该书文字说明部分对研究明清以来北京庙宇变迁尤有参考价值，其中包括《明北京城复原图说明书》、《明北京城复原图坊巷胡同地名表》（附表一）、《明北京城复原图建置资料表》（附表二）、《清末以来北京风貌图片》、《地名索引》（附汉字繁体、简体对照表）和《后记》等。

⑥〔明〕沈榜《宛署杂记·寺观》，北京：中国书目出版社，2002。

座。[①] 其中观音寺 3 座，分别位于河槽西坊、南居贤坊和正西坊。河槽西坊之观音寺又称“东观音寺”，民国时属内四区；南居贤坊之观音寺在汪家胡同南，东北方向有慧照寺，清代改称“新寺”；正西坊之观音寺在琉璃厂东南之朱家胡同北，属外城观音庙。观音堂亦有 3 座，分别位于安富坊、大时雍坊和宣北坊。安富坊之观音堂靠近西皇城根，为明代太监庙；大时雍坊之观音堂在内城南；宣北坊之观音堂在外城宣武门大街东，琉璃厂西。法华寺 2 座，一在内城东之明照坊，一在外城。内城之法华寺在豹房胡同北；外城之法华寺在天坛外东北角。观音大士庙 1 座，在正阳门东。另有观音庵 1 座，在日中坊（靠近西北城墙）。镇水观音庵 1 座，在水关正南，积水潭西北，属日忠坊。除镇水观音庵外，日中坊还有大悲寺、海潮庵、新海潮庵各 1 座。又有灵藏寺（亦称石观音寺、灵藏观音寺、广慈寺）1 座，在永康侯胡同北，柏林寺南，属北居贤坊。水月寺 1 座，在思诚坊，在《京城全图》中又名“月水寺”。[②] 槐抱椿庵 1 座，在阜财坊，该寺在《京城全图》中又名“观音庵”。[③]

何孝荣在对明代北京佛教寺院进行研究后认为，“明代北京有名可数的佛教寺院数目八百一十所左右”，加上僧尼私创的寺庵六百余所，“总数超过一千四百所”。[④] 根据何孝荣制作的《明代北京佛教寺院统计表》可知，明代北京共有观音庙宇 94 座，其中皇城和东、西、南、北、中五城有以观音、法华、圆通、海潮、慈悲、水月等命名的观音庙宇（包括寺、庵、堂、庙）46 座，城厢及京郊区县有观音庙宇 48 座，这说明明代观音信仰在北京地区的发展远超前代，并且具有鲜明的地方特色。

另一方面，明代北京城区观音庙宇的兴建，与北京城市规划建设有密切关系，同时也受到浙江普陀山南海观音信仰的影响。从地理分布来看，镇水观音

---

① 此处数据统计来源于《明清北京城图 • 明北京城复原图坊巷胡同地名表》和《明清北京城图 • 地名索引》，该索引收录了《明北京城复原图》和《清乾隆北京城图》中的所有地名（坊名除外），对研究明清至民国时期北京旧城庙宇的分布与变迁亦有参考价值。参见徐苹芳《明清北京城图》，北京：地图出版社，1986，第 128—139 页。

② 徐苹芳《明清北京城图》，北京：地图出版社，1986，第 95 页。

③ 徐苹芳《明清北京城图》，北京：地图出版社，1986，第 96 页。

④ 何孝荣《明代北京佛教寺院修建研究》，天津：南开大学出版社，2007，第 684 页。

庵、海潮庵和新海潮庵分别位于德胜门内西水关（即北京内城西北之积水潭）、银锭桥南和广化寺西后海及前海一带。从镇水、海潮等名称来看，明代建于京城水岸的观音庙，其修建目的应与抵御水患有关；而建于正阳门以东的观音大士庙与位于正阳门以西的关帝庙遥遥相对，则有守卫皇城的象征作用。

值得注意的是，在清末至民国时期北京旧城二十四座观音女庙中，至少有四座庙宇“坐落之街衢即以寺名命之”，“其由来固已远矣”。[①] 这四座女庙分别是：民国时期位于内二区大栅栏西街一号的观音寺；内二区槐抱椿树胡同十九号的槐抱椿树庵；内四区西直门内南小街西观音寺胡同十七号的（西）观音寺以及外四区南横街盆儿胡同三教寺一号的三教寺。上述四座庙宇或建于明代，或创建年代失考，从历史文献、寺庙碑刻与档案记录来看，其发展演变与北京城市社会变迁有着不可分割的联系。

清代是考察北京地区观音信仰的重要历史时期。与明代相比，清代北京观音庙数量急剧增加。从名称来看，以庵命名的观音庙明显增多，其中数量最多的是观音庵，其次是白衣庵。据笔者初步统计，清代北京内城和外城共有以观音、白衣、大悲、法华、水月、海潮、圆通、大慈、大士、紫竹、广慈等命名的观音庙104座。[②] 除观音庙外，天仙庵和娘娘庙的数量也比明代有明显增加。[③]

---

① 《观音寺旗杆碑》（京1220），清光绪二十二年（1896）五月刻。**额题**：福缘□□。**首题**：重建觀音寺旗杆碑記。书体：正书。原在地：北京宣武區大柵欄西街。现在地：不详。据北京图书馆金石组《北京图书馆藏中国历代石刻拓本汇编》，郑州：中州古籍出版社，第87册，第150页录文。

② 上述统计数字资料依据《明清北京城图·地名索引》。参见徐苹芳《明清北京城图》，北京：地图出版社，1986。

③ 李孝聪从城市地理学角度入手，根据乾隆十五年（1750）《京城全图》的标示认为，北京内城和外城寺庙能落到实处的统计共有1320座，其中数目较多的有：关帝庙116座，观音庵108座，土地庙42座，真武庙41座，火神庙30座，白衣庵27座，伏魔庵26座，天仙庵24座，五圣庙23座，地藏庵22座，三官庙20座，五圣庵18座，三元庵11座，娘娘庙10座。如果将上述庙宇中名称不同但具有相关性的庙宇加在一起统计，其数量上的排列顺序就变为：关帝庙（+伏魔庵）142座，观音庙（观音庵+白衣庵）135座，土地庙42座，真武庙41座，五圣庙（+五圣庵）41座，天仙娘娘庙（天仙庵+娘娘庙）34座，三官庙（三元庵）31座，火神庙30座，地藏庵22座。这一数字可供参照。参见李孝聪《北京城市庙宇分布的历史变迁》，侯仁之主编《北京城市历史地理》，北京燕山出版社，2000，第201—202页。

表 1 清代北京内城和外城观音庙名称及数量表[①]

序号	庙宇名称	数量（座）
1	观音庵	50
2	观音寺	5
3	观音阁（院、堂）	3
4	白衣庵	22
5	大悲寺（院、庵）	6
6	法华寺（院、庵）[②]	3
7	水月庵	2
8	海潮庵	2
9	海潮观音庵	2
10	圆通寺	2
11	圆通庵	1
12	大慈庵	1
13	大士庵	1
14	紫竹庵	1
15	广慈寺	1
16	新寺[③]	1
17	廓然庵	1
合计		104

由上表可知，清代北京观音庙的数量不仅大大增加，而且名称也多有变化，反映了清代北京城市空间变化对京城庙宇修建及空间分布的影响。从北京地方志文献和碑刻资料来看，清代北京内城居民分为宗室社会和旗人社会两大部分，内城观音女庙的修建主要与宫廷王府生活和满族社会组织有关；而外城观音女庙的修建则主要与旅居京城的汉官阶层信仰活动及其家族经济有关。

① 制表人：舒燕。表中数据统计资料来自《明清北京城图·地名索引》，该索引收录了《明北京城复原图》和《清乾隆北京城图》中所有地名（坊名除外），对研究清代北京旧城庙宇的分布与变迁有参考价值。参见徐苹芳《明清北京城图》，北京：地图出版社，1986，第 131—139 页。由于观音的名号和民间对观音的称谓很多，故实际上清代北京旧城中的观音庙数量应该超过了本表中所做的统计。

② 其中法华庵在明代又称“镇水观音庵”。

③ 新寺又名“观音寺”，明天顺三年（1459）重修，清乾隆元年改名广慈寺，在《京师全图》中名为“新寺”。明代庙址为南居贤坊汪家胡同南。参见徐苹芳《明清北京城图》，北京：地图出版社，1986，第 91 页。

（二）清代北京旧城观音女庙与皇权政治的关系

从历史文献和碑刻来看，北京庙宇的修建与皇权政治有密切关系。明代统治者的宗教政策经历了一个由严而宽的过程；与此相对应，京城寺院的兴建也由少到滥。明太祖朱元璋当政后实行严格的宗教管理政策，如将天下寺院分为禅、讲、教三类并仿照前朝之制设立僧禄司以管理全国佛教事务；对于出家僧尼则采取度牒制度，以限制出家人数和出家年龄，同时禁止僧侣、道士买卖土地等。[①]此外，明朝其他几位皇帝（除世宗嘉靖外）也都十分尊崇佛教，使明代北京佛教的发展趋于极盛，而太监出资兴修寺院之多，亦成为明代北京庙宇修建的一大特色。在明代诸帝中，英宗和神宗的佞佛活动对北京佛寺的建立起了重要作用。“至英宗时，始广建佛寺，滥赐寺额，至代宗、宪宗时，已是梵刹遍地，僧尼无数。受封之汉、藏僧人，何啻千余。”[②]在明代京师上下崇佛的浓厚氛围中，女性参与佛教活动的热情也有所凸显。其中最著名的有两位，一位是来自民间的吕氏，人称“吕菩萨”，因阻谏英宗有功被封为“皇姑”；另一位则是神宗万历皇帝的母亲慈圣宣文皇太后。二人的崇佛建寺活动虽在不同时期，但都与观音信仰有密切关系。不同的是：前者主要反映了明代民间教派组织以庙宇为掩护所进行的宗教活动，[③]后者则体现了处于皇权专制政体金字塔顶端的女性——如皇太后的崇佛情况及其社会影响力。

清代设置僧录司来管理除丛林外之普通寺庙，并由该司发给手本俾资凭证。从历史文献和碑刻资料来看，清代北京观音庙的修建主要集中在康熙（1662—

---

① 1372年（洪武五年），朱元璋发布命令，实行发给度牒制度，防止私度。“1373（洪武六年），又在各府、州、县设立一个大寺观，让僧侣和道士在那里食宿，进行考试，合格者，才发给度牒。因为当时出家的人太多，所以又规定，未满四十岁的人不准出家当尼姑和女冠。”1382（洪武十五）年，明太祖“又禁止僧侣和道士买卖土地……他还规定四十岁以下的男人、五十岁以下的女人不准出家”。关于出家人数的限制，明太祖“规定各府只准四十人出家，各州只准三十人出家，各县只准二十人出家。当时，出家主要是为了逃避徭役，所以又规定，出家必须经过父母的同意，并命令有妻妾的人要还俗”。参见姜立勋、富丽、罗志发《北京的宗教》，天津：天津古籍出版社，1995，第35—36页。

② 姜立勋、富丽、罗志发《北京的宗教》，天津：天津古籍出版社，1995，第101页。

③ 关于吕尼所建保明寺与明代西大乘教的关系，参见马西沙《中国民间宗教史》，上海：上海人民出版社，1992。文献资料参见《保明寺碑》（京6725），明嘉靖四年（1525）二月刻，北京图书馆金石组编《北京图书馆藏中国历代石刻拓本汇编》第54册，第117页。

1722）和乾隆（1736—1795）时期，其中大部分为重修。特别是乾隆中期，清政府对北京庙宇进行了大规模的普查和整修。据档案记载，乾隆二十二年十月二十五日，庄亲王“为查修京师庙宇事”上奏乾隆皇帝，依照先城内、再城外之次序逐座踏勘。查得东面城内各处庙宇共有宝公寺等四十一处亟待修理，“又查得观音庵等十六处倾圮年多，残破过甚，实难修整，拟请拆毁，以免暴露，其原有佛像应移于附近修整庙内粘修供奉”。[①] 乾隆二十九年十二月二十三日，傅恒“为派员查明京城各处应修坍塌庙宇事”亦上奏乾隆皇帝。因京城庙宇“自乾隆二十年起，节次共修过大小一百七十余处，其大座庙宇现在俱属整齐，惟小座庙宇散在偏僻街巷，而住庙僧人又多系孤身无依之辈，视同传舍，不知爱惜，以致作践残损，亦未可定”，故“请派步军统领衙门内务府司官各一员，将京城内外小座庙宇逐一详查，或有墙垣房间残损不整者，仍着落原办监督等修整”。[②] 从上述奏折内容来看，乾隆中期，清政府在对北京庙宇进行普查时，不仅对大型庙宇专项拨款进行整修，而且对散在京城各处诸多小庙的存毁情况进行了详查，并根据存毁情况或拆或修。这些举措对清代中期以后北京旧城观音女庙的存废变迁产生了直接影响。

在清代以修庙为特色的北京城市景观中，北京女性特别是旗人妇女在以庙宇为中心的宗教活动中表现出极大热情，而清政府对于女性参与具有民间色彩的宗教信仰活动则是严加控制的。这一特点在清朝官员呈递皇帝的奏折中可略见一斑。如乾隆九年十一月十一日，巡视西城协理浙江道事监察御史舒敏上奏皇帝，请求“禁妇女游荡山寺之习以正风化”。奏折称：时“西山一带寺庙极多，大小千有余所”。每年二三月间，春暖花开之季，“旗民妇女浓妆艳服，逐队成群，任意缘山越岭，进庙遨游，甚至有以养病为名往往在庙中住宿者”。对于在旗妇女这种有违“内言不出，外言不入”、“公然出入梵宇，不避俗僧，停留仙宫”的行为，作为地方官员之舒敏非常担忧，认为此风“在僧徒妨修性之清规，在妇女失闺中之雅化”，若任其发展，“其弊将有不可胜言者”。且如果只在所辖范围内

---

① 中国第一历史档案馆藏《乾隆二十三年十月二十五日 奏为修理京师庙宇事》，档号 05-0168-018，总管内务府军机处录副奏折。

② 中国第一历史档案馆藏《乾隆二十九年十二月二十三日 奏为派员查明京城各处应修坍塌庙宇事》，档号 05-0222-014，总管内务府军机处录副奏折。

出示禁令，并不能完全遏止其势头，因“山寺亦有别县所管者”，故“非奏请不可”，“仰恳皇上敕下礼部顺天府转饬各属，将妇女游宿山寺之处严行禁止”，使“梵宇得以清修，而闺人游荡之习亦止矣”。[①] 其言辞之切，忧虑之深，跃然纸上。然而地方官员的上奏和政府的禁令并未能够使京城妇女入庙烧香之俗绝迹，反有愈演愈烈之势。这一点从舒敏上奏二十五年之后，另一监察御史赵锳呈递乾隆的奏折中即可以看出。据乾隆三十四年五月二十一日赵锳上奏：

近闻朝阳门外东岳庙于每月初二、十六，此二日定为妇女庙期。届期入庙烧香之妇女甚多。奴才于本月十六日经过彼处，见入庙烧香之年少妇人携及笄幼女成群合伙，旗民交杂，不下数百起，且内多盛服艳装者，其执香随入之男人或一人或二三人不等，有似僮仆者，亦有似烧香妇女亲属者，纷纷藉藉，拥挤异常，更有买卖人等与募化僧道杂沓期间，且执香随入之男人果否烧香妇女之僮仆亲属一时谁为识别，则岂无冒充烧香妇女亲属同入游戏者？男女混淆莫此为甚，奴才诚恐此时不严行禁止，将来必有奸匪从中滋事。

为此，赵锳恳求乾隆皇帝“敕下步军统领及五城各衙门出示晓谕旗民人等嗣后倘有仍前违禁者，立即跟究，罪坐家长及该庙僧道，仍将失察之该地方官一并议处，庶惩一儆百，人知畏惧，而男女混淆之积习可除，防奸杜恶之宪典益彰矣”。[②]

将舒敏与赵锳的两份奏折对照来看，对于妇女入庙烧香之举，京城内外之地方官员都将其视为心腹大患；而民间对于官府禁令置若罔闻，以至地方官员在奏折中的陈词也不断升级，由忧心忡忡、言之切切变为气急败坏、杀气腾腾。对违令者不仅罪及本人，而且株连家长、僧道乃至失察之地方官员，反映了地方政府欲根除“男女混淆之积习”的决心。

上述奏折内容亦反映出清朝统治者对于妇女出入公共空间是严加控制的，女

① 中国第一历史档案馆藏《军机处录副奏折》，乾隆九年十一月十四日，监察御史舒敏奏折。

② 中国第一历史档案馆藏《军机处录副奏折》，乾隆三十四年五月二十一日，监察御史赵锳奏折。

性生活大多被限制在家庭领域。在这种背景下，北京旧城观音女庙大多是被作为女性的私密生活空间而存在的。这一点在本书第四章的个案中亦有所体现。

二、民国时期北京地方政府对寺庙的管理及观音女庙概况

本书所说的“民国时期”，主要指 1911 至 1949 年北京由传统向现代转型的特殊历史时期。为加强对寺庙的管理，民国政府先后颁布了一系列寺庙登记、监督、管理条例。从现有档案资料来看，民国时期北京地方政府对寺庙的管理政策主要体现在以下三类文件中：一、1928 至 1929 年北平特别市公安局对北京庙宇进行的寺庙调查登记。二、1930 年北平市社会局为发给寺庙凭照进行的寺庙调查登记以及 1935 至 1936 年社会局对全市庙宇进行的寺庙调查总登记。三、1947 年民政局对全市庙宇进行的调查总登记。此外，还有北京地方政府颁布的房产登记捐税管理文件，其部分内容也与寺庙相关。针对民国时期各派宗教传法、传位中的纠纷问题，北平特别市社会局还于 1945 年 9 月“会同佛教会召集各宗教团体之门长法长共同研讨拟定专条”，以“便于管理俾使各寺庙永为信守”。[①]本节使用的资料主要来自上述档案文献。探讨的问题主要有以下两个方面：第一，民国时期北京地方政府对寺庙的管理政策以及北京旧城观音女庙的变迁与生存状况。第二，民国时期北京旧城观音女庙的类别属性以及与北京城市社会的关系。

（一）民国时期北京地方政府对寺庙的管理政策

民国时期北京地方政府对寺庙的管理政策主要包括哪些内容？政府的行政管理与地方佛教会的宗教管理之间形成何种关系？从现存民国北京地方政府寺庙登记档案文献来看，北京旧城观音女庙经历了怎样的历史变迁？其生存状况如何？本书将对上述问题进行初步探讨。

1．民国时期北京地方政府的寺庙调查登记概况（1928 至 1947 年）

民国时期，北京地方政府对全市庙宇共进行了三次调查登记。第一次在

---

① 北京市档案馆藏《北京特别市社会局拟制寺庙管理规则草案》，1945 年 9 月 27 日，档案号 J1-2-268。

1928至1929年，由北平特别市公安局负责执行。1928年10月2日内政部拟具《寺庙登记条例》，并经国民政府核准颁行。1929年1月国民政府核准颁布《寺庙管理条例》，同年12月，行政院废除《寺庙管理条例》，又制订了《监督寺庙条例》。在此背景下，1928至1929年，北平特别市公安局对全市庙宇进行了一次寺庙调查登记，表格一共四份，包括《寺庙登记条款总表》、《寺庙法物登记条款表》、《寺庙不动产登记条款表》以及《寺庙人口登记条款表》。从表格内容来看，主要包括寺庙概况（如庙宇名称、庙宇所属行政区划与门牌号码、庙宇性质、建立年代、庙宇类别、住持法名或管理人姓名等）、寺庙财产、寺庙法物及寺庙人口情况等。由于种种原因，此次调查登记庙宇不多，内容不全。

第二次在1930年至1936年，由北平市社会局遵照执行。从档案内容来看，北平市社会局的寺庙调查登记共有两次，一次是1930年为发给寺庙凭照进行的调查登记，另一次是1935至1936年进行的寺庙调查总登记。[①]此次登记表格分为总登记和变动登记两种，其中总登记表包括《寺庙概况登记表》、《寺庙人口登记表》、《寺庙财产登记表》和《寺庙法物登记表》四种，与1928至1929年北平特别市公安局的寺庙调查登记比较，此次调查内容详细，登记范围更为广泛，是北京地方政府对北京庙宇进行的第一次寺庙总登记。

第三次在1947年，由市民政局遵照执行。1947年7月，因寺庙凭证“并未更换，废弛既久，遗毁甚多，每致发生纠纷，殊不足以资保障”，为加强寺庙管理，“以传永久”，北平市政府再次派专人对全市庙宇进行了调查登记并对情况属实的庙宇颁发了寺庙凭照。对于重复领取庙照的庙宇一经发现，即将重复领取的庙照注销。[②]此次调查由北平市民政局奉令执行，被视为对全市寺庙进行的第二次总登记。[③]

---

① 1936年1月，内政部再次制订《寺庙登记规则》，在此期间对北京的寺庙调查登记工作由北平市社会局遵章执行。

②《凭照》为黄底蓝边黑字，“凭照”二字居中、篆书，正文竖排、楷书，大小约同B3复印纸。民国二十九年，北平市社会局再做调查时，发现内三区隆福寺东廊下观音庵已于民国二十四年七月领取了庙照，民国二十七年又领取了一次，故将后者注销。参见北京市档案馆藏《内三区观音庵住持广智关于登记庙产的呈及社会局的批示》，档号J2-8-868。

③ 北京市档案馆编《北京寺庙历史资料》，北京：中国档案出版社，1997，第1—26、426、671页。

2. 民国时期北京地方政府对寺庙出租房产的捐税管理规定

民国时期，北京地方政府将寺庙出租房产也纳入到捐税管理范围之中。1929年11月4日，北平特别市公安局公布施行了《北平市房捐征收章程》，该章程由市公安局拟定，市政府修订，共20条。章程明确规定：

本市区内各项房屋除党政军机关学校会馆庙宇使馆教堂及其他公产善产经证实无收益者外均应以本章程缴纳房捐，党政军机关学校会馆庙宇使馆教堂租住之房屋或以所有房屋出租住铺户因而收益者亦仍应照缴房捐。（第一条）

本市房捐充作警饷专款由公安局征收之。（第二条）

本市房捐以各户房间数目按楼房瓦房灰房三种分等计征。[①]（第三条）

从档案资料来看，该章程将北京市房屋分为楼房、瓦房、灰房三种类型。每一类房屋又按好坏分为甲、乙、丙三个等级。捐税按房屋间数征收，最高额为一等楼房，每月每间捐银四角；最低额为三等灰房，每月每间捐银5分。上述房产捐税管理规定是导致观音女庙部分住持尼僧在最初填报庙产时少报房屋间数的一个直接原因。

3. 民国时期北京地方政府对寺庙人口的管理概况

民国北京地方政府对寺庙人口的管理情况主要反映在1928至1947年的几次调查登记中。1928至1929年北平特别市公安局的《寺庙人口登记条款表》包括“寺庙名称”、“僧道法名或姓名”、“年岁”、“何时出家”、“俗家姓名籍贯”、“在庙有无执事”、“隶属本庙或寄居者”、“曾否受刑事处分者”、“变动原因”及“备考”等10项内容。1936年，北平市社会局在进行第一次寺庙总登记时，对公安局上述《寺庙人口登记条款表》的内容进行了改进，其拟定的《寺庙人口登记表》共有13项，在1928至1929年《寺庙人口登记条款表》基础上，增加了“性别”、“出家时之年龄”和“教育程度”等项。从中可见20世纪20年代末至30年代，北京地方政府在寺庙管理上不仅注意到政策的连贯性，而且调查项目也日益精细。特别是1936年《寺庙人口登记表》中增加的“出家年龄”与“教

① 北京市档案馆藏《北平特别市公安局拟定房捐章程及市府的指令》，1929年，档案号J 1-5-46，第124—126页。共132页。

育程度”两项，对了解民国时期北京旧城观音女庙尼僧群体的出家背景有很大帮助。此外，1947 年北平市警察厅的户口调查登记以及民政局第二次寺庙总登记中的人口调查登记，对研究民国北京旧城观音女庙寺庙空间的变化特征也有重要参考价值。

（二）民国北京旧城观音女庙与北京城市社会的关系

根据现存档案文献和碑刻资料可知，民国时期北京旧城有 24 座观音女庙，其中内城 14 座，外城 10 座。本书拟依据民国北京地方政府寺庙登记档案，按照先内城、后外城的顺序，依次描述每座观音女庙的基本情况，包括寺庙名称、坐落位置、寺庙性质等。

1．民国时期北京内城观音女庙概况

内一区有观音女庙一座，名延寿院。位于干面胡同八十一号，为私建女冠庙。据北平市社会局档案记载，该庙建于光绪二十六年（1900）。在 1750 年绘制的乾隆京师地图上，该庙地点标注为白衣庵，其始建年代或可追溯至乾隆时期。[①]

内二区有观音女庙三座，名观音寺、槐抱椿树庵、观音庵。观音寺位于大栅栏一号。建于明崇祯年间（1628—1644），为募建尼庙，有石碑两通。[②] 槐抱椿树庵位于槐抱椿树庵胡同十九号，建立年代失考，为私建家庙。[③] 观音庵位于卧佛寺街三十三号，清初由住持尼僧以 800 元价购买，为私建尼庙。[④]1934 年 11 月，因住持尼僧灵如圆寂，僧人渊澄接续住持，该庙由尼庙变为僧庙。[⑤]

内三区有观音女庙三座，名广慈寺、观音庵、白衣庵。广慈寺位于东城北新桥观音寺胡同三号，建于明成化年间（1465—1487），[⑥] 为募建尼庙，有石碑两

---

① 北京市档案馆藏《内一延寿院住持广圆庭关于登记庙产的呈及社会局的批示》，档案号 J2-8-885。

② 北京市档案馆藏《伪北平特别市公安局观音寺（尼）》，档案号 J181-15-491。

③ 北京市档案馆藏《伪北平特别市公安局（尼）内二区呈覆遵查吉李氏呈请登记槐抱椿树庵庙产情形》，档案号 J181-15-461，第 28 页。

④ 北京市档案馆藏《内二区尼僧灵如呈报卧佛寺街三十三号观音庵庙产由》，档案号 J181-15-495，第 60 页。

⑤ 北京市档案馆藏《内二区观音庵渊澄关于登记庙产的呈及社会局的批示》，档案号 J2-8-895，第 7 页。

⑥ 一说万历年募建。本书对有歧说者，一般根据碑刻，同时参照档案，以年代久远者为上。

座。据民国档案记载，该庙原为僧庙，后变为尼庙。[①] 观音庵位于隆福寺东廊下八号，建于清同治二年，为英毓家庙，属私建尼庙。[②] 白衣庵位于安定门内方家胡同二十四号，建于清乾隆年间（1736—1796），属私建尼庙。[③]

内四区有观音女庙四座，名法华寺、观音寺、观音寺五圣庵、观音庵。法华寺位于西直门内南小街九十九号，建于明万历年间（1573—1620），属募建尼庙。有石碑一座，无刻文。[④] 观音寺位于西直门内南小街西观音寺胡同十七号，据碑刻记载，为明代嘉靖年间（1522—1566）私建。清光绪年（1875—1908）至民国时期变为尼庙，有石碑两座。[⑤] 观音寺五圣庵位于西直门内南小街西观音寺胡同一号，建于清乾隆年间（1736—1795），属私建尼庙。[⑥] 观音庵位于石碑胡同十九号，建于清咸丰年间（1851—1861），亦说民国五年自置。属私建尼庙。据档案记载，该庙由恒乐寺分出，因工厂占用了恒乐寺后殿用地，作为补偿另外择地盖庙，故分为二院。[⑦]

内五区有观音女庙三座，名观音庵、大悲庵、守善堂王宅家庙。观音庵位于旧鼓楼大街小石桥九号，建于清康熙三十二年（1693），属私建尼庙，有石碑一座。[⑧] 据碑刻记载，该庙曾为前驻藏大臣升泰家庙。[⑨] 据《北京市志稿·人物志》：

---

① 北京市档案馆藏《广慈寺住持常参呈报庙产登记及社会局的批示》，档案号 J2-8-813。

② 北京市档案馆藏《内三区观音庵住持广智关于登记庙产的呈及社会局的批示》，档案号 J2-8-868。

③ 北京市档案馆藏《内三区白衣庵尼僧法光关于呈请登记庙产及社会局的批示》，档案号 J2-8-315。

④ 北京市档案馆藏《内四法华寺尼僧常纲呈请登记庙产及社会局的批示》，档案号 J2-8-159。

⑤ 北京市档案馆藏《伪北平特别市公安局观音寺（尼）类 尼僧湛元登记观音寺庙产批示》，1929 年，档案号 J181-15-431，第 28—29 页。民国档案中关于一些庙宇建立年代的矛盾说法反映了该庙的变迁，其中大部分与产权更迭有关。

⑥ 北京市档案馆藏《内四区五圣庵尼僧觉华呈请登记庙产接充住持并发凭照及社会局的批示》，档案号 J2-8-246。

⑦ 北京市档案馆藏《民国十七年北平特别市公安局训令内四区尼僧释广安登记庙产卷宗》，档案号 J181-15-404，第 30—31 页。

⑧ 北京市档案馆藏《伪北平特别市公安局观音庵（尼）（二）》，档案号 J181-15-404。《北平市社会局寺庙类观音庵（尼）僧觉清呈请登记庙产和昌果接充住持的呈文及社会局的批示》，档案号 J2-8-232。

⑨《廓然禅林碑》（京 524），清康熙三十二年（1693）十二月八日刻。《北京图书馆藏中国历代石刻拓本汇编》，第 65 册，第 41—42 页。

"升泰，姓卓特氏，蒙古正黄旗人。同治元年，由捐职补户部员外郎。六年，授山西汾州府知府。历官云南布政使。光绪七年，赏副都统衔，充伊犁参赞大臣。寻补内阁学士，仍留参赞任。十一年，丁母忧回京。十三年，复以副都统衔充驻藏帮办大臣。十五年，授驻藏办事大臣。十八年八月卒，照都统例赐恤，谥恭勤。"①大悲庵位于内五区寿比胡同十九号，建于明代，属私建家庙。②守善堂王宅家庙，原名观音庵，位于内五区德内大街一百八十七号，建于清宣统三年（1911），属私建家庙。③

2. 民国时期北京外城观音女庙概况

外二区有观音女庙两座，名圆通寺、观音庵。圆通寺位于宣外裘家街二十八号，有石碑一座。据碑刻记载，该庙建于永乐十三年（1415），时为僧庙。清道光二十六年（1846）重修，变为私建尼庙。④观音庵位于煤市街车辇胡同 13 号。建于明代，属私建尼庙。⑤

外三区有观音女庙两座，名白衣庵、观音庵。白衣庵位于中三条胡同四十九号，建于明代，属私建尼庙。⑥观音庵位于铁辘轳把胡同二十三号，建于清乾隆年间，属私建尼庙。⑦

外四区有观音女庙五座，名水月禅林、三教寺、观音寺、观音庵、紫竹林。水月禅林位于烂缦胡同三十二号，建于明代，清光绪九年（1883）重修，属私建尼庙。⑧三教寺位于南横街盆儿胡同三教寺一号，建于明代，有石碑四座。据碑

---

① 陈汉玉校勘整理《北京市志稿·人物志》（下），北京：燕山出版社，1998，第 420 页。

② 北京市档案馆藏《内五区大悲庵管理人魏尹氏送寺庙登记表及社会局的批示》，档案号 J2-8-1127。

③ 北京市档案馆藏《伪北平特别市公安局王宅家庙（尼）》，档案号 J181-15-479。《内五区守善堂王宅家庙印存呈请庙产登记及社会局的批示》，档案号 J2-8-815。

④ 北京市档案馆藏《外二区圆通寺尼僧安祥呈请登记庙产及社会局的批示》，档案号 J2-8-314。另参见《圆通寺碑》（京 852），清咸丰八年（1858）十二月刻。北京图书馆金石组《北京图书馆藏中国历代石刻拓本汇编》，第 82 册，郑州：中州古籍出版社，第 149 页。

⑤ 北京市档案馆藏《伪北平特别市公安局（尼）（一）》，1929 年，档案号 J181-15-495。

⑥ 北京市档案馆藏《外三区白衣庵尼僧阔然呈请登记庙产及社会局的批示》，1931—1941 年，档案号 J2-8-313。

⑦ 北京市档案馆藏《伪北平特别市公安局（尼）（一）》，1929 年，档案号 J181-15-495。

⑧ 北京市档案馆藏《外四区水月禅林海龄登记庙产、发放凭照的呈文及社会局的批示》，1931—1936 年，档案号 J2-8-547。

刻、档案和田野访谈资料，三教寺原为僧庙，清末变为观音女庙，属私建尼庙。[①] 观音寺位于宣外大街六十七号，建立年代失考，光绪年间重修，属私建家庙。[②] 观音庵位于兵马司前街八号，建于清乾隆年间，属私建尼庙。[③] 紫竹林位于外四区广安门内南线阁 15 号，建于明代，属募建尼庙。[④]

外五区有观音女庙一座，名观音庵，位于铺陈市四十五号，建于明万历年间，光绪二十年（1894）重修，属募建尼庙。[⑤]

在上述 24 座观音女庙中，创建于明代的庙宇共有 12 座，其中年代最早的是圆通寺，建于明永乐年间（1403—1424）。其次为广慈寺，建于明成化年间（1465—1487）。第三是西直门内南小街西观音寺，建于明嘉靖年间（1522—1566）。此外，还有建于明天启年间（1621—1626）的三教寺和明崇祯年间（1628—1635）修建的前门大栅栏观音寺。上述庙宇均有碑刻保存。在民国时期北京旧城保留的 24 座观音女庙中，清代修建的庙宇有 10 座。此外，有两座女庙建立年代失考，一座是内二区的槐抱椿树庵，另一座是外四区的观音寺，从档案记录来看，其修建年代或更为久远，待考。

1. 北京旧城观音女庙的类别属性。从民国北京地方政府寺庙登记档案来看，北京旧城庙宇的类别属性主要有以下三种形式：第一种，以宗教类型和寺庙住持性别划分为尼庙、女冠庙或僧庙、道庙。第二种，以寺庙修建形式划分为公建、募建、私建等。公建庙宇一般由地方社会组织出资兴建，具有社区公共祭祀场所性质；募建庙宇由寺院住持向社会各方募化资金建成；私建庙宇则由家族或个人出资购买或修建。从寺庙登记档案来看，民国时期北京旧城观音女庙中没有公建

---

① 北京市档案馆藏《外四区三教寺尼僧安平、国宝等人呈请庙产及社会局的批示》，1930—1941 年，档案号 J2-8-162。

② 北京市档案馆藏《伪北平特别市公安局（尼）》，1928 年，档案号 J181-15-402。《外四区宣外大街观音寺尼僧心如关于登记庙产的呈文及社会局的批示》，1930—1941 年，档案号 J2-8-161。

③ 北京市档案馆藏《伪北平特别市公安局（尼）》，1929 年，档案号 J181-15-404。《外四区观音庵尼僧长海登记庙产和渚奎接充主持的呈文及社会局的批示》，1931—1940 年，档案号 J2-8-562。

④ 北京市档案馆藏《伪北平特别市公安局紫竹林庵（尼）》，1929 年，档案号 J181-15-484。《外四区紫竹林尼僧登记庙产的呈文及社会局的批示》，1931—1942 年，档案号 J2-8-548。

⑤ 北京市档案馆藏《伪北平特别市公安局（尼）》，1928 年，档案号 J181-15-404。《外五区观音庵住持行海登记庙产的呈及社会局的批示》，1935—1936 年，档案号 J2-8-867。

庙宇；其中 5 座在创建之初（均在明代）属于募建，后来大部分变为私建；另外 19 座均属私建。从寺庙碑刻来看，北京郊区观音庙宇则大多属于公建。第三种，根据寺庙住持接续方式将庙宇划分为子孙庙（俗称小庙）或十方丛林，前者属于世俗系统的划分，后者属于宗教系统的划分。严耀中认为，子孙庙与十方丛林的划分方式形成于唐宋时期。唐宋是“中国佛教诸宗完型的时代”，寺院数量的激增以及各宗派对传授体系的强调，对寺院建制产生了很大影响。“其中最突出的就是形成了所谓子孙寺（或称甲乙寺）和十方寺（或称丛林）”，二者的区分主要是“按僧众来源和寺主产生的方式”，“这些情况也包括尼寺”。[①] 从民国北京寺庙登记档案和田野调查访谈资料来看，民国时期北京旧城观音女庙均为子孙庙。依照习俗惯例，子孙庙中的女性在出家之后，其身份如同男性，住持接续亦按照父系家族的财产继承方式进行。这一做法不仅契合世俗伦理，也合乎宗教继承惯例。

2. 北京旧城观音女庙中的家庙。根据寺庙碑刻和寺庙登记档案记录，在清末至民国时期北京旧城的 24 座观音女庙中，私建庙宇有 19 座，其中 6 座是家庙。包括内二区槐抱椿树庵，内三区观音庵，内五区大悲庵、守善堂王宅家庙、旧鼓楼大街小石桥胡同观音庵以及外四区观音寺。上述家庙中有 5 座在北京内城，其中又有 3 座在内五区界内，只有 1 座在北京外城。从建立年代来看，在 6 座家庙中创建最早的是大悲庵，建于明代。其次是内五区观音庵，建于清康熙三十二年（1693），有石碑 1 座。该庙为前清驻藏大臣升泰家庙。第三是内三区观音庵，建于清同治二年（1863），为英毓家庙。创建较晚的是守善堂王宅家庙，建于清宣统三年（1911）。另有两座家庙建立年代失考，一座是内二区槐抱椿树庵；另一座是外四区观音寺，光绪年间（1875—1908）重建。从寺庙登记档案来看，上述家庙大多是父系家族为不婚或守寡的女性修建或购买的庙宇。

3. 北京旧城观音女庙与铺保的关系。从档案记录来看，民国时期北京旧城观音女庙的存在与北京城市社会有着千丝万缕的联系。其中女庙与铺保的关系既反映了北京观音女庙与世俗社会的联系，也透视着庙宇之间复杂的宗派关系网络。所谓铺保，“（旧时）称以商店名义所做的保证，在保单上盖有商店的图

① 严耀中《中国东南佛教史》，上海：上海人民出版社，2005，第 257 页。

章”。[①] 从民国时期北京旧城观音女庙登记档案中的铺保资料来看，主要有两种类型：一种是商保，即以店铺或商家名义，在寺庙住持登记庙产及申请接充住持时具保；另一种是庙保，主要在僧尼接充住持时提供担保，一般由两到三座庙宇的住持联名具保。铺保的作用主要有两种：一是担保庙产登记属实；二是担保住持接续属实，并无纠纷。[②] 在住持接续时提供担保的庙宇，即为寺庙铺保，本书简称之为“庙保”。1928 至 1929 年北平特别市公安局在对北京庙宇进行调查登记时，要求寺庙必须出具铺保证明，以确保登记内容的真实性。这一规定为分析北京旧城庙宇与地方社会的关系提供了宝贵资料。在民国时期北平社会局寺庙登记档案中，绝大部分观音女庙均有商业铺保信息记录，部分女庙有庙保记录。

从寺庙登记情况来看，北京旧城观音女庙与铺保的关系既有租赁关系，又有家族关系。从地域关系来看，不少铺保与所保庙宇同在一个行政区域，个别铺保甚至就在其所担保的庙宇之内，因而与寺庙构成共生关系；但也有一些铺保和所保庙宇不在同一个行政管理区内。从铺保所从事的行业来看，为观音女庙做担保的商号主要来自城市手工业或商业，如玻璃洋铁店、油漆局、砖瓦铺、木器加工厂、成衣局、油盐店、杂货铺、果子店、纸店（纸局）。此外，也有少数商保来自与寺院生活和信仰活动密切相关的行业，如棚铺、冥衣铺、香厂（香局）等。

4. 北京旧城观音女庙参与社会公益慈善事业的情况。民国以后，“各地兴办学校，多以寺院改为校舍，没收庙产”，与此同时，佛教徒创设了中华民国佛教总会，由袁世凯政府核准颁布了《中华佛教总会章程》。1915 年，内务部又颁布了《管理寺庙条例》。中华佛教总会除履行保护寺庙财产的职责外，尚有各种计划，其中包括开设各种专科大学、中学、师范、小学及力行各种慈善事业等。在各项公益事业中，创办慈善教育者在北京僧尼中不乏其人，“而以平民学校之设为尤多，各大寺院咸独资创办”，其“独力不能经营者，或集合数家，平均负担，

① 中国社会科学院语言研究所词典编辑室编《现代汉语词典》（汉英双语），北京：外语教学与研究出版社，2002，增补本，第 1502 页。

② 北京市档案馆藏《外四区观音庵尼僧长海登记庙产和渚奎接充主持的呈文及社会局批示》（1931—1940），档案号 J2-8-562，第 62—63 页。

共同办理，不下数十百所”。[①]

从民国北京地方政府寺庙登记档案资料来看，民国时期北京旧城有 4 座观音女庙参与了社会慈善事业活动，其内容主要是捐资兴办小学。这些女庙分别是：（1）内三区方家胡同白衣庵。据 1931 至 1936 年社会局调查庙产登记报告，住持法光声称该庙月收支无定，约计每月出入在五六十元上下。“据称办有平民小学，设于皂君庙，查属实在。”[②]（2）内四区石碑胡同观音庵。该庙每月收入房租八九元不等，每年“助白衣庵等寺庙合立民众学校”二元，“余则作为度日之资”。[③]（3）外二区圆通寺。该庙“与其他寺庙共办慈济小学一所，本庙每月捐洋三元”。[④]（4）外四区紫竹林观音庵。该庙内“办有平民学校一处，有二十余人”。[⑤]

从寺庙登记档案文献来看，民国时期北京旧城观音女庙寺庙人口的变化特征主要表现在人口的流动性增加、在女庙内寄居的人数与租赁户增多、外来人口增多等方面。由于当时大部分女庙自身处境已十分艰难，因而参与社会公益慈善事业的庙宇数量很少。在捐资助学的四座观音女庙中，仅有两座办有平民小学或平民学校，其他两座女庙捐资助学的资金数额则很少。尽管如此，民国时期北京少数观音女庙参与社会慈善事业这一事实，从一个侧面反映了时代社会思潮对出家女性的影响，以及女庙与城市社会关系的新变化。

（三）民国时期北京旧城观音女庙的变迁与生存状况

自 1928 年北平特别市公安局对全市庙宇进行第一次寺庙调查登记至 1947 年北平市民政局进行庙产登记的近 20 年间，由于受内外多种因素的影响，北京城市社会经历了十分复杂的变化过程，绝大多数女庙的生存状况也日益恶化。

---

① 吴廷燮主编《北京市志稿》（第 8 册 宗教志、名迹志），北京：北京燕山出版社，1998，第 35—39 页。

② 北京市档案馆藏《内三区白衣庵尼僧法光关呈请登记庙产及社会局的批示》（1931—1936），档案号 J2-8-315，第 12 页。

③ 北京市档案馆藏《内四观音庵（尼）僧广安呈请庙产并发凭照及社会局的批示》，档案号 J2-8-235，第 9—12 页。

④ 北京市档案馆藏《外二区圆通寺尼僧安祥呈请登记庙产及社会局的批示（1931—1936），档案号 J2-8-314，第 3 页。

⑤ 北京市档案馆藏《外四区紫竹林尼僧登记庙产的呈文及社会局的批示》（1931—1942），档案号 J2-8-548，第 43 页。

从1928至1929年北平特别市公安局和1930至1936年北平市社会局寺庙调查登记来看，民国时期北京旧城观音女庙的变迁主要有以下几个特点：

1. 一些庙宇的性质发生变化，或由僧庙转化为尼庙，或由尼庙变为僧庙。从碑刻和寺庙登记档案来看，北京旧城庙宇从僧庙变为尼庙的情况并不少见。如位于内城东部的灵藏寺，明代又称石观音寺、灵藏观音寺，清代改为广慈寺。据清代吴长元辑《宸垣识略》载：

> 汉军官兵自单牌楼观音寺胡同向东，至举场西门，为头参领之六佐领居址。
>
> 灵藏观音寺在观音寺胡同，明正统间重修，有编修陈文华碑。寺内藤胎海潮观音像，相传明内府所出。①
>
> 石观音寺在北居贤坊观音寺胡同，明正统间重建，天顺改为灵藏寺，有敕赐碑。本朝乾隆间重修，敕名广慈寺。②

另据明天顺三年（1459）碑刻记载，京城东部北居贤坊有观音寺，“无碑记，不可考其创建。询诸居民故老，皆曰古迹，素无有力量者居之。岁月（下残）殿中唯一观音圣像而已。正统十四年秋八月，有北寇入翠严寺，住持泽圆号太虚者携其徒浩祥入城，挂□□□，爰始爰□，辄出罄衣钵之资，充拓民地，以广基址。檀越陈普海、孙福资、□普山等相继各施所有为倡，次第具材”。历时一年，建成大殿两座，前殿大通智胜佛，后殿主像观音，另有“天王、伽蓝、祖师诸殿，钟鼓二楼，山门、禅堂、僧舍、斋厨”等。其开山第一代住持浩祥为“昌平刘氏子，自幼出家。慈性唯一，礼泽圆为师。泽圆（下残）足为缁流仪表。浩祥克尽弟子之职，德行举如其师，协就福善之基，敬衍祖（下残）。观相闻声，因末求本，灭诸恶趣，皈最上乘。初地必自兹始。其惧此寺之或坏”，庙成，浩祥谨遵师嘱，将“有功于寺者”载入碑刻。③

---

①〔清〕吴长元 辑《宸垣识略》（卷五 / 内城一 东南 东中南），北京：北京古籍出版社，1982，第79、89页。本区为正黄旗所在地。

②〔清〕吴长元 辑《宸垣识略》（卷六 / 内城二 东中北 东北 分图二 本区为镶黄旗所在地），北京：北京古籍出版社1982，第120—121页。

③《观音寺碑》（京185），北京图书馆金石组《北京图书馆藏历代碑刻拓本汇编》，第52册，郑州：中州古籍出版社，1990，第20页。

由上述文献可知，广慈寺本是一座古刹，始建年代无考。明代正统（1436—1449）至天顺年间（1457—1464）重修，初为僧庙，民国地址在内三区北新桥观音寺胡同，在公安局登记时亦为僧庙，而在北平市社会局的调查登记中则变为尼庙。

从寺庙登记档案资料来看，广慈寺从僧庙变为尼庙的过程大致经历了以下几个阶段。

第一阶段，自光绪二十八年（1902）至民国二十二年（1933），广慈寺为僧庙，住持为僧人普觉。据北平特别市公安局庙产登记，清末广慈寺是一座子孙庙，光绪二十八年（1902），僧人普觉从师父手中接充该庙住持。[①]

第二阶段，自1933年5月至1936年12月，广慈寺成为尼庙，住持由尼僧常参担任。1933年4月，广慈寺住持普觉圆寂，其徒弟同月因无力发送及偿还普觉留下的亏空，经僧人正修从中说合，向尼僧常参借了1300元，并“立有字据”，“以将来没钱还他，所以将此庙让给他”。1933年5月，在法源寺住持梵月、鹫峰寺住持宗月、柏林寺监院正修与住持台源、广济寺住持显宗、翠峰寺住持悟隐、天宁寺住持云海、妙峰山住持宗镜、博济庵住持悟文、隐修庵住持宗修的共同担保下，尼僧常参接充广慈寺住持。常参原为华严寺住持，是广济寺住持显宗（即演缘）的俗家母亲，与演缘的出家师父为师兄弟关系。据称，常参“戒律精严，办事有方”。在常参接任广慈寺住持之后，寺庙登记人口也由原来的僧人普觉师徒2名变为尼僧常参师徒7人，此外还有寄居女居士4人。[②]自此，广慈寺这座建于明代的古老庙宇，随着住持性别身份的转换，也由北京市民中的男性生活信仰空间转化为女性的生活信仰空间。

第三阶段，自1937年1月至1946年5月，在广慈寺住持尼僧常参圆寂之后，该寺住持一职再次由僧人担任。据北平市社会局寺庙登记档案记载，1937年至1946年广慈寺住持为僧人演缘。1937年8月北平佛教会常务执行委员为广慈寺更替住持给北平市社会局的呈文称：

---

① 北京市档案馆藏《伪北平特别市公安局广慈寺庙产登记》（1928—1929）J181-15-120，第57页。

② 北平市档案馆藏《广慈寺住持常（参）呈报庙产登记及社会局的批示》（1933—1936），档号J2-8-813，第32、45—52页。

广慈寺住持尼常参，字妙道，系演缘俗家之母，出家之师叔，曾于二十五年十二月十五日圆寂，由其子演缘丧葬已毕，该寺即归演缘住持修理殿堂已答其先母未竟之功。[①]

从档案登记来看，演缘接管广慈寺后，并未住在该寺，而是在广济寺。这说明民国时期北京旧城庙宇的寺庙性质不仅在发生变化，而且部分庙宇的信仰空间、居住空间与管理空间也开始出现分离。档案记录表明，1937 年 1 月至 1946 年 5 月，担任广慈寺住持一职的虽是僧人演缘，但为其提供支持的则是北平佛教会。正因为有北平佛教会各大寺院住持僧人的鼎力支持，广慈寺才能够在 1937 至 1946 年这一不同寻常的历史背景下继续生存下去。

第四阶段，1946 年 5 月，广慈寺再次从僧庙变为尼庙。据档案记载，1946 年，常参的徒弟演诚接续住持，使广慈寺再度变为尼庙，其庙保也由法源寺等大僧庙转为庆云寺、通教寺等尼庙。

民国时期广慈寺的多次变身，体现了北京旧城庙宇性质的可变性与复杂性；另一方面也反映了在特定历史背景下北京城市社会群体中一部分以庙宇为生存依托的女性与男性之间，在宗教和世俗领域所展开的竞争与较量。

与广慈寺略有不同的另一个例子是民国时期位于北京内二区卧佛寺街 33 号的观音庵由尼庙到僧庙的“变身”。根据 1929 年北平特别市公安局寺庙登记和 1933 年北平市社会局发给寺庙凭照登记档案，这座观音庵在 1933 年以前是一座尼庙。1934 年，因“前任住持尼僧灵如上年圆寂，同年 11 月 19 日，其俗家亲属鲍守一、吴子厚遵照灵如遗嘱，将观音庵交僧人渊澄接任住持”。自此，这座位于内二区卧佛寺街 33 号、原为尼庙的观音庵变为了僧庙。从该庙“契约之种类及数目”来看，包括：

让产字据一张　红契二张　龙票文件一张　法院登记书一张　判词一本　和解笔录二件　市政公所凭单一张　公安社会两局批二件　白字一张　共计十二件。[②]

---

① 北京市档案馆藏《内三区广慈寺僧人普觉登记庙产的呈文及社会局的批示》(1931—1940)，档案号 J2-8-436，第 43 页。

② 北京市档案馆藏《内二区观音庵渊澄关于登记庙产的呈及社会局的批示》，档案号 J2-8-895，第 7 页。

从上述寺庙登记档案内容来看，民国时期北京卧佛寺街观音庵在从尼庙变为僧庙的过程中经历了寺庙所有权属于尼还是属于僧的激烈争执，以致最终需要通过法院诉讼裁定，双方才达成“和解”。在这一变迁过程中，北京地方政府对于寺庙管理和寺庙产权的转移起着监督、规范和调解的重要作用。此外，从民国时期北京广慈寺和卧佛寺街观音庵寺庙性质发生变化的过程来看，经济因素都是寺庙生存的关键和庙宇性质发生转换的首要动力。

2．随着北京城市空间的发展，一些寺庙的内部空间也发生了变化。从庙宇建立年代来看，北京旧城观音女庙中年代较早的是位于外二区宣外裘家街 28 号的圆通寺，建于明永乐十三年（1415），道光二十六年（1846）重修。① 年代较晚的是位于内五区德内大街 187 号的守善堂王宅家庙，建于宣统三年（1911）。② 另有一些庙宇因年代久远而无考。值得注意的是，民国时期北京旧城也有一些观音女庙的兴建是随着城市社会空间的变化而产生的。例如位于内四区石碑胡同的观音庵即是由于新建女工厂占用了恒乐寺原来的后殿，而从该寺分出择址再建的一座女庙。③

从民国北京旧城观音女庙的变迁可以看到在国家社会转型时期，一部分女市民对观音菩萨的信仰不仅没有削弱反而被凸显出来，其表现形式也多种多样。由于社会的动荡不安，一些原本在北京内城观音庵出家修行的女性不得不将观音造像或观音经典随身携带，转移到相对安全的郊区庙宇。④ 上述变迁反映了北京城市社会空间和寺庙信仰空间所具有的流动性及二者的动态关系。

3．从民国时期北京地方政府寺庙档案登记情况来看，北京旧城观音女庙的生存状况主要取决于住持尼僧的家族背景、管理方式及经济能力。20 世纪初至 40 年代，北京战乱频繁，天灾人祸不断，京城百姓无论贫富，生活均日益艰难，居住在北京旧城观音女庙中的尼僧亦不能例外。为了生存下去，住持们想尽办

---

① 北京市档案馆藏《伪北平特别市公安局（尼）自民国十七年至　年》（原档案如此，保留原貌），档案号 J181-15-409，第 15—18 页。

② 北京市档案馆藏《伪北平特别市公安局王宅家庙（尼），1929 年，档案号 J181-15-479，第 15 页。

③ 北京市档案馆藏《民国十七年北平特别市公安局训令内四区尼僧释广安登记庙产卷宗》，档案号 J181-15-404，第 2—36 页。

④ 北京市档案馆藏《内三区观音庵住持广智关于登记庙产的呈及社会局的批示》，1935—1940 年，档案号 J2-8-868，第 17—18 页。

法，其中条件较好的女庙多将寺庙翻修或加盖庙房以收取房租度日，但也有部分女庙因无力支撑而不得不交给俗人看管，因此受到破坏。

根据民国时期北京地方政府档案记录，20 世纪 30 至 40 年代，北京旧城不少观音女庙的住持尼僧都向地方政府申请翻盖或增修庙房工程，以便将多余的房子出租，靠收取房租勉强维持生活。例如 1939 年 4 月 13 日，内三区隆福寺东廊下八号观音庵住持尼僧广智向北平特别市社会局（变字 850 号）报修庙工，拟将本庙院内南瓦房三间“照原样翻盖并加添走廊一步又山门以内加添小影壁墙一殿”，4 月 22 日，北平市社会局派调查员陈叔儻前往该庙调查并做了“拟准翻修”的批示。[①] 与之相类，位于内四区西直门内南小街的西观音寺在 20 世纪三四十年代也将部分庙房出租。1942 年 9 月 12 日，西观音寺住持尼僧觉密向市政当局呈报修盖庙房工程，拟将庙内年久失修之西配殿“挑顶换箔，照原式修理，又外院添盖东西灰棚各三间”。9 月 21 日，社会局派调查员陶克敏前往调查，了解到“该庙所报工程系由租户存仲婴出资建筑，所得房租两方均分，商妥存仲婴在世时（现年六十二岁）由其经营，去世即施送庙中所有。工程批准后成立契约等情”。同年 10 月 1 日，西观音寺住持尼僧觉密和女租户存仲婴在两位中证人——大兴慧贞和宛平彭绍伯的公证下订立了关于建房费、房屋所有权及租金分配的《字据》，内容如下。

立字据人存仲婴兹经商得内四区西直门西观音寺胡同十七号观音寺住持觉密同意，在该庙内外院东西两面空地借地出资建筑东西灰房各三间，订明盖成归存仲婴长期管业，日后对于修理一切费用均由存仲婴担负，惟出租后所得租金因借地关系，应由存仲婴与觉密双方所有平均分配，但在存仲婴管业期内，庙中住持无论更换何人，此项协定继续有效，日后存仲婴放弃管业权时完全归庙，存仲婴方面任何亲族人等不得继承管业权。以上各项均经双方同意订妥，特立字据三份，除呈北京特别市社会局一份存案备查外，其余二份双方各执其一为证。

10 月 8 日，社会局又就“西观音寺修盖庙房之房产归属”问题，对订立

---

① 北京市档案馆藏《内三区观音庵住持关于登记庙产的呈及社会局的批示》，档案号 J2-8-868，第 60—67 页。

《字据》的双方进行了问话。根据问话记录，存仲婴时年61岁，北京人，是一位老姑娘，住在观音寺内已有两年。之所以选择西观音寺为栖身之地，是因为她与西观音寺住持尼僧觉密有亲戚关系，觉密是存仲婴母亲的内侄女。征得觉密同意之后，存仲婴打算在观音寺内盖房六间，以吃租为生。[①]

上述内容说明，民国时期北京旧城观音女庙的生存状态，与女市民信仰群体的家族背景有密切关系。另一方面，由于受战乱和社会变迁的影响，清末至民国时期北京旧城观音女庙中的建筑都受到了不同程度的损害。

1935年，北平市社会局派调查员实地调查庙宇登记情况，发现内三区隆福寺东廊下观音庵已无尼僧在庙内住持，而是由俗人代理。佛殿污秽不堪，“庙内东正殿瓦房三间，南瓦房三间，北灰房二间，南院西灰房二间，全部均系出赁与小商贩居住，正殿出租与售卖山货小贩，店内完全堆存簸箩等项各种杂货，至佛像及铁磬香炉等均被堆压货内，经分别挪移始能察看”。[②]

1937年，僧人演缘接充广慈寺住持时，这座建于明代的古刹已历尽沧桑，沦为一座破庙，大殿两廊破败不堪，均已朽坏，“若不修理，恐有倒塌之虞”。为此，演缘自1938年2月8日至1944年4月20日，连续五次向社会局递交了翻盖大殿、修复后殿两廊、添盖门房、垂花门及左右配房院墙的呈请，并得到了社会局的批准。从呈文档案记录来看，演缘是一个颇有抱负的僧人，在对广慈寺庙房建筑进行修缮的过程中，他还拟对寺院用水进行改造。该寺“东南角原有苦水井一口，因苦水不适用，重新打洋井一口，上安押水机一架”。[③]

1936年4月27日，住在内三区炮局后椿树二条门牌五号的尼僧修中（年龄60岁，籍贯河北大兴）向社会局公益救济股递交呈文，拟将所在住房四间改为观音庵并“请来佛像三尊以便静心梵修”，得到社会局批准。[④]1939年12月，作为

---

① 北京市档案馆藏《内四观音寺（僧）人德泰，玉权呈请登记庙产及社会局的批示》，档案号J2-8-264，第117—131页。

② 北京市档案馆藏《内三区观音庵住持广智关于登记庙产的呈及社会局的批示》，档案号J2-8-868，第14—15页。

③ 北京市档案馆藏《内三区广慈寺僧人普觉登记庙产的呈文及社会局的批示》(1931—1940)，档案号J2-8-436，第70—101页。

④ 北京市档案馆藏《内三区观音庵住持关于登记庙产的呈及社会局的批示》，档案号J2-8-868，第53—59页。

观音庵住持的修中又向社会局递交了“报请将羊管胡同极乐庵中木质娘娘像五尊移入观音庵的呈文”，次年1月16日，社会局派调查员陶克敏前往观音庵和极乐庵进行详查。

据尼僧修中声称，羊管胡同极乐庵原有木质娘娘神像五尊，因无处供奉，经双方商妥，将此神像迁请本庙，待重修时期供奉等语。复往极乐庵调查该住持称本庙娘娘神像迁请观音庵一事系经双方认可，并无任何纠葛，惟查观音庵庙殿墙垣均已坍倒，只余山门及南北平房各一，勉强站立。该尼所募之款不过数十元之谱，距重修程度尚远。

于是调查员向社会局呈文请示“可否准予迁请”，社会局则批示“俟该庵重修再行呈请迁移神像”。[①] 由以上内容可见民国时期北京内城观音女庙之损毁程度及尼僧生活所面临的困境与窘状。

除上述两种情况外，在民国时期北京旧城观音女庙中更有一些庙宇因生活困苦，甚至无力缴纳向北京地方政府申请领取寺庙凭证时所需要缴纳的照费（银四元），如位于北京内城卧佛寺街33号的观音庵。[②]

三、民国北京旧城观音女庙与男庙的区别及其宗派关系网络

从寺庙登记档案和田野调查资料来看，北京旧城观音女庙与其他庙宇之间存在着多种联系，主要有两种：一种是女庙与男庙的关系；一种是女庙之间的宗派关系。前者主要体现在庙宇规模、经营模式与传承方式的差异和性质转换等方面；后者主要通过住持接允时的寺庙铺保来体现。

从寺院规模来看，北京历史上的庙宇向有大庙与小庙之分。其中佛教寺庙以内八刹、外八刹和三山最为著名。内八刹为柏林寺、嘉兴寺、广济寺、法源

① 北京市档案馆藏《内三区观音庵住持关于登记庙产的呈及社会局的批示》，档案号J2-8-868，第45—52页。

② 北京市档案馆藏《内二区观音庵灵如登记庙产的呈文及社会局的批示》，档案号J2-8-676，第20页。

寺、龙泉寺、贤良寺、广化寺和拈花寺；外八刹为觉生寺、广通寺、万寿寺、善果寺、南观音寺、海慧寺、天宁寺和圆广寺；潭柘寺、西域寺、戒台寺为三山。[①]元代及元代以前，中国北方地区佛教女寺中仍有一些大庙，如元大都中的妙善寺。然自明代以后，绝大多数女庙——包括观音女庙都逐渐沦为小庙，即使是那些曾作为十方丛林的庙宇，在变成观音女庙之后，也都演变为子孙小庙。这种状况一直延续到民国。

从民国时期北京寺庙登记档案和本书田野调查资料来看，北京庙宇的经营模式主要有以下几种形式：第一，出租土地，即把土地出租给农民以后收粮。第二，出租房屋，即出租铺底房，以收取租金维生。第三，经忏活动，以做水陆佛事、吉祥道场或荐亡道场维生。第四，传戒。“过去僧家有句俗语：‘一坛戒三年粮。’拈花寺在1936年、1939年和1941年传戒三坛以来，每坛戒都有万元或七八千元的盈余，虽然不能一坛戒三年粮，但是一坛戒一年粮是足有保证的。”通过传戒聚敛资金财物的方法很多，除收受受戒僧人戒费外，传戒的住持还可托人募化、请有财力和权势的人到寺里来认捐等。“1941年（拈花寺）传戒时，大资本家孔殿忱就捐米100担，更有一些分散捐助和自愿捐助的，可以说是无法计数。”[②]在上述寺庙经营活动中，除出租房屋是男庙和女庙的共有模式外，其余活动——如经忏和传戒一般是只有男庙才能进行的，从中可以看到“男主外，女主内”的传统儒家思想在宗教信仰领域中的鲜明反映。

从庙宇传承方式来看，北京旧城观音女庙在历史上曾有十方传承的形式，但清末至1949年，北京旧城观音女庙在住持接续上只有子孙传承形式。而观音男庙则既有子孙传承，又有十方传承。

北京旧城观音女庙与其他女庙之间的宗派关系主要有同宗、本家、戒亲三种。一是同宗关系。所谓“同宗”，是指属于同一个宗派的庙宇。二是本家关系。这些庙宇在名称上虽各不相同，但住持之间具有相同的师承关系并因此构成本家。三是戒亲关系。所谓“戒亲”，是指在同一时间、同一庙宇受戒的住持及其

---

① 全信《老北京的大寺庙》，文安主编《古刹寻踪》，北京：中国文史出版社，2005，第1—2页。

② 参见文安主编《古刹寻踪》，北京：中国文史出版社，2005，第96—99页。

所在庙宇之间的关系。一起受戒的尼僧互称“戒兄”，其所在的庙宇则构成戒亲关系。上述三种关系对于了解北京女庙和出家女性之间的宗派关系网络具有重要意义。

1. 民国北京旧城观音女庙中的临济宗庙宇。在以往的宗教史文献中，对于女庙及其所属宗派是极少记载的，因而借助档案、碑刻和田野调查资料考察北京旧城观音女庙的宗派传承情况，对于研究北京宗教史具有重要意义。从现有资料来看，民国北京旧城观音女庙中数量最多的是临济宗女庙，如内三区方家胡同白衣庵、内五区小石桥胡同观音庵，这两座庙宇在寺庙登记中均填写为“临济宗”，其中方家胡同白衣庵是北京临济宗女庙的祖庭。据 1946 年北京市社会局寺庙调查登记，方家胡同白衣庵有祖遗茔地三处，坐落在北郊安定门外小药王庙村、龙道村和东郊南湖渠村。①

从寺庙档案和田野资料来看，民国时期北京旧城观音女庙中属于临济宗的庙宇还有内四区的观音寺五圣庵、西观音寺，内五区大石桥胡同的重阳庵等。据社会局寺庙登记档案记录，观音寺五圣庵与方家胡同白衣庵及翠峰寺为“诸山关系”。1941 年 9 月 9 日，观音寺五圣庵住持觉华（时 57 岁）因“年老力衰，不能料理庙务”，拟将住持之职推让给徒弟昌明，于是请方家胡同白衣庵住持法光、翠峰寺住持悟隐协同证明，呈请北京佛教会鉴核。经佛教会查询，觉华所述“确属实情，复查尼僧昌明，字月朗，系属临济正宗剃度宗派，年四十岁，奉天锦县人。该尼品质纯洁，堪以充任住持”。北平佛教会遂将五圣庵原住持的推让申请转呈社会局鉴核。② 从上述档案内容来看，观音寺五圣庵与方家胡同白衣庵和翠峰寺确属“诸山关系”，且均为临济正宗女庙。

2. 民国北京旧城观音女庙中的本家女庙。据民国北平市社会局寺庙档案记载，广慈寺的本家女庙有两座，一为庆云寺（西板桥二十八号），一为灵瑞寺（朝阳门外北营房三号）。1946 年 5 月 20 日，广慈寺尼僧演诚接充该庙住持时，其本家保证人有庆云寺住持宽玄、灵瑞寺住持宽池以及广慈寺尼僧演通，诸山保

---

① 北京市档案馆藏《安内方家胡同白衣庵住持法光关于补请登记维护庙权的呈文及社会局的通知》(1946)，档案号 J2-8-1390，第 2 页。

② 北京市档案馆藏《内四区五圣庵尼僧觉华呈请登记庙产接充主持并发凭照及社会局批示》(1930—1941)，档案号 J2-8-246，第 75—82 页。

证人则是通教寺住持胜雨。[①]本家关系对于了解北京旧城观音女庙的宗派关系以及与父系家族制度的内在联系具有重要意义。

3. 民国北京旧城观音女庙中的戒亲女庙。据民国时期北平特别市社会局寺庙登记档案记载，外四区兵马司观音庵住持尼僧绪奎与同在该区的三教寺住持尼僧国宝、天仙庵住持尼僧觉旺和外二区圆通寺住持尼僧安祥为戒亲。1921 年，上述四名尼僧同在善果寺受戒，故其担任住持的四座女庙即结成庙亲（戒亲）关系。[②]另据外四区水月庵寺庙登记档案资料，1934 年 6 月 26 日，水月庵原住持海灵圆寂，依照惯例，其大徒弟印志于当年 8 月 18 日向北平特别市社会局呈请接充住持，为此，充任铺保的除"兴明斋"冥衣铺这家商铺外，还有另外三座女庙的住持充任寺庙担保，分别为外四区天仙庵住持尼僧续常，三教寺住持尼僧国宝以及外二区天仙庵住持尼僧性空。据 1934 年 9 月 20 日上午北平市社会局对上述女庙住持的问话记录，天仙庵、三教寺与水月庵"是同戒的关系"。[③]

同宗、本家、戒亲三种关系共同构成了北京旧城观音女庙的宗派关系网络，从中不难看到中国传统父系家族制度对于北京旧城观音女庙传承方式的深刻影响。

第二节 关于北京旧城观音女庙的地方史志文献记录

本节以北京地方史志文献为考察对象，通过梳理历史文献中对北京观音女庙和观音信仰的相关记载，了解明清至民国时期北京地区以庙宇为核心的观音信仰发展概况，包括观音庙宇的数量、分布、变迁，观音信仰在北京地区的传播情况以及北京宗教史文献对皇室女性成员及平民女性信仰活动的记录等。

---

① 北京市档案馆藏《内三区广慈寺僧人普觉登记庙产的呈文及社会局的批示》(1931—1940)，档案号 J2-8-436，第 56 页。

② 北京市档案馆藏《外四区观音庵尼僧长海登记庙产和渚奎接充住持的呈文及社会局批示》(1931—1940)，档案号 J2-8-562，第 71—77 页。

③ 北京市档案馆藏《外四区水月庵印志接充住持的呈及社会局的批示》(1934—1940)，档案号 J2-8-854，第 3—19 页。

一、北京地方志文献对观音女庙和观音信仰的记载

据王灿炽先生考证，北京地区最早的地方文献是成书于春秋战国时期的《燕春秋》，已佚。在《燕都古籍考》中，王灿炽先生共考证评介了151种北京古籍，上起先秦，下迄清代，其中包括先秦时期北京古籍2种、秦汉魏晋南北朝时期2种、隋唐五代时期4种、宋辽金时期11种、元代9种、明代67种、清代56种。[①] 本节所使用的北京地方志文献以明清时期为主。

（一）北京地方史志文献中记载的观音女庙

明代以前，北京地方史志文献中对观音女庙的记载很少。从目前掌握的资料来看，仅有元大都中的妙善寺在文献中有确切记载。据《析津志》，“妙善寺在咸宜坊”。[②] 对于元代这座以“妙善”命名的著名尼寺及当时名冠大都的比丘尼舍蓝蓝，震华在《续比丘尼传》中也有详细记述（参见本书第二章第二节）。[③] 从历史文献来看，北京地方志作者对北京庙宇的详细记录始于明代。《宛署杂记》是明代北京地方志文献中的重要著作，共二十卷，于万历二十一年（1593）刊刻，对研究明代万历时期北京的政治、经济制度和社会风俗有重要参考价值。作者沈榜，时任顺天府宛平县知县。《宛署杂记》将宛平县的僧道庙宇分为寺、庵、宫、观、庙、堂、祠七类，共575处。第1类：寺。共211处，包括城内72座，城外139座。其中城内有观音寺8处（含大悲寺1处）；城外有观音寺9处（含圆通寺2座，保明寺1座）。第2类：庵。共140处，包括城内77座，城外63座。其中城内有观音庵13处，含新海潮庵、大悲庵、圆通庵各1座；城外有观音庵10座。第3类：宫。共6处，包括城内3座，城外3座。第4类：观。共21处，城内7座，城外14座。在以宫、观命名的庙宇中均无观音庙。第5类：庙。共206处，城内77座，城外129座。其中城内有观音庙、娘娘庙各1座，天仙庙9座。城外有天仙庙8座，娘娘庙5座，含东岳娘娘庙1座，无观音庙宇。第6类：堂。共13处，城内4座，城外9座。其中城内有观音堂2座；城外有观音

---

① 王灿炽《燕都古籍考·后记》，北京：京华出版社，1995，第387页。

②〔元〕熊梦祥《析津志辑轶》，北京：北京古籍出版社，1983，第78页。

③ 震华编述《续比丘尼传》（六卷）（民国铅印本），收入中国宗教历史文献集成编纂委员会编《藏外佛经》（第十九册），合肥：黄山书社，2005。

堂7座，其中一座在大新庄，相传为唐代尉迟敬德所建。第7类：祠。共7处，城内2座，城外5座，无观音庙宇。[①] 以上合计观音庙宇50座。从名称来看，观音庵数量最多，有23处；观音寺次之，有17处；第三为观音堂，有9处；观音庙仅1处。从观音庙宇的分布来看，城外26座，城内24座，城外略多于城内。其中离城约80里的梁家务观音禅寺为古废刹，建于永乐元年（1403）。尼僧德进重建，弘治元年（1488），沙门德庆记。[②] 据此判断，这座观音禅寺应为尼寺。刘侗、于奕正在《帝京景物略》中描绘了明末崇祯年间什刹海银锭桥旁观音庵周边的山水田园景色，记录了英国公"急买庵地之半"以构建新园的经过。[③] 但对这座观音庵的历史沿革和僧尼信息，《帝京景物略》的作者并未留意。

清代北京地方志作者亦颇重视对庙宇的记录。吴长元《宸垣识略》中记有内城观音庙宇5座，包括灵藏观音寺（内城一，在观音寺胡同）、石观音寺（内城二，在北居贤坊观音寺胡同）、槐抱椿观音庵（内城三，在槐抱椿庵街）、海潮观音寺（内城四，在银锭桥南湾）、镇水观音庵（内城四，又名汇通祠，在积水潭）等，均为古刹，明清时期重修。[④] 据《宸垣识略》记载，北京内城共有5条观音寺胡同，其中内城一和内城二各一条，内城四有三条，分别为东观音寺胡同、西观音寺胡同、西直门小街观音寺胡同。内城一为正黄旗所在地，地多衙属、官府、王府，多道教宫观。[⑤] "汉军官兵自单牌楼观音寺胡同向东，至举场西门，为头参领之六佐领居址。"[⑥] "灵藏观音寺在观音寺胡同，明正统间重修，有编修陈文华碑。寺内藤胎海潮观音像，相传明内府所出。"[⑦] 内城二为镶黄旗所在地，有水月寺与石观音寺。"水月寺在东四牌楼北五条胡同，有旧碑撰水月庵三字。"[⑧] "石观

① 〔明〕沈榜《宛署杂记》（二十卷），明万历二十一年刻本，北京：北京出版社，1961，第195—202页。

② 〔明〕沈榜《宛署杂记》（二十卷），明万历二十一年刻本，北京：北京出版社，1961。

③ 〔明〕刘侗、于奕正《帝京景物略》，明崇祯八年本，北京：北京古籍出版社，重印本，1983，第31—32页"英国公新园"条。

④ 〔清〕吴长元 辑《宸垣识略》，北京：北京古籍出版社，1982。

⑤ 什刹海一带在清代时属正黄旗，故其地多王公贵族之府第。

⑥ 〔清〕吴长元 辑《宸垣识略》，北京：北京古籍出版社，1982，第79页。

⑦ 〔清〕吴长元 辑《宸垣识略》，北京：北京古籍出版社，1982，第89页。

⑧ 〔清〕吴长元 辑《宸垣识略》（卷六 内城二），北京：北京古籍出版社，1982，第106页。

音寺在北居贤坊观音寺胡同，明正统间重建，天顺改为灵藏寺，有敕赐碑。本朝乾隆间重修，敕名广慈寺。”[①] 内城三为镶蓝旗、镶红旗、正红旗所在地，有槐抱椿观音庵。“槐抱椿观音庵在西南隅槐抱椿庵街，系旧刹，无碑碣可考。其南为祇园禅林，前后相属。康熙七年重修。”[②] 内城四为正红旗、正黄旗居地。“十方禅院在正义坊西直门小街观音寺胡同，土人亦呼为弥勒庵。相传为北留寺，明万历初畚筑之余，得唐碑尺许，有贞观年月及北留寺记等字，然后知其为唐寺也。今唐残碑无考。”[③] “海潮观音寺在银锭桥南湾，有明万历间翰林检讨赵用贤碑，又一碑磨泐无考。考按：今海潮寺中有明嘉靖间碑。海印寺东为广福观，西为海潮寺，再龙华寺。”“积水潭上有镇水观音庵，明永乐间建。本朝乾隆二十六年改建，赐名汇通祠，有御制诗碑暨御书额。”[④]

此外，《宸垣识略》中还记有北京外城之观音寺，包括观音大士庙与观音庵，[⑤] 大栅栏西街之观音寺与先农坛南之观音寺等。[⑥] 将《宸垣识略》中的记载与民国时期北京寺庙登记档案相对照可知，清代北京内城之广慈寺、槐抱椿观音庵以及外城之大栅栏西街观音寺，在清末民初已变为观音女庙。

（二）北京地方史志文献中记载的北京地区观音信仰

除庙宇外，明清北京地方志文献中也保留了不少与观音信仰有关的内容，从中可以透视观音信仰在北京地区的发展概况以及北京观音庙宇的历史变迁。

法源寺是北京旧城现存最古老的一座庙宇，唐代称“悯忠寺”。考其史

---

① 石观音寺与灵藏观音寺应为同一座寺庙，但在《宸垣识略》中分属内一区和内二区。待考。参见〔清〕吴长元 辑《宸垣识略》（卷六 内城二），北京：北京古籍出版社，1982，第121页。

②〔清〕吴长元 辑《宸垣识略》（卷七 内城三），北京：北京古籍出版社，1982，第128页。

③〔清〕吴长元 辑《宸垣识略》（卷八 内城四），北京：北京古籍出版社，1982，第146页。

④〔清〕吴长元 辑《宸垣识略》（卷八 内城四），北京：北京古籍出版社，1982，第153、159页。

⑤“观音大士庙在月城内之东边，有明万历壬辰修筑都城碑记，兵部职方司郎中虞淳熙撰，又本朝刑部尚书张照碑。”“观音庵在蟠桃宫南，旧名云深处，康熙年建。室宇精雅，传为宦家别业所改。”参见〔清〕吴长元辑《宸垣识略》（卷十 外城一），北京：北京古籍出版社，1982，第163、168页。

⑥“观音寺在大栅栏西，名观音寺街，前殿有明成化丙午年钟一。”“观音寺在先农坛南，近永定门，建于明万历中。崇祯时王应魁凿井施茶，今井存。有编修鲁元宠碑。”〔清〕吴长元辑《宸垣识略》（卷十 外城二），北京：北京古籍出版社，1982，第183、213页。

迹——如造像、佛塔等多与唐代以后特别是辽金时期北京地区观音信仰有关。从地方志文献来看，北京地区观音信仰兴起于北朝，盛行于唐代。这一点在悯忠寺（今法源寺）的历代沿革中亦有清晰体现。据《帝京景物略》记载，悯忠寺系唐太宗为悼念阵亡将士所建，时寺中有三块断碑。

一碑上半断裂，可读者，其下段字，有净光宝塔颂，……一碑下半断裂，可读者，其上段字，有燕京大悯忠寺观音地宫舍利函记，金大安十年沙门善制撰。一碑也全，而剥其字殆尽，不可读。其年月处又剥，字惟有重藏舍利函记，采师伦书，则塔且舍利矣。①

从北京地方志文献来看，北京地区观音信仰在历史上曾受到江南观音信仰的影响。《帝京景物略》中详细记载了南宋末年燕地西南之玉河乡观音寺的创建，即是为供奉来自杭州上天竺寺的观音大士像。该寺有明成化二十三年程敏政碑，详其事。碑文如下。

杭州上天竺观音大士古像，晋天福年，僧道翊见瑞光发涧，得奇木以刻也。后汉乾佑年，僧从勋自洛阳奉佛舍利，安大士顶。妙相既备，昼而白光。宋建炎四年，兀术入临安，高宗逊于海，兀术问之像缘，遂与玉帛图籍，尽航而北。僧智完率徒以从。至燕，舍都城西南五里之玉河乡，建寺奉之，此观音寺也。我天顺壬午，土人权五修之。成化丁酉，僧得显又修之。因得石土中，金大定十七年刻，载天会七年梁王徙像，甚悉。今寺所奉，乃又非晋像，岂天兴初，曾颠沛于兵，抑至正末，夫崎岖而北也？寺有成化二十三年学士程敏政碑。至今游杭州天竺者，僧仍指大士，曰晋像，不知徙此已四百八十二年矣。②

从上述碑文可知，南宋末年，金代统治者曾将杭州上天竺寺的观音古像及宋都皇宫的玉帛书籍掳掠到燕地，江南地区观音信仰也因此由南向北传播到金中都

① 参见〔明〕刘侗、于奕正《帝京景物略》，明崇祯八年本，北京：北京古籍出版社，重印本，1983，第 119 页，“悯忠寺”条。

② 参见〔明〕刘侗、于奕正《帝京景物略》，明崇祯八年本，北京：北京古籍出版社，重印本，1983，第 139 页，“观音寺”条。

地区。这一文献记录为研究北京地区观音信仰与江南观音信仰的关系提供了宝贵资料。

在清代北京地方志文献中，对北京地区观音庙宇的坐落位置、历史沿革、碑刻内容等也有详尽记载。如《光绪顺天府志》就记录了北京正阳门瓮城东侧观音大士庙的创建及重修情况。兹引原文如下。

观音大士庙，在月城东偏。庙建于明崇祯时，以祀经略洪承畴。后闻洪降，改祀观音。广阳杂记。本朝乾隆九年重修，有碑。旧闻考四十三。张照观音大士碑记：京师正阳门瓮城内，自明代以来，东西建双庙，东祀观音大士，西祀后汉关侯。关侯庙，明有焦竑，国朝有施闰章，并为碑记，虽无存，而记载于籍。惟大士未有闻。皇帝以命臣照。臣惟释迦以一大乘教普度，情与无情，同归觉海，尝曰：如来者无所从来，亦无所去，故名如来。然则分之为过去、未来、现在三身，而实无过去者、未来者、现在者，如如不动而已，乃此如如不动之中，四智出焉。爰有文殊、普贤、观音。文殊是如来妙观察智，普贤是如来平等性智，观音是如来成所作智，佛是三圣大圆镜智，以是四智，圆满三身，然后坚穷三际，横亘十方，同是一如，固无如者，然则天子当阳，现帝身而度世，固必以无缘大慈，无作而成所作矣。古之祀典，法施于民，则祀之，况修己治人，无适而非用其妙用，安得不像设君室而尸祝之耶？如以梵为非族，不在祀典，则不知观音本自无身，又安得有中外也？京师五方辐辏，正阳门外，万民所具瞻，游斯庙者，仰慧日之普明，荫大云之慈妙，知十九应身之各自具足，二十五圆通之真教在音，目击而音闻焉。本清净心应慈悲用何，莫非吾皇之锡汝保极欤！庙壁有明万历壬辰虞醇熙修筑都城碑记。旧闻考。①

上述文献内容反映了明末至清代中期观音信仰在北京地区广为传播的情况，从中可见中国封建社会后期士大夫阶层对佛教的理解以及对观音信仰的看法，亦可见佛教作为一种外来文化之所以能与中国文化相融合并在中国扎根生长，与其融合了中国本土文化思想有关。

---

①〔清〕周家楣、缪荃孙等编纂《光绪顺天府志》（寺观一），北京：北京古籍出版社，1987。另据 502 页“拈花寺”条，张照在乾隆时期任刑部尚书。

除观音信仰在北京地区的传播情况外，北京地方志文献中还保存了不少关于北京地区观音庙宇历史沿革的宝贵信息。如《光绪顺天府志》中对北京内城之广慈寺、汇通祠（镇水观音庵）、海潮观音寺、圆通庵及外城之观音寺等北京古刹历史沿革的记载。兹引述如下。

广慈寺，与慧照寺相近。本名观音寺，明天顺三年重建，有明敕赐观音寺碑。乾隆元年，奉敕重修，改今名。旧闻考。[①]

净业寺，在德胜门西。寺西为智广寺基址，燕都游览志。寺门临水，岸去水尺许，明水轩日记。其湖或以寺名净业湖，游览志。即积水潭也。潭之东，即德胜门。潭上有汇通祠，旧名镇水观音庵，乾隆二十六年改建，赐今名，高宗御制诗碑立庭中。又净业寺西有太平庵。又其东南有银锭桥，桥南湾有海潮观音寺。旧闻考。[②]

圆通庵，亦古刹也，在棉花五条胡同。庵即旧圆通寺，比丘尼居之。旧闻考。向有古碑，其纪年为宋皇祐也，建立已古矣。见下汪由敦碑记。乾隆十一年，尼照珠重修，有碑。旧闻考。汪由敦重修圆通庵记：……又天仙庵，在棉花九条胡同，亦比丘尼所居。寺院册。[③]

大慈观音寺，金刹也，在广宁门外西南一里。[④]

观音寺，在玉河乡池水邨。相传寺为古刹，奉观音大士像，明天顺壬午乡人权五重建。

成化丁酉，僧德显修之，有程敏政撰重修碑记。寺院册。[⑤]

---

①〔清〕周家楣、缪荃孙等编纂《光绪顺天府志》，北京：北京古籍出版社，1987，第488页。又，“慧照寺，名僧庭佑所立，今其地名慧照寺胡同。寺为明永宁伯谭氏故宅，成化辛丑，僧庭佑得之，辟为梵修之所。太监阎兴奏闻，赐额，有弘治十年碑在寺中。旧闻考四十八”。

②〔清〕周家楣、缪荃孙等编纂《光绪顺天府志》，北京：北京古籍出版社，1987，第498—499页。

③〔清〕周家楣、缪荃孙等编纂《光绪顺天府志》（外城寺观），北京：北京古籍出版社，1987，第524页。

④〔清〕周家楣、缪荃孙等编纂《光绪顺天府志》（郭外寺观），北京：北京古籍出版社，1987，第534页。该寺即南观音寺，僧庙。

⑤〔清〕周家楣、缪荃孙等编纂《光绪顺天府志》（郭外寺观），北京：北京古籍出版社，1987，第539—540页。

从上述文献内容来看，位于棉花胡同的圆通庵和天仙庵在乾隆年间均为尼庙。其中对广慈寺名称来源的记载，为探讨清代北京旧城观音女庙的变迁提供了宝贵资料。

值得注意的是，在清代北京地方志文献中还记录了当时以正阳门月城内观音庙为中心所举办的观音香会盛况。

据潘荣陛《帝京岁时纪胜》所记：

十九日为观音大士诞辰。正阳月城内观音庙香火极盛，城内外白衣庵、观音院、大悲坛、紫竹林，庙宇不下千百，皆诵经聚会。六月十九日登莲台，九月十九日传道妙，如前行之。有善信唪大悲咒戒荤酒者，二、六、九食素三月。[①]

《京都风俗志》亦记：

（二月）十九日为观音生辰，僧寺建会，诵经斋醮。人家亦有食素唪经者。[②]

从历史文献来看，北京地区观音会的盛行应在清代以后，在时间上晚于碧霞元君香会的兴起，其规模和影响范围也远不如后者。对于清代北京碧霞元君香会的盛况，潘荣陛在《帝京岁时纪胜》中亦有记载：

京师香会之胜，惟碧霞元君为最。庙祀极多，而著名者七：一在西直门外高梁桥，曰天仙庙，俗传四月八日神降，倾城妇女往乞灵祐；一在左安门外弘仁桥；一在东直门外，曰东顶；一在长春闸西，曰西顶；一在永定门外，曰南顶；一在安定门外，曰北顶；一在右安门外草桥，曰中顶。又有涿州北关、怀柔县之丫髻山，俱为行宫祠祀。圣祖御题丫髻山天仙殿匾曰敷锡广生，玉帝殿匾曰清虚真宰。每岁之四月朔至十八日，为元君诞辰。男女奔趋，香会络绎，素称最胜。惟南顶于五月朔始开庙，至十八日。都人献戏进供，悬灯赛愿，朝拜恐后。有御题匾曰神烛碧虚，岳殿匾曰功成出震。[③]

---

①〔清〕潘荣陛《帝京岁时纪胜》，“观音会”条，北京：北京古籍出版社，重印本，1981，第15页。

②〔清〕让廉《京都风俗志》（光绪己亥仲春作），北京：北京古籍出版社，1981，第4页。

③〔清〕潘荣陛《帝京岁时纪胜》，北京：北京古籍出版社，重印本，1981，第18—19页“天仙庙”条。

从地方志文献资料来看，北京地区的碧霞元君信仰与观音信仰存在显著区别。碧霞元君信仰与东岳泰山信仰有直接关系，与中国本土道教信仰的关系更为密切。与观音信仰相比，碧霞元君信仰在中国北方地区有着更为广泛的社会基础，更能满足民众的愿望和需求，其香会活动也更充分地体现了民俗社会与国家社会的互动关系。清人富察敦崇在《燕京岁时记》中，依次描述了北京的西顶、北顶、东顶、南顶和中顶娘娘庙会的情况。其中西顶娘娘庙为明代宫廷所建，似与万寿寺配套使用，具有浓厚的政治色彩；北顶和东顶与城乡贸易有关，具有农业和商业经济互换性质；南顶和中顶多为市民——特别是都市女性赏玩之地，具有鲜明的市井文化特色。总之，清代中期以后，北京旧城碧霞元君信仰及以这一信仰为核心的京城娘娘庙带有更多世俗色彩，并在相当程度上成为城市公共空间的组成部分。[①] 相比之下，北京旧城观音庙宇因地理位置、寺庙性质和信仰群体的不同，在总体特征上表现得比娘娘庙要复杂，其中一部分向私领和神圣空间方向延展——如家庙，从而显示出一种外来信仰在与本土文化结合过程中的自我防卫性和有限性；另一部分则向公领和世俗空间方向发展——如白衣庵，并与地方化信仰紧密结合在一起，以满足信众的精神需求和世俗愿望，同时求得自身的生存与发展。

（三）北京地方史志文献中记录的北京地区观音造像特征

明清北京地方志文献中还记录了北京地区观音造像特征，如晋阳庵之古铜观音像、明代窑变瓷观音像等。据《帝京景物略》记：

都中之古像二：优阗王造旃檀像，自周，二千六百一十余年至今。尉迟敬德造观音像，自唐贞观，一千一十二年至今。观音古铜身，三尺，不以髹塑，不以金涂饰，妙像慈颜端若，而丈夫概具，磊磊然也。下刻大唐贞观十四年，尉迟敬德监造字。旧供宣武门外晋阳庵，庵废，内侍朱移像受水塘，创古佛庵供之。庵今又废，像复移至嵇山会馆也。江夏郭正域《晋阳庵礼唐佛》："古佛城东寺，迁流年岁深。译文几典籍，梵宇半郊岑。净结功成意，慈留帝者心。销兵光日月，

① 〔清〕富察敦崇《燕京岁时记》，北京：北京古籍出版社，重印本，1981，第 62、63、68、72 页。

趺坐像犹今。”[①]

此条记录说明唐代北京已有观音像，但其形“丈夫概具，磊磊然也”，为男子貌。

关于晋阳庵中之古铜观音像，《燕都游览志》、《畿辅通志》、《京城古迹考》、《宸垣识略》[②]及《日下旧闻考》中亦均有记载或转述，以《京城古迹考》所记最详。

晋阳庵在宣武门外。有古铜大士像，高三尺余，妙相慈颜，具丈夫概。下有款识云大唐贞观十四年尉迟敬德监造。后移受水塘古佛庵，庵坏，移稽山会馆。今浙绍会馆即稽山会馆。内有眼药庵，供铜大士一尊，并铸莲花宝座，左右列善才龙女，亦皆铜像。僧言他处移供于此。然细验法身，并无尉迟款识字样，而铜质古润，法像端严，洵是旧物。(《京城古迹考》)

[臣等谨按]晋阳庵在潘家河沿南口，稽山会馆在虎坊桥东，今皆属北城。至馆中铜观世音像，谛审之，未睹唐代款识。或系后人更换，抑或本属相沿附会之说，朱彝尊原书未暇深辨耳。[③]

对于晋阳庵中古铜观音像的制作年代，《京城古迹考》和《日下旧闻考》的编纂者都曾在实地验视，均未发现有唐代尉迟敬德监造款识。对此，《日下旧闻考》提出两种解释：第一，古铜观音像确为唐代旧物，但后人将其更换了；第二，古铜观音像为“大唐贞观十四年尉迟敬德监造”原本附会之说，相沿至清。而朱彝尊在编辑《日下旧闻》时未深加考辨，即录其事，结果以讹传讹。另据《北京寺庙历史资料》记载，晋阳庵又名“晋阳寺”，建于明永乐八年（1410），清同治八年（1869）重修，属私建庙宇，民国时期为尼庙。[④]

在《宸垣识略》中，另有两条文献记述了明代北京报国寺中的窑变瓷观

---

①〔明〕刘侗、于奕正《帝京景物略》，明崇祯八年本，北京：北京古籍出版社，重印本，1983，第180—181页“嵇山会馆唐大士像”条。

②〔清〕吴长元辑《宸垣识略》（卷十外城二），北京：北京古籍出版社，1982，第206—210页。

③〔清〕于敏中等编纂《日下旧闻考》，清乾隆内府刻本，北京：北京古籍出版社，重印本，1983，第998—999页。

④ 北京市档案馆编《北京寺庙历史资料》，北京：中国档案出版社，1997，第212、562页。档案号J181-15-400，J2-8-251。

音像。

大慈仁寺在斜街西广宁门大街之北，门额曰大报国慈仁寺，亦称报国寺。元时二松无存，毘卢阁已久圮矣。本朝乾隆十九年，发帑重修，有御书联额及诗碑。寺有窑变观音像，相好庄严，有御制记并诗。每月逢五、六日有庙市。

燕都游览志，大慈仁寺殿前二松，相传元时旧植，台右一株尤奇。寺后毘卢阁甚高，望卢沟桥行骑，历历可数。阁下瓷观音像高可尺余，宝冠绿帔，手捧一梵字轮，相好美异。僧云，得之窑变，非人工也。①

此外，民国时期由外国学者编写的北京寺庙志中亦记载了北京地区观音图像和观音经典的一些情况，值得关注。如日本学者小柳司气太在其所编《白云观志》中，就记录了白云观碑刻中所保存的康熙四十九年（1710）刻立的观音大士赞和观音大士咒。碑文如下：

观音大士像及赞［子孙殿前东壁大士之像省略不载］穆伯子，唵麽呢钵纳铭哞。观音大士咒：南无佛，南无法，南无僧。怛只哆，唵，伽啰伐哆，伽啰伐哆，伽诃伐哆，啰伽伐哆，婆诃。康熙四十九年二月十九日穆伯子写意并书。②

从上述碑文可见，最晚至康熙四十九年，北京一些道教庙宇已将观音作为道教神灵加以供奉，其功能主要是为求子。

二、北京宗教史文献对皇室女性观音信仰活动的记录

相对于数量众多的北京地方志文献来说，北京宗教史文献的数量很少，而与女性有关的文字记录则更少。本节所依据的北京宗教史文献主要有《北京市志

---

①〔清〕吴长元辑《宸垣识略》（卷十 外城二），北京：北京古籍出版社，1982，第 193 页。

②［日］小柳司气太编《白云观志》，南京：江苏古籍出版社，2000，第 143 页。该书据日本昭和九年（1934）开明堂东京支店铅印本印制。20 世纪 30 年代初，日本汉学家小柳司气太博士受日本东方文化学院东京研究所之托，于昭和六年八月到达北平，对白云观和东岳庙进行了为期 50 多天的调查访问，搜集了大量资料，其中包括白云观中保存的三十七通石碑的碑文拓片。回国以后，作者对这些资料进行了系统研究并编写了《白云观志》一书。该书全文不足七万字，但在学术史上具有重要意义和价值。

稿·宗教志》、《北京的宗教》[①] 及《北京汉传佛教史》等，从中约略可以看到在北京历史上女性对燕地佛教的影响以及中国封建王朝后期北京地区女性观音信仰的状况。

（一）皇室女性成员对燕地佛教的影响

在中国封建社会等级结构中，皇室女性成员是居于金字塔顶端的人，她们往往利用自身的特殊身份大力推动佛教的发展，借此扩大自身的社会活动空间。皇室女性成员包括皇后、皇太后、公主、贵妃等对燕地佛教的影响，主要表现在立碑、赐经、施舍宅第或钱财以建佛寺，邀请名僧住持佛寺及出资刻印佛经等方面。其中最著名者为唐代女皇武则天和明末万历年间（1573—1619）的李太后。

据《析津志》记载，唐武后碑刻在宝塔寺。“宝塔寺，在城南竹林寺西北。”[②]

另据《北京的宗教》记载，唐代中期“经玄宗之妹金仙长公主于开元十八年（730）奏请，赐给云居寺唐代新旧译经四千余卷，作为刻造石经的蓝本”。[③]

辽代是北京佛教从兴起走向繁盛的重要时期。“清宁五年（1059），辽道宗至燕京，秦越国大长公主遂请以所居第宅，施舍给志智，以建大寺，得到道宗支持。其后，道宗出钱五万贯，秦越长公主之女懿德皇后出钱十三万贯，以助建寺之费。”[④] 辽代皇亲宋楚国大长公主施舍燕京宅第，道宗敕赐寺额为“竹林寺”，其规模与昊天寺相似。[⑤]

金代中期，位于京郊的潭柘寺与上层贵族妇女亦有密切关系，如政言“受梁国大长公主等贵族之请，于潭柘寺开法席，讲禅学”。相了（1134—1203）受歧国公主之请，于明昌年间（1190—1196）出任潭柘寺住持，“宗风大震”。其后，

① 姜立勋、富丽、罗志发《北京的宗教》，天津：天津古籍出版社，1995。该书通过大量史料，阐释了佛教、道教、伊斯兰教、天主教、基督教和东正教在北京地区的传播历史；梳理了历史上不同时期的执政者对各个宗教的态度和政策及各宗教对社会产生的影响；并着重介绍了 1949 年新中国成立以后政府的宗教政策、宗教在社会变革中的演变以及各宗教团体为新中国的社会发展所做的贡献。本节资料主要参考了该书第二篇《北京的道教》和第三篇《北京的佛教》。

②〔元〕熊梦祥《析津志辑轶》，北京：北京古籍出版社，1983，第 73 页。

③ 姜立勋等《北京的宗教》，天津：天津古籍出版社，1995，第 56 页。

④ 参见姜立勋等《北京的宗教》，天津：天津古籍出版社，1995，第 63、70 页。辽僧即满撰《大昊天寺建寺功德主传菩萨戒妙行大事行状碑》。大昊天寺，为秦越国大长公主施舍宅第而建。辽咸雍三年（1067）该寺毁于火灾，懿德皇后等又出资修复。

⑤ 姜立勋等《北京的宗教》，天津：天津古籍出版社，1995，第 70 页。

历主天王寺、竹林寺等燕地名刹，复归老于潭柘寺。[①]

从文献资料来看，明代宫廷后妃的宗教活动与北京地区观音庙的修建和观音信仰的传播有密切关系。在明代诸帝中，明神宗为“建寺最多者”。神宗即位后不久，就在京城中建承恩寺、万寿寺。承恩寺大雄宝殿后有大士殿；万寿寺达摩殿后为石山，“山之上为观音像，下为禅堂，文殊、普贤殿”。[②]“神宗时，其母慈圣宣文皇太后亦极笃信佛教，出资创建大刹。”其一为慈寿寺，在京西阜外八里庄；其二为慈恩寺，在西直门外青龙桥，建于万历二十一年（1593）。[③]另据《光绪顺天府志》，“慈寿寺，明慈圣太后立也，在阜成门外西八里庄”。[④]右碑前、后有鱼篮观音像，亦有赞，后刻关圣像并赞。由此可见观音信仰与上层社会之关系以及鱼篮观音在北方的流行情况，同时也说明观音、关帝并祀于一庙的情况在明代就有了。

在北京宗教史上，明神宗万历皇帝的母亲李太后是一个极为重要的人物，其信仰活动与明代民间宗教——西大乘教的创立也有密切关系。隆庆五年（1571）至万历元年（1573），在李太后的支持下，顺天保明寺住持尼僧归圆编撰、刻印了五部六册宝卷，创立了西大乘教。隆庆六年十月，李太后又率宫人、太监等铸施一口铜钟给该寺。[⑤]李太后崇信观音，自号“九莲菩萨”。“九莲菩萨”即“慈宁［李太后］也，盖慈宁供奉观音大士，以此自号，上亲祝之”。[⑥]明神宗不仅将李太后比作观音菩萨，大肆宣传，而且为之御制石像，“敕取内库所藏吴道子画

---

①“金代中期，在潭柘寺弘传禅宗之学的名僧，又有政言、相了等。”政言，许州（今河南许昌）长社人，“自幼拜乡里资福禅院主僧净良为师，又就学于香山慈照禅师。后至中都，于竹林寺向广慧通理大师学法，其后，受梁国大长公主等贵族之请，于潭柘寺开法席，讲禅学，……（见金完颜祖敬撰《中都潭柘山龙泉寺言禅师塔铭》）后以年老，复归故里”。“相了（1134－1203）为义州（今辽宁义县）人，自幼出家，拜嘉福寺祚公为师。”参见姜立勋等《北京的宗教》，天津：天津古籍出版社，1995，第80页。

② 姜立勋等《北京的宗教》，天津：天津古籍出版社，1995，第101—102页。

③ 姜立勋等《北京的宗教》，天津：天津古籍出版社，1995，第102、112页。

④〔清〕周家楣、缪荃孙等编纂《光绪顺天府志》（郭外寺观），北京：北京古籍出版社，1987，第544—545页。

⑤ 何孝荣《明代北京佛教寺院修建研究》，天津：南开大学出版社，2007，第293页。

⑥〔明〕佚名《烬宫遗录》卷下，转引自《明代北京佛教寺院修建研究》，天津：南开大学出版社，2007，第293—294页。

观音像，临抚之，易以慈容，使梵刹瞻仰勒石，刷千页，以布天下，天下梵刹皆供之”。[①] 据何孝荣研究，万历年间，李太后、神宗等在北京修建佛教寺院 27 所，其中新建 14 所，重建 2 所，重修 11 所。[②] 在这 27 所寺院中，由后妃捐资兴建的就有 21 所，约占 78%，其中衍法寺是由后妃重建的一所观音庙宇。另据《宛署杂记》记载：衍法寺，万历十九年（1591）由陈太后、李太后、王皇后等重修，寺在阜成门西一里许平则关。[③] 元朝时名“观音寺”。成化年间（1465—1487）改名衍法寺。正德年间（1506—1521）由宦官张雄、谷大用等重修，武宗及太皇太后、皇太后、皇后等助建。至万历年间，寺已荒芜，“仁圣、慈圣两皇太后、中宫暨宫嫔、诸贵人悉出镪，倡为修葺，金碧生辉，宏丽犹故，工始于万历十九年闰三月，竣于二十二年五月”。[④]

除助资兴建观音庙宇外，明代宫中后妃还亲手书写观音经典，以示虔诚。如神宗最为宠幸的妃子郑贵妃就曾“泥金书《观世音菩萨普门品经》一卷在瓷青纸上，梵本刻丝锦装”，“楷法秀整”，经前“绘佛像，甚精细”。卷首题云：

> 大明万历甲辰年十二月吉日，皇贵妃郑谨发诚心，沐手亲书《金字观世音菩萨普门品经》一卷，恭祝今上圣主，祈愿万寿洪福，永亨康泰，安裕吉祥。[⑤]

从李太后自号“九莲菩萨”，神宗将其比作观音菩萨，到明代宫中后妃重修观音庙宇并亲书观音经典等活动，可以看到明代万历年间观音信仰在北京上层社会的巨大影响力。

与明代相比，清代北京历史文献中关于宫廷妇女观音信仰活动的记录较少，比较醒目的记载是乾隆皇帝为其母修建观音殿，立观音像。

---

①〔清〕毛奇龄《胜朝彤史拾遗记》，见〔清〕胡敬《胡氏书画考三种·南薰殿图像考》卷下，转引自《明代北京佛教寺院修建研究》，天津：南开大学出版社，2007，第 295 页。

② 何孝荣《明代北京佛教寺院修建研究》（上），天津：南开大学出版社，2007，第 325—335 页。

③《宛署杂记》卷 19《寺观》；万历《顺天府志》卷 2《寺观·宛平县》。

④〔明〕王爰《重修衍法寺碑》，北京图书馆金石组编《北京图书馆藏中国历代石刻拓本汇编》，第五十八册，郑州：中州古籍出版社，1990，第 131 页。

⑤〔清〕厉鹗《玉台书史·宫闱》，转引自何孝荣《明代北京佛教寺院修建研究》（上），天津：南开大学出版社，2007，第 298—299 页。

圣祖创建畅春园，并于园中建有永宁寺及圣化寺。……至高宗时，又在园中建有恩慕寺，亦为东向，乃是为皇太后荐福。正殿奉药师佛一尊，左右奉药师佛一百八尊，南配殿奉弥勒像，北配殿奉观音像。左右立石幢，一刻全部《药师经》，一勒《御制恩慕寺瞻礼诗》。①

清漪园（今颐和园）万寿山上之大报恩延寿寺，为清代皇家园囿中新建之规模最大的梵刹，乃高宗于乾隆十五年（1750）为庆贺皇太后六十寿辰而建。“山上旧有废刹，明时称为圆静寺，高宗因旧寺基而加以扩建，山名改称万寿山，湖名改称昆明湖。”佛香阁是万寿山主体建筑之一，“阁中供有大悲菩萨”。佛香阁之上为智慧海，“用五色琉璃砖瓦建成，外面饰以琉璃佛像一千尊。因建筑结构仅用拱券，不用梁枋，又通称无梁殿。殿内则置有观音坐像一尊”。②在中国历史上，子为尝母愿而修建庙宇的行为并不少见，贵为天子的乾隆皇帝也不例外。在上述文献资料中，皇太后是隐含在乾隆背后的叙述对象。乾隆皇帝为母亲在皇家园囿中修建恩慕寺和大报恩延寿寺的史实，从侧面反映出观音信仰在清代上层贵族女性信仰活动中的重要地位。

（二）北京宗教史文献对平民女性信仰活动的记载

与对皇室女性成员的寥寥记录相比，北京宗教史文献中关于平民女性信仰活动的记载更为罕见，极少数弥足珍贵的资料之所以被保存下来，也是因为这些平民女性的信仰活动得到了最高统治者的关注、嘉许和认可。如“金代中期，由民女崔法珍，因崇奉佛教，遂断臂发愿，募化钱财，刻造全部藏经。至世宗大定十八年（1178），大藏经板全部刻成，于是进呈金帝，世宗命将其经板运至中都，置于弘法寺，并特在圣安寺设坛，度崔法珍为尼，其后，又‘赐紫衣弘教大师’之号”。此即“赵城金藏”的来历。③

总体上看，北京宗教史文献关于女性信仰——特别是平民女性生活和信仰活动记录的贫乏，一方面为北京旧城观音女庙民俗志的书写带来难题，另一方面也凸显了这项工作的价值和意义。对于以往北京历史文献中关于女性信仰活动记录

① 姜立勋等《北京的宗教》，天津：天津古籍出版社，1995，第 121 页。
② 姜立勋等《北京的宗教》，天津：天津古籍出版社，1995，第 121 页。
③ 姜立勋等《北京的宗教》，天津：天津古籍出版社，1995，第 83—84 页。

的缺失，本书将通过综合运用碑刻、档案、田野调查和访谈资料来弥补其不足。

第三节 北京旧城观音女庙碑刻记录

本节使用的碑刻资料主要来自《北京图书馆藏中国历代石刻拓本汇编》、[①]《北京图书馆藏北京石刻拓片目录》[②]和《北京市志稿·金石志》。[③]

从《北京图书馆藏中国历代石刻拓本汇编》来看，观音碑刻既包括以观音、白衣、慈悲等命名的庙宇（或寺、庵、堂、院、洞）碑刻，也包括以观音像、观音经、观音香会和香火地命名的碑刻。从刻立年代与分布地域来看，明代以前的观音碑刻数量较少，主要分布在中原和南方地区，如河南、山西、陕西、四川、江苏等地。明代以后，观音碑刻不仅数量大为增加，而且主要分布在北京与河北地区。观音碑刻的数量及分布区域的变化在一定程度上反映了明代以后北京地区观音信仰的发展情况，说明修建观音庙宇、刻立观音碑刻成为明清时期北京地区观音信仰的突出表现形式。作为历史见证，观音碑刻不仅记录了北京庙宇的历史变迁和宗派传承情况，而且反映了时代和社会风俗的变迁。以下本节拟重点探讨两个问题：第一，北京旧城观音女庙碑刻的主要内容。第二，从碑刻看北京地区观音信仰的地方化特征。

一、北京旧城观音女庙碑刻概况

本书研究的观音碑刻在空间上限于北京旧城，在时间上限于明清至民国时期，以观音女庙碑刻为主，同时也涉及其他庙宇中的部分观音碑刻。据现有资料统计，明清至民国时期北京旧城观音女庙中的碑刻共有 11 通，按其刻立年代分述如下。

观音寺碑（京 185），明天顺三年（1459）十二月八日刻。民国时期原在地：

---

① 北京图书馆金石组编《北京图书馆藏中国历代石刻拓本汇编》，第五十八册，郑州：中州古籍出版社，1990。

② 徐自强《北京图书馆藏北京石刻拓片目录》，北京：书目文献出版社，1994。

③ 吴廷燮总纂《北京市志稿》（金石志）北京：北京燕山出版社，1998。

内三区东九条广慈寺。①

观音寺碑（京355），明嘉靖三十四年（1555）四月立。民国时期原在地：内四区西直门内南小街西观音寺。

观音寺碑（京356），明嘉靖三十四年（1555）四月立。民国时期原在地：内四区西直门内南小街西观音寺。②

玉皇庙碑（京864），明天启四年（1625）十二月十五日立。民国时期原在地：外四区南横街三教寺。③

三教寺题名碑（京897），无立碑年代。④

文昌殿碑（京862），刻于1661年。民国时期原在地：外四区南横街三教寺。⑤

文昌殿题名碑（京863），刻于清康熙年间（1662—1722）。民国时期原在地：外四区南横街三教寺。⑥

廓然禅林碑（京524），清康熙三十二年（1693）十二月八日立。民国时期原在地：内五区旧鼓楼大街小石桥观音庵。⑦

圆通寺碑（京852），清咸丰八年（1858）十二月刻。民国时期原在地：外

---

① 北京图书馆金石组编《北京图书馆藏中国历代石刻拓本汇编》，郑州：中州古籍出版社，1990，第52册第20页。

② 民国时期立于西直门内南小街西观音寺内的两通观音寺碑，因磨泐不清，均未被录入《北京图书馆藏中国历代石刻拓本汇编》。笔者据中国国家图书馆藏拓片原件抄录，参见附录。又，2005年笔者在西直门南小街一带进行田野调查时了解到西观音寺现已不存，所在地变为居民小区。

③ 徐自强《北京图书馆藏北京石刻拓片目录》，北京：书目文献出版社，1994，第256页。

④ 徐自强《北京图书馆藏北京石刻拓片目录》，北京：书目文献出版社，1994，第261页。2008年9月至10月，笔者在北京南城半步桥胡同2号院做田野调查时从当地居民那里了解到，该院曾是昔日三教寺的一部分，在院门入口处笔者看到了坐北朝南而立的两通高大石碑，其中位于西侧的石碑碑阴上刻有众多题名，与拓片相对照，可知其即为《三教寺题名碑》（京897）。而位于半步桥胡同2号院东侧的石碑已被住户当作厨房外墙，堆放着许多杂物，看不清碑文。待考。

⑤ 北京图书馆金石组编《北京图书馆藏中国历代石刻拓本汇编》，郑州：中州古籍出版社，1990，第61册，第161页。

⑥ 北京图书馆金石组编《北京图书馆藏中国历代石刻拓本汇编》，郑州：中州古籍出版社，1990，第67册，第155页。

⑦ 北京图书馆金石组编《北京图书馆藏中国历代石刻拓本汇编》，郑州：中州古籍出版社，1990，第65册，第41—42页。

二区裘家街二十八号圆通寺。[①]

观音寺旗杆碑（京 1220），清光绪二十二年（1896）五月刻。民国时期原在地：内二区大栅栏（西街）一号。[②]

观音寺碑（京 770），民国十年（1921）五月一日刻。民国时期原在地：内二区大栅栏（西街）一号。[③]

从碑刻名称来看，北京旧城观音女庙中以“观音”命名的碑刻共有 5 通；以“文昌”命名的碑刻有 2 通；以“禅林”、“圆通”、“玉皇”、“三教”命名的碑刻各 1 通。从碑刻原在地来看，刻立于北京内城庙宇的碑刻 6 通，刻立于外城庙宇的碑刻有 5 通。从刻立年代来看，清代碑刻最多，共有 5 通；明代次之，有 4 通；民国刻立和无立碑年代的碑刻各有 1 通。

（一）北京旧城观音女庙碑刻的主要内容

明清至民国时期北京旧城观音女庙碑刻的主要内容有以下两个方面：第一，记载庙宇的历史变迁与空间特征。历史变迁包括庙宇所在位置、修建年代、庙宇性质、修建费用来源与修建过程等；空间特征包括殿房、院落分布以及供奉的造像、法物等。第二，记述与修庙相关的信仰群体情况，包括住持法名、功绩，捐资人、立碑人、镌刻人的姓名等等。

1. 北京旧城观音女庙碑刻记载的庙宇变迁与寺庙空间特征。北京旧城观音女庙最早兴建于何时？其历史变迁与观音信仰在北京的传播有哪些地方化特征？对此类问题的探讨有助于加深人们对北京城市社会史以及北京宗教文化传承特征的认识与理解。

据碑刻记载，北京旧城观音女庙中建立年代较早者为广慈寺，有《观音寺碑》（京 185），刻于明天顺三年（1459）十二月八日，碑在北京东城区东九条胡同。该碑首题为“敕赐观音寺重建碑记”。根据碑文，广慈寺位于北居贤坊，当

---

① 北京图书馆金石组编《北京图书馆藏中国历代石刻拓本汇编》，郑州：中州古籍出版社，1990，第 82 册，第 149 页。

② 北京图书馆金石组编《北京图书馆藏中国历代石刻拓本汇编》，郑州：中州古籍出版社，1990，第 87 册，第 150 页。

③ 北京图书馆金石组编《北京图书馆藏中国历代石刻拓本汇编》，郑州：中州古籍出版社，1990，第 93 册，第 58 页。

地居民称该寺为古刹，但无碑记可考，“殿中唯一观音圣像而已”。正统十四年（1449）八月，因北寇入侵，翠严寺住持泽圆（号太虚）遂“携其徒浩祥入城”，“出罄衣钵之资，充拓民地，□基址，檀越陈普海、孙福资币，普山等相继各施所有为倡”。一年后，新寺落成，包括山门、天王、伽蓝、祖师诸殿，钟鼓二楼、僧舍、斋厨及前后两殿——前殿大通智胜佛，后殿主像观音，共五十余像，耗资白金百余斤。天顺三年（1459）十二月初八日，该寺开山第一代住持浩祥同檀越陈普海等立碑（撰文），苏福成镌。碑阴额题为“十方檀越芳名”，碑阴正文磨泐不清。① 从碑文来看，明代广慈寺是一座以供奉观音为主的僧庙；然而据民国时期北平市寺庙档案记录，该寺为尼庙。② 从本书第四章的个案来看，这种从男庙转化为女庙的情况在北京旧城观音女庙的历史变迁中并非鲜见。

北京旧城观音女庙中刻立于明代的碑刻还有另外3通，其中位于内城西直门内南小街西观音寺的两通碑刻，均刻立于嘉靖三十四年四月。因年代久远，碑文已磨泐不清，其中一块碑的额题为“重修古刹观音寺碑记”，首题为“奉敕重修古刹观音寺碑记”。③ 从碑文中可知，这座西观音寺原为古刹，“是唐相捨宅□观，以祀观世音”之所，嘉靖三十四年由地方官员奉敕重修。除主殿观音殿外，后殿还有碧霞元君和天仙殿两座。碑文透露了北京地区观音信仰可远溯唐代的历史，以及在16世纪中叶北京内城以“观音”命名的庙宇中，源于佛教的观音信仰与来自道教的碧霞元君信仰已有融合的重要信息。

---

① 浩祥，“昌平刘氏子，自幼出家，慈性唯一，礼泽圆为师”。“克尽弟子之职，德行□如其师，协就福善之基”。参见《观音寺碑》（京185），北京图书馆金石组编《北京图书馆藏中国历代石刻拓本汇编》，郑州：中州古籍出版社，1990，第52册，第20页。

② 吴廷燮总纂《北京市志稿》（金石志 卷三），北京：北京燕山出版社，第168页。据民国时期北平市公安局寺庙登记档案记载，广慈寺“坐落内三区观音寺三号，建于明成化八年，属私建。本庙面积五亩，房屋三十七间。管理及使用状况为由本寺住持管理并信仰或出租。庙内法物有泥像一尊，木像六十六尊，铁磬四口，铜磬三口，破鼓一面，另有树七棵，石碑两座，水井一眼”。档案号J181-15-120。又据民国北平市社会局寺庙登记档案资料，广慈寺为尼僧庙，“坐落东城北新桥观音寺胡同三号，建于明万历年，属募建。不动产土地四亩三分，房屋四十四间。管理及使用状况为由本寺住持管理，供佛梵修。庙内法物有木质佛像二十二尊，泥质佛像六尊，木质神像二十九尊，泥质神像八尊，铁磬两口，破木五供二堂”。档号J2-8-813。参见北京档案馆编《北京寺庙历史资料》，北京：中国档案出版社，1997，第106页、561页。

③《观音寺碑》（京355），拓片原件现存于中国国家图书馆。

除上述被保存在北京内城庙宇的碑刻外，在北京外城尼庙三教寺中也有一块刻立于明代的碑刻，碑文记载了明末全真道教在北京的活动情况以及与明代皇室女性成员的关系。从碑文内容来看，三教寺原为城南土地祠，万历二十九年（1601）春始建玉皇庙，落成于万历四十八年（1620）秋，为荣昌公主延请全真教道士王一清给李太后祝釐（祝福）之所，故殿宇规模不同寻常。该寺分为前后两殿，前殿为玉皇殿，后殿是文昌殿。左右为膳堂内库、云舍厨房。后山间为静室。四周围以院墙，东边有五亩园地和一口水井。三教寺在羊坊店还有园地五十亩，耕地一百五十亩，以资十方膳粥，施博众济。①

北京旧城观音女庙中的清代碑刻分别刻立于顺治、康熙、咸丰、光绪年间。其中保存在三教寺中的《文昌殿碑》，反映了清初文昌信仰在北京城南一带的兴盛。②而民国时期保存在鼓楼大街小石桥胡同观音庵中的《廓然禅林碑》，则有助于今人了解康熙年间禅宗在北京地区的传承情况。③另一方面，从刻于1858年的《圆通寺碑》和1896年的《观音寺旗杆碑》中，则可以了解到清末北京旧城观音女庙的修建与外省进京官员在北京的活动有密切关系。④

从碑刻记录来看，历史上北京地区观音信仰主要有以下特点：第一，早在唐代，北京地区观音信仰就以庙宇为依托在本地传播，明清以后进一步发展。明代北京多敕建庙宇，主要在英宗、嘉靖和万历年间。明代北京观音庙宇的修建与宫廷有密切关系，如广慈寺的建立或与吕尼所建皇姑寺的历史有关；而三教寺的兴建则与万历年间皇室女性的生活及信仰活动有关。第二，北京地区观音信仰的传

---

① 参见本书附录《新建玉皇庙碑》（京864），天启四年（1625）十二月十五日刻。拓片原件保存在中国国家图书馆。

② 《文昌殿碑》（京862），清顺治十八年（1661）二月二日刻。北京图书馆金石组编《北京图书馆藏中国历代石刻拓本汇编》，郑州：中州古籍出版社，1990，第61册，第161页。

③ 《廓然禅林碑》（京524），清康熙三十二年（1693）十二月八日刻。北京图书馆金石组编《北京图书馆藏中国历代石刻拓本汇编》，郑州：中州古籍出版社，1990，第61册，第161页。北京图书馆金石组编《北京图书馆藏中国历代石刻拓本汇编》，郑州：中州古籍出版社，1990，第65册，第41—42页。

④ 《圆通寺碑》（京852），清咸丰八年（1858）十二月刻。北京图书馆金石组编《北京图书馆藏中国历代石刻拓本汇编》，郑州：中州古籍出版社，1990，第82册，第149页。《观音寺旗杆碑》（京1220），清光绪二十二年（1896）五月刻。北京图书馆金石组编《北京图书馆藏中国历代石刻拓本汇编》，郑州：中州古籍出版社，1990，第87册，第150页。

播与佛、道两教在北京历史上的宗派传承有关。小石桥胡同观音庵中的碑刻，即反映了清代北京旧城观音女庙与禅宗的关系。据碑文记载，该庙为新建下院，法派传承为曹溪派，有字辈谱。而三教寺碑刻则记述了明清北京地区全真道教的一段历史以及清代北京旧城庙宇中儒释道三教合一的情况。第三，明清时期北京地区观音信仰的地方化特征主要表现在观音信仰与关帝信仰以及观音信仰与碧霞元君信仰的融合等方面。

北京旧城观音女庙中还有少数刻立于民国时期的碑刻，这些碑刻反映了清末至民国时期北京旧城观音女庙与国家社会转型和城市变迁的关系。如位于内二区大栅栏西街一号观音寺内的一块碑刻，除记载该寺建于明代的历史外，还记录了民国初年这座庙宇因市政府扩充马路而不得不改建的变迁情况。[①]

2. 北京旧城观音女庙碑刻中的信仰群体。从碑刻内容来看，北京旧城观音女庙中的信仰群体主要包括寺庙住持、立碑人、撰书人和镌刻人等。捐资题名者以京城官员居多，也有普通市民。从性别来看，以男性为主，仅有少数为女性。从总体上看，北京旧城观音女庙碑刻中所反映的女性信仰活动很少，绝大多数观音女庙在修建时没有留下任何碑刻记录。因而，有关北京旧城观音女庙女市民信仰群体的情况，只能通过其他资料，如寺庙登记档案和田野访谈资料才能进一步得到了解。

（二）北京旧城其他庙宇中的观音碑刻

1. 北京旧城观音男庙碑刻与观音信仰。据笔者统计，北京旧城观音男庙碑刻有 18 通，包括内城 12 通、外城 6 通。在明代北京观音男庙碑刻中，年代较早的一块碑刻立于嘉靖三十五年二月，在西皇城根观音堂。[②] 内容主要包括三个方面：第一，叙述修庙缘起与该庙的历史变迁。碑文记述了观音庵旧貌及“御马监掌监事太监进斋高公忠”和“太保陆公”捐资修建观音庵的经过，从中可见嘉靖年间，以《妙法莲花经》和《心经》为依托的观音信仰对宫廷士大夫阶层的深刻影响。撰者在碑文中称：

---

① 《观音寺碑》（京 770），民国十年（1921）五月一日刻。北京图书馆金石组编《北京图书馆藏中国历代石刻拓本汇编》，郑州：中州古籍出版社，1990，第 93 册第 58 页。

② 《明重修观音庵记》，存。吴廷燮总纂《北京市志稿》（金石志 卷三），北京：北京燕山出版社，第 198 页。

> 予尝读妙法莲华，见佛之所以告无尽意菩萨者。其言观世音菩萨甚详，大率谓一心称名，即可解脱诸苦厄，而其义要不出心经度厄之旨也。心经妙谛，精在降伏其心，乃佛之秘密藏而内典诸义，咸宗焉，是故降伏其心。而佛与菩萨之法，思过半矣。然人之不能降伏其心者，以其不能空也，心之不能空者，以其溺于欲也。诸欲清净，则五蕴皆空，解脱苦厄岂复有他道哉？[①]

碑文照例对捐资修庙者进行了一番颂扬，“二公精忠勤敏，夙契上心，（倚）眷优渥，迥异僚寀，行将内外夹辅，上安宗社，下泽生民，以解海内苦厄，则慈航之所济普矣。菩萨默佑二公，昌其福祚，讵有涯哉？修庵功德，益垂永永矣”。最后记述了修庙时间及庙房建筑的大致情况。“是（役）也，肇于嘉靖丙辰正月十一日，讫工于二月念五日。”第二，描述了观音庵的寺庙空间特征：“堂凡三楹，左右翼室凡两楹，门垣僧舍屹，如鳞如后之奉持者，其尚知所自而敬守云。嘉靖丙辰春仲月吉旦立。”第三，记述了当时观音庵的信仰群体来源，撰书人为赐进士及第翰林院国史修撰专管文官诰敕淮南李春芳。上述碑文内容对于今人了解明末北京士大夫阶层观音信仰的一般状况以及士大夫阶层与下层民众在信仰内容和信仰方式上的区别都有一定助益。

清代北京观音男庙碑刻以《观音大士庙碑》为代表。观音大士庙在正阳门内，建于明代，清代重修，民国时期尚存有康熙、乾隆年间刻立的两块碑刻。其一是《清重修观音大士庙碑》，刻立于康熙十一年三月，黄机撰并书。[②]其二是《清观音大士庙碑》，刻立于乾隆九年元旦，张照撰并书。[③]据《光绪顺天府志》：

---

①《观音庵碑》（京 446），北京图书馆金石组编《北京图书馆藏中国历代石刻拓本汇编》，郑州：中州古籍出版社，1991，第 56 册第 9 页。

②《清重修观音大士庙碑》，存。吴廷燮总纂《北京市志稿》（金石志 卷四），北京：北京燕山出版社，237 页。另参见《观音庙碑》（京 1184），清康熙十一年（1672）三月三日刻。北京图书馆金石组编《北京图书馆藏中国历代石刻拓本汇编》，郑州：中州古籍出版社，1991，第 63 册，第 5 页。

③《清观音大士庙碑》，存。吴廷燮总纂《北京市志稿》（金石志 卷四），北京：北京燕山出版社，256 页。另参见《观音庙碑》（京 1051），清乾隆九年（1744）正月一日刻。北京图书馆金石组编《北京图书馆藏中国历代石刻拓本汇编》，郑州：中州古籍出版社，1991，第 69 册，第 139 页。

观音大士庙，在月城东偏。庙建于明崇祯时，以祀经略洪承畴。后闻洪降，改祀观音。广阳杂记。本朝乾隆九年重修，有碑。旧闻考四十三。张照观音大士碑记：京师正阳门瓮城内，自明代以来，东西建双庙，东祀观音大士，西祀后汉关侯。关侯庙，明有焦竑，国朝有施闰章，并为碑记，虽无存，而记载于籍。惟大士未有闻。皇帝以命臣照。臣惟释迦以一大乘教普度，情与无情，同归觉海，尝曰：如来者无所从来，亦无所去，故名如来。然则分之为过去、未来、现在三身，而实无过去者、未来者、现在者，如如不动而已，乃此如如不动之中，四智出焉。爰有文殊、普贤、观音。文殊是如来妙观察智，普贤是如来平等性智，观音是如来成所作智，佛是三圣大圆镜智，以是四智，圆满三身，然后竖穷三际，横亘十方，同是一如，固无如者，然则天子当阳，现帝身而度世，固必以无缘大慈，无作而成所作矣。古之祀典，法施于民，则祀之，况修己治人，无适而非用其妙用，安得不像设君室而尸祝之耶？如以梵为非族，不在祀典，则不知观音本自无身，又安得有中外也？京师五方辐辏，正阳门外，万民所具瞻，游斯庙者，仰慧日之普明，荫大云之慈妙，知十九应身之各自具足，二十五圆通之真教在音，目击而音闻焉。本清净心应慈悲用何，莫非吾皇之锡汝保极欤！庙壁有明万历壬辰虞醇熙修筑都城碑记。旧闻考。[①]

将上述碑刻内容与前文中的观音女庙碑刻进行对比，可以发现北京旧城观音男庙碑刻不仅反映了中国传统社会中士大夫阶层对观音信仰的一般看法，而且具有教化百姓的作用。

2. 北京旧城以观音经典和观音造像为主题的碑刻。除观音庙宇外，北京旧城其他一些历史悠久的庙宇也保存有部分以观音经典与观音造像为主题的碑刻。从北京档案馆藏民国寺庙档案中可见，《法华经》是许多寺院代代相传、为僧尼修行所必备的法物，而《心经》则多见于北京旧城庙宇碑刻，[②] 如民国时期保存在

① 〔清〕周家楣、缪荃孙等编纂《光绪顺天府志》（寺观一），北京：北京古籍出版社，1987，第 481—482 页。

② 源自印度的观音信仰最初是以经典和造像的形式传入中国的。自魏晋南北朝至明清，在中国影响最大的观音经典主要有《法华经》（普门品）和《心经》等。

北京外城南横街东岳庙中的《元心经幢》、[1] 保存在正阳门观音寺中的《清心经观音像石刻》[2] 以及保存在法源寺中的《清御书心经绘大士像石刻》等。[3] 此外,还有随密宗传入中土的观音咒碑,如《清观音咒并大士像石刻》。[4]

值得注意的是,唐代以来,随着观音信仰在中国北方地区的影响不断扩大,北京地区出现了一些新的观音形象,如水月观音。据《燕京大悯忠寺观音菩萨地宫舍利函》:

恭闻应物为现。利乐无穷者。大圣观音。有感克从。功德叵测者。灵䃭舍利。金言所载。宝牒攸存。善制肇紏巨社。会万人金玉之资。欲满宿心。塑百尺水月之像。将圆宝相。先实地宫。化檀那近百千家。获舍利余一万粒。封以金匮。贮以石函。圆净粲然。实为神异。所冀光徹无间之狱。福洽有顶之天。良因不虚。巨利斯在。上愿我国家。二仪齐于圣寿。两耀等于文明。三宝长隆。四方永肃。八难除一十四种之怖畏。四生见三十二应之威神。获圆大安十年报岁次甲戌闰四月辛未朔二十二日壬辰甲时。[5](拓本)

碑文中的大安(1085—1094)是辽道宗年号。该通碑刻反映出辽代观音信仰的一些特点:如将观音称为"大圣观音"(又名"正观音");观音形象为"水月之像";表现形式为舍利崇拜(强调舍利的神异力量);崇拜目的为护国家、祝圣寿。

二、从碑刻看北京地区观音信仰的地方化特征

从寺庙碑刻来看,明清至民国时期北京地区观音信仰的地方化特征主要体现

---

① "《元心经幢》,存。正书,八面刻。在京师外城南横街东岳庙。"参见吴廷燮总纂《北京市志稿》(金石志 卷二),北京:北京燕山出版社,1998,第 162 页。

② 《清心经观音像石刻》,存。康熙二十二年十二月沈荃书,刘鹭摹泐,张起云跋。参见吴廷燮总纂《北京市志稿》(金石志 卷四),北京:北京燕山出版社,1998,第 240 页。

③ 《清御书心经绘大士像石刻》,乾隆九年九月御书。《北京市志稿》(金石志 卷四),北京:北京燕山出版社,1998,第 256 页。

④ 《清观音咒并大士像石刻》,乾隆三十二年刘宏智勒石,碑在正阳门观音庵。《北京市志稿》(金石志 卷四),北京:北京燕山出版社,1998,第 272—273 页。

⑤ 陈述辑校《全辽文》,北京:中华书局,1982,第 244 页。

在观音信仰与碧霞元君（天仙、泰山娘娘）信仰的关系上。据韩书瑞统计，明清时期北京庙宇中供奉着关帝、观音、碧霞元君等常见之神。其中关帝在主神中位列第一，共有 278 座庙宇。观音位列第二，有 203 座庙宇。碧霞元君位列第三，共有 116 座庙宇。而把关帝、观音和碧霞元君列为第二位神的庙宇则分别有 50 座、50 座和 43 座（含娘娘庙）。①

碧霞元君是明清北京地区乃至华北民间所崇拜的道教女神，又被称为“天仙”、“天仙圣母”、“泰山娘娘”等。自 20 世纪 20 年代以来，关于“碧霞元君”及其香会圣地的研究相继出现了很多成果，对中国现代民俗学的学术传统产生了深远影响。然而，迄今为止，海内外学者的研究重点主要在北京妙峰山香会活动及香会组织上，近年来也有学者将研究重点转到对妙峰山香客群体的研究上，但总体来看，目前学界对于北京地区观音信仰的传播状况以及观音信仰与碧霞元君信仰的关系关注较少。有鉴于此，本书拟从北京庙宇碑刻入手，对清代北京地区以观音信仰为主体的香会活动以及北京地区观音信仰与碧霞元君信仰的联系和区别等问题进行初步探讨。

（一）北京庙宇碑刻中记录的观音香会

从笔者所搜集的资料来看，清代北京庙宇中涉及观音香会的碑刻共有 10 通，主要集中在北京西郊的潭柘寺和戒台寺，其中年代较早的一通碑刻立于康熙五十三年（1714）四月。清代北京观音香会碑刻记载了以庙宇为依托的关于北京地区观音信仰和碧霞元君信仰传播情况的历史信息，包括香会名称、立碑时间、香会时间、香会活动群体等，具有宝贵的研究价值。

1．香会名称。潭柘寺的香会，以“大悲圣会”、“大悲随心圣会”及“法华献供老会”为名；戒台寺的香会，则以“三元大悲圣会”、“大悲随心圣会”和“大悲圣会”为名。

2．立碑时间。从立碑时间来看，潭柘寺的香会活动开始记录于 18 世纪初，即康熙五十三年（1714），一直延续到 20 世纪初。而关于戒台寺香会活动的碑刻记录则始于 18 世纪中叶，即乾隆九年（1744），延续至 19 世纪中叶，即道光

---

① Susan Naquin（韩书瑞），*Peking Temples and City Life,1400-1900*，Berkeley and Los Angeles, California: University of California Press，2000，第 37 页。

二十二年（1842）。相比之下，潭柘寺的观音香会活动不仅早于戒台寺，延续时间也更为持久。

3. 香会时间。从碑刻内容来看，在举行观音香会的具体时间上，潭柘寺与戒台寺亦有所不同。潭柘寺的香会在每年农历四月举行；①而戒台寺的香会在每年农历正月十五（元宵节）、五月初一（端午节）和八月十五日（中秋节）举行。②

4. 参加香会活动的群体。潭柘寺香会的发起人为京都前三门一带众铺户，以男性为主；③而戒台寺香会的发起人主要是北京旗民，以妇女为主。④

（二）北京地区观音信仰与碧霞元君信仰的联系与区别

从北京旧城观音女庙碑刻来看，至迟在16世纪，北京地区观音信仰与碧霞元君信仰已有融合现象。据《北平庙宇通检》统计，北京碧霞元君庙的名称有13种之多，如碧霞元君庙、元君庙、天仙庵等。⑤北京地区较早的碧霞元君碑刻是《碧霞元君祠记》（京9094），刻立于明代嘉靖二十五年（1546）三月，捐资题名者主要是同一家族的成员，其中包括部分女性。⑥从碑文内容来看，16世纪末到18世纪初，京畿地区对碧霞元君的崇奉十分盛行。如位于石景山区的蟠龙山娘娘庙（碧霞元君祠）“相传有异征，于是趋之者如鹜”。每年春天，“孺老妇

① 参见《大悲圣会碑》（京7007），清康熙五十三年（1714）四月刻。碑在北京门头沟区潭柘寺。北京图书馆金石组编《北京图书馆藏中国历代石刻拓本汇编》，郑州：中州古籍出版社，1991，第67册第23页。

② 参见《三元大悲圣会碑》（京7219），清乾隆九年（1744）四月八日刻，二十三年五月重刻。碑在北京门头沟区戒台寺。北京图书馆金石组编《北京图书馆藏中国历代石刻拓本汇编》，郑州：中州古籍出版社，1991，第69册第146页。

③ 参见《大悲随心圣会题名碑》（京6903），清嘉庆五年（1800）正月刻。碑在北京门头沟区潭柘寺。北京图书馆金石组编《北京图书馆藏中国历代石刻拓本汇编》，郑州：中州古籍出版社，1991，第77册第67页。

④ 参见《大悲圣会碑》（京7261），清道光二十二年（1842）四月二十二日刻。碑在北京门头沟区戒台寺。北京图书馆金石组编《北京图书馆藏中国历代石刻拓本汇编》，郑州：中州古籍出版社，1991，第81册第45页。

⑤ 隋少甫、王少楫《京都香会话春秋》，北京：北京燕山出版社，2004，第186页。本文使用的“天仙”一词，指“碧霞元君”。

⑥《碧霞元君祠记》（京9094），明嘉靖二十五年（1546）三月刻。碑在北京房山区西门外。北京图书馆金石组编《北京图书馆藏中国历代石刻拓本汇编》，郑州：中州古籍出版社，第55册第115页。

女鱼贯于道咸挟辨香以邀神庇”。除天仙圣母外，受拜者还有“诸位娘娘”。[①] 民国时期，北京的市民宗教虽有减弱之势，但分析保存下来的碑刻，特别是分析碑刻记录中的捐资者信仰行为，仍可获得宝贵的历史信息 [②]。在民国北京西直门内南小街西观音寺中保存着两通碑刻，均立于明嘉靖三十四年（1555）。据碑文记载，当时在西观音寺中除观音殿以外，还有一座天仙殿，这正是提供了一种观音神偶与碧霞神偶共处的资料。当然，这种观点还有待进一步考察、验证和补充。除以女性神偶为主要崇拜对象外，在北京庙宇碑刻中还常常能够看到立庙人（或修庙人）与捐资者对观音菩萨或碧霞元君“灵感”（或曰“灵验”）的信奉。这些都体现了北京地区观音信仰与碧霞元君信仰之间的内在联系。

从本书对田野资料的考察一并结合民国时期北京旧城观音女庙和碧霞元君女庙的档案资料进行分析，以观音信仰或碧霞元君信仰为依托的北京旧城女庙在信仰群体和寺庙功能上又有一定差异。观音信仰一方面带有外来佛教文化成分，另一方面又与中国本土文化传统结合在一起，因而其信仰群体更为广泛。相比之下，碧霞元君信仰中的道教成分与地域色彩更为浓厚。笔者在对 1949 年以前在北京女庙出家的老北京比丘尼亲莲进行访谈时亦了解到，民国时期位于北京南城同一条胡同中的两座女庙——三教寺和天仙庵虽相互毗邻，但三教寺是不对外的，天仙庵则具有停灵的功能。[③] 关于三教寺的空间特征及其与北京城市社会的关系，本书将在第四章中进行描述和分析。

---

① 《天仙圣母祠碑》（京 10294），清康熙四十九年（1710）四月七日刻，碑在北京石景山区蟠龙山娘娘庙。北京图书馆金石组编《北京图书馆藏中国历代石刻拓本汇编》，郑州：中州古籍出版社，第 66 册第 141 页。

② 参见《碧霞宫碑》（京 5211），民国二十二年（1933）四月二十九日刻，碑在北京海淀区万花山。北京图书馆金石组编《北京图书馆藏中国历代石刻拓本汇编》，郑州：中州古籍出版社，第 97 册第 68 页。

③ 访谈时间：2008 年 9 月 12 日、10 月 15 日。访谈地点：北京广化寺。

第四章　北京旧城观音女庙个案研究

从北京历史文献与田野调查资料来看，1949 年以前，在北京旧城为数众多的庙宇中，有相当一部分寺庙是由女性担任住持的庙宇。据 1936 年北平市政府第一次寺庙总登记统计，民国时期北京内外两城有尼庙 90 座，其中坐落在内城的尼庙有 65 座，另有道教女冠庙 4 座；坐落在外城的尼庙有 25 座。此外，位于北京郊区的尼庙约有 14 座。[①] 从寺庙性质来看，这些庙宇绝大多数属于私建，其修建历史与明清北京城的建置、发展、变化有密切关系。清末民初至 1949 年，这些庙宇随着中国最后一个封建王朝的覆灭而走向衰落，至今，它们中的绝大多数已悄然消失在历史的背影中，然而作为北京宗教史和城市社会史的一个重要组成部分，北京女庙的历史——特别是曾经生活在其中的女性的历史是不应被忽视的。为此，本章拟重点讨论以下三个问题：第一，民国时期北京旧城一部分女性出家的原因、过程与象征意义。第二，民国时期北京旧城女庙的空间变化以及与城市社会变迁的关系。第三，民国时期北京旧城观音女庙中的女市民群体类型、传承特征以及尼僧的日常生活。在此基础上，初步探讨女庙与民俗社会的关系。

① 参见北京档案馆编《北京寺庙历史资料》，北京：中国档案出版社，1997，第 426—670 页。

第一节 观音女庙与出家女性人生口述史
——以民国时期出家的老北京比丘尼隆智为个案

2005 年 7 月，笔者在北京通教寺结识了民国时期在北京西直门内南小街西观音寺发心出家的老北京比丘尼隆智，并于同年 7 月至 9 月对她进行了多次访谈。2006 年初，隆智在通教寺圆寂，享年 95 岁。[①] 作为 1949 年以前在北京女庙出家的北京老人，隆智在离开人世之前所留下的声音虽然微弱却弥足珍贵，为今人了解民国时期北京旧城女庙的生存状态和研究北京女性生活信仰史提供了难得的口述史资料。本节以隆智的口述为主，同时参照民国北京地方政府寺庙登记档案及北京史志文献、寺庙碑刻等文献资料，通过对隆智的人生经历进行分析，探讨中国传统社会中部分女性的出家原因与性别身份的转换等问题。

据《燕都丛考》记载，北京西直门内南小街有西观音寺。“自东弓匠营而西，以达于西直门大街之北胡同，曰南小街。南小街之南，东弓匠营之西，曰西工匠营，稍北曰鞍匠营。又北曰冰窖胡同，黑塔寺在焉。又北曰宗帽胡同，《顺天府志》作棕帽胡同。又北曰前秀才胡同，又北曰后秀才胡同，又北曰椿树胡同，又北曰井儿胡同。又北曰鱼眼胡同，今改鱼雁胡同。又北曰安成胡同。又北曰西观音寺，《顺天府志》作观音寺胡同。”[②]1949 年以前，西观音寺又被用作胡同名称，具有指代方位的作用。民国时期，西观音寺尚存有两块碑刻，由于年代久远，碑上字迹大部分已模糊不清。从拓片来看，该寺位于“帝城西直之南”，是一座古刹，初建于唐，为“唐相捨宅□观，以祀观世音”。至辽代，供奉主神仍为观世音菩萨；其后逐渐颓败，明嘉靖三十四年奉敕重修。[③] 从 1750 年绘制的《乾隆京城地图》上看，西观音寺位于四排十一段。其南北中轴线上大约有三进院落，每

---

① 在隆智圆寂之后不久，笔者又去拜访了她的堂妹，从中了解到隆智出家前后和其俗家的一些情况，感谢她们为我提供了家族史口述资料。董晓萍教授对访谈样本整理提出了中肯的修改建议，谨致谢忱！

② 陈宗蕃《燕都丛考》，1930 年初版，1935 年再版，北京：北京古籍出版社，1991，重印本。第 373—374 页。

③ 参见附录《观音寺碑》，明嘉靖三十四年立。拓片编号“京 355”、“京 356”，原碑拓片现藏于中国国家图书馆。在搜集碑刻资料的过程中，笔者得到了中国国家图书馆善本阅览室及敦煌文献阅览室工作人员的热情帮助，谨此致谢！

进院落各有一座大殿，说明当时此庙在京城西部是一座规模较大的寺院。[①]

根据1929年和1936年北京地方政府寺庙调查登记，西观音寺有不动产土地三亩半，房屋十七间，管理及使用状况为自行管理。1929年，北平市地方政府进行寺庙调查登记时，西观音寺登记人口有尼僧四人：湛元、觉密、觉祥、慧真。湛元当时任西观音寺住持。觉密是湛元的师侄，1936年接任西观音寺住持。觉祥是湛元的徒弟。慧真是寄居在西观音寺的尼僧。[②]从寺庙档案来看，民国时期与西观音寺关系密切的尼庙还有两座，一座是位于小石桥胡同的观音庵，另一座是附近大石桥胡同的重阳庵。观音庵在鼓楼大街小石桥胡同九号，建于清康熙三十二年，是驻藏大臣升泰的家庙，私建，有不动产土地一亩余，灰瓦房十四间。另有石碑一座，古槐树一株。1928年，小石桥胡同观音庵中有尼僧三人：住持本性、徒弟觉清和尼僧善缘。善缘俗姓文，宛平人，当时32岁。1936年接充观音庵住持，法名昌果。[③]重阳庵位于大石桥胡同四十六号。据1928年北平特别市公安局寺庙调查登记，该庙为古刹，"虽有碑记，惟字迹多已剥落"，"建立年代已无可考"。[④]当时重阳庵有房屋二十六间，包括西殿三间，南北配殿各三间，北房六间，南房五间，西房五间，东房一间。另有石碑一座，砖井一眼。庙中有师徒二人：住持觉悟，徒弟昌寂。[⑤]1930至1936年，重阳庵中除了住持觉悟、

---

① 2005年5月，笔者在田野调查中了解到西观音寺在1949年以后逐渐变成民居大杂院，20世纪90年代在当地兴建居民小区的过程中被拆除，今已无存。访谈中，隆智告诉笔者她年轻时曾看到过一张西观音寺地图，当地居民用"骑着马，观山门"来描述西观音寺之大。访谈时间：2005年8月19日。

② 参见北京档案馆藏民国北平特别市公安局观音寺档案，档号J181-15-431，第25—27页。据隆智回忆，觉密和觉祥原是清末礼王府的丫鬟，因西观音寺的老师父到礼王府去化玉米而与西观音寺结缘，后来出家到西观音寺。访谈时间：2005年7月24日。

③ 参见北京档案馆藏民国北平特别市公安局观音庵档案，档号J181-15-404，第93—98、101—105页。

④ 在民国北京地方政府寺庙档案中，该庙名称又被写作"崇阳庵"。据当时住持尼僧解释，崇阳庵的"崇"为同音误写，庙名应为"重阳庵"。为保持文献与口述资料的原貌，本文采用了"重阳庵"与"崇阳庵"两种文字记录方式，二者实为一庙。该庙历史待考。

⑤ 参见北京档案馆藏民国北平特别市公安局重阳庵档案。档号J181-15-390，第15—20、25—33页。觉悟，俗姓李，河北香河人，民国九年出家。1928年时，觉悟56岁，昌寂50岁。昌寂于民国十四年出家，俗姓于，宛平人，又名普静，是隆智的落发师父。据隆智回忆，普静17岁结婚，20岁守寡，为此认定自己命不好，不愿改嫁而出家。访谈时间：2005年8月2日。

徒弟普静（即昌寂，又写作“昌济”）外，还有一位带发居士，名叫善通。[①]1947年9月，北平市民政局再次派人前往重阳庵进行调查登记时，重阳庵中的人口登记表上只剩下尼僧两人：住持觉悟，73岁；徒孙隆智，37岁，俗姓关，宛平人。[②]

上述文献和档案记录，为本节个案研究提供了宝贵的参照对比材料。

一、清末民初国家社会变迁对北京满族平民女性的影响

清代北京庙宇分布与清朝统治者实行满汉分居政策有关。清初满族统治者入关以后，将原来居住在内城的汉族居民悉数迁往外城，将八旗兵丁及其眷属分布在内城各个地方。清末民初，尽管北京旧城满汉分居的格局已被打破，但在内城居住的人群中依然有不少旗人。从北京城市变迁史的角度来看，清王朝的覆灭对北京满族家庭的影响尤其深远。

隆智（1911—2006），字慧明，俗姓关，本名关智明，隆智是她的法名。隆智18岁在北京西直门内南小街西观音寺发心出家，2006年在北京通教寺圆寂，一生的居住空间主要在北京内城，先后住过的北京尼庙共有6座，除西直门内南小街西观音寺外，还有大石桥胡同重阳庵、西直门内翠峰寺、方家胡同白衣庵、西海北河沿三官庙以及位于东直门内的通教寺。访谈中，隆智回忆最多的是她在西观音寺发心出家的岁月，从某种意义上说，西观音寺是隆智人生旅程的起点。

访谈样本1：隆智谈自己的俗家背景

我是北京的老人，辛亥年生人。你问我一九多少多少年生人我不懂，我就知我是辛亥年生的。我原来的住家呀，常住是（想），那是（想），我还忘了，后来都盖了楼了！我们那胡同离西观音寺不远，阜成门那边儿，秀才胡同。

我俗家姓关，在旗的，买卖人。（北京）姓关的多了！不同的本家，谁也不认得谁。我是独生子，我父母就我一个。我底下也没有兄弟，也没有哥哥，也没

① 参见北京档案馆藏民国北平市社会局重阳庵档案，档号J2-8-559，第24、41页。善通，俗姓金，宛平人，1930年时52岁。

② 参见北京档案馆藏民国北平市民政局重阳庵档案，档号J3-1-287，第12—15页。

有姐姐，也没有妹妹。我父亲那时在人民医院，马市桥人民医院，我不知道他做什么。[①] 我没瞧见过我爷爷。爷爷那时候吃满清，吃皇粮呗。[②] 那时候不是给满洲人发钱粮米嘛。我大爷没工作，一辈子没工作。原来满清有王府的时候，在府里当差事。我父亲不是，我父亲行二，是工人。我叔叔都参加工作了，一个当警察的，我三叔一直在外边没回来。[③]

从上述资料来看，隆智祖籍北京，生于1911年，俗姓关，满族。[④] 隆智的娘家在北京城西边的秀才胡同，离阜成门和西直门不远。据清初诗人查慎行《人海记》:“八旗官兵内城分驻之地，国初各有地界。正黄旗则正阳门，镶黄旗则东直、西直二门，正蓝旗则宣武门，镶蓝旗则崇文门，正红旗则德胜门，镶红旗则阜成门，正白旗则朝阳门，即齐化门。镶白旗则安定门。”[⑤] 据隆智堂妹回忆，关家的旗籍属于镶红满（即镶红旗）。[⑥] 从隆智娘家在北京内城西部的世居地来看，这一说法应是正确的。清亡之前，关家一直靠着清政府发给旗人的粮饷生活，而隆智的祖父是家里最可靠的经济来源。隆智的父辈有兄弟四个，大爷以前在王府里做事。父亲排行第二，清亡之后在离家不远的马市桥人民医院谋到一份工作，以后又靠做小买卖维生。隆智有两个叔叔，一个当警察，另一个在外闯荡，杳无音讯。也许是出家人不言在家人生活的缘故，隆智对于家人谈得很少。在她的回忆中，提到的大都是俗家的男性，如爷爷、大爷、父亲、叔叔等。对于自己在俗家的身份，隆智一直以“独生子”而非“独生女”相称，对俗家女性的人生经历、生活状况，隆智也谈得很少。因此，在隆智圆寂之后，笔者又对她的两个堂妹进行了访谈。

---

① 访谈时间：2005年7月24日。

② 所谓“皇粮”，又称“粮饷”、“钱粮”，是清朝八旗制度下旗民“主要的甚至唯一的生活来源”。定宜庄《满族的妇女生活与婚姻制度研究》，北京：北京大学出版社，1999，第142页。

③ 访谈时间：2005年8月19日。

④ 据金启孮先生研究，汉姓中的“关”姓来源于满族的“瓜尔佳氏”，是清初满族八大姓之一。金启孮《金启孮谈北京的满族》，北京：中华书局，2009，第112页。

⑤《帝京岁时纪胜·燕京岁时记·人海记·京都风俗志》，北京：北京古籍出版社，1981，第3页，“八旗分驻”条。

⑥ 访谈时间：2006年3月3日。访谈地点：北京某小区内。

访谈样本 2：隆智的堂妹谈关家的情况

隆智从小没结过婚，身体老像个年轻人似的。说话像年轻人似的，记性也很好。她很耿直，挺幽默的。从小在庙里，在西观音寺，受了不少苦。

我大爷家有一个闺女，二大爷家一个闺女，三大爷结过婚，解放前在青岛当兵，娶了一个四川的大妈，生了一个闺女，一个小子。我们这儿是四个闺女。那会儿一瞧没有小子，就好像没有奔头。我那大爷没上过班，在衙门里干事。没有清朝了，就在家待着。我大妈是八里庄的，不知道是不是旗人。我那大姐也生了不少孩子，都没活。我二大爷后来也没有差事了，（以前）也是在衙门里做事。不干活也有的吃有的喝，要不怎么都给人养懒了。后来没有了就自己做小买卖。挑挑儿卖点儿小吃，玫瑰枣儿什么的。那时候谁也顾不了谁。三大爷后来想不开，不知道死在哪儿了。哥四个就我爸有个工作，在电车公司，搬道岔儿。我母亲在家给我爸做饭，给裁缝铺做活。（那时候）几个孩子都没上班，都没工作。日本时代，我们（姐几个）都没上班，都没干活。别人家女孩都给日本人当保姆，我爸封建，说出去学不出好来，姐几个就在家给人缝衣服，做纽襻，成宿地做活。我大姐没结婚，后来脚上长了疮，疼了三天就死了。我三妹老拉稀，日本时代怕拉稀，一拉稀就把门封上消毒，日本人那时候狠着呢！我姐姐过了十多天，她就死了。那会儿谁也顾不了谁。我和妹妹给军队做棉袄。我爸三天没回来，我妈去看他。屋里有虼子、跳蚤，那时候儿穷人家都有。回家没多久就死了。半年不到，死了三口人了！人家都以为我们家有传染病。我妈上景山东街给人道趟乏，就是道谢，说人家对我们不错，表示感谢。没钱坐车，走着回来，回来就腿疼。有个大夫姓曹，给搀家去了，没有两天（我妈）就死了。连半年都没有，死了四口人了！就剩我们俩了。我们家就这么惨！那会儿日本还没投降。就我们家这条件，没人敢上我们这儿来。我妈死了，是一街坊——阴阳先生给发送的，给化了个棺材，给埋的。那时候我妈就穿一只鞋，就算人家心好，没有臭在家里。那会儿各人管各人，不团结，“各人自扫门前雪”，没有现在的居委会什么的。这些事儿隆智都知道，就是管不过来。[①]

---

① 2005 年 10 月，在得知隆智因病住院后，笔者去医院探望，在那里结识了她的堂妹。2006 年初，在隆智圆寂之后，笔者对隆智的两位堂妹进行了访谈，通过她们的讲述，对隆智的家族背景情况有了进一步了解。访谈时间：2006 年 3 月 3 日。

从上述内容来看，西观音寺不仅一直保存在隆智的人生记忆里，也保存在隆智堂妹对家族历史的回忆中。与隆智尼的叙述角度不同，隆智堂妹谈得最多的是关家女性的命运。通过她们的口述可知，清朝的灭亡使隆智的俗家与民国时期为数众多的满族家庭一样断绝了往日的生活来源。为了生存下去，男人们不得不想方设法出外谋生。从总体上看，隆智与其堂妹在口述中所描述的生活状况，与当时北京地方政府及一些学者所做的调查相符。据 1917 至 1918 年北京人口调查统计，清末民初由于社会动乱、物价飞涨、八旗制度解体以及外来人口竞争等原因，北京的贫困人口急剧增加。民国初年，北京旧城贫户主要集中在外城东南角，内城沿北部、西部城墙等处。此外，皇城以北、以西地区贫户也比较多。[①]另据 1931 年北平特别市公安局调查统计，当时北京旧城贫民主要集中在外四、内四、内三和内五区，其中外四和内四区的贫民人口在 20% 以上；内三与内五的贫民人口则分别为 19.1% 和 18.4%。从性别来看，贫民中“妇女所占比例是最大的”。此外，“大量的贫民人口是居住在北京的以家庭为单位的常年住户”。从贫民分布情况来看，“满族人集中聚集区的贫困人口的比重相当高”，“说明贫困问题在北京很大程度上是一个家庭问题”。[②]

金启孮先生在谈到 1911 至 1949 年满族八旗的处境时，将“京旗满族处境的变化”分为六个阶段，即 1911 年、1924 年、1928 年、1931 年、1945 年和 1949 年。其中对京旗满族影响较大的是 1911 年辛亥革命后，社会上普遍流行的对满族的歧视与排斥；“1924 年修改优待条件”后对“旗饷”的革除；以及 1928 年以后满族子弟所面临的就业困境和教育问题等。[③]在这种社会环境下，一般满族平民家庭女性的处境更为艰难。

在隆智堂妹的口述中，关家女性是一个始终被束缚在传统社会规约下的弱势群体。隆智的奶奶人生经历不详，隆智从未谈起过她。据隆智的堂妹回忆，奶奶信佛，在她三岁时就已去世。隆智的大妈是北京八里庄人，生有一女；三婶是四川人，生有一儿一女。隆智的几个堂姊妹人生境遇都很不幸。她的堂姐——大爷

① 甘博《北京社会调查》（纽约：多兰，1921 年），第 100，412—413，486 页。转引自施坚雅编《中华帝国晚期的城市》，北京：中华书局，2000，第 634 页。

② 袁熹《清末民初北京的贫困人口研究》，北京市档案馆编《北京档案史料》（2000 年第 3 辑），北京：新华出版社，2000，第 222—231 页。

③ 参见金启孮《金启孮谈北京的满族》，北京：中华书局，2009，第 156—163 页。

的女儿，婚后生了不少孩子，但都夭折了。她的堂妹——叔叔的女儿，四人中有两人在日军占领北平时期染病而死；另外两个堂妹在父母去世之后相依为命。为了生活，年龄稍长的姐姐带着年幼的妹妹，不得不找了一个婆家，但婚姻生活非常不幸。在清末民初至1949年中国社会处于新旧交替的历史环境下，关家女性的人生命运依然与中国传统社会中大多数女性一样，除了结婚生子之外，难有其他选择。

从个体生命成长史的角度来看，隆智出家的动因还与民国时期北京满族平民女性在教育、婚姻、就业等方面所面临的困难和问题有关。

在中国，无论过去还是现在，教育都是实现社会流动的重要途径，然而在中国传统社会，“耕读传家久”仅仅是一种以男性为中心的家族理想。在清末民初至1949年的社会转型时期，对于绝大多数女性来说，上学依然是一件艰难的事。

访谈样本3：隆智谈“上学”

我记得我十三岁那年，还上北京（师范）大学扫过一回盲呢。我那会儿十三岁，就上过一天学。咳，可乐极了！报名上一天学，这一天学那课文我还记得呢，那就不叫上学，就是扫盲。念那一本什么呢？就一课，“铅字课，刻得好，四个月就读完了”（被访谈人原话，照录）。也不还怎么怎么，这几个字我还记得呢。就学了这么几个字，回家让我父亲这么一拍桌子：“跪下！”我犯了国法啦？“不许上学。”吓得我里头一条腿、外头一条腿就给父亲跪下了。“那书是人家给的还是买的？”我说是老师给的。“送回去！”就这一天学，还立个跪，还挨打！（报名的时候）父亲没在家，我就问我母亲，悲父慈母啊，母亲慈悲，说：“去吧。”去这一天，可我父亲回来了，还挨顿打！就上这一天学。这就是我的学历。我父亲呐，不是不让上学。那会儿在旗的兴这个：有钱请先生上家里教课来，不许上学校，说学校男女混掺学不出好来，不许去。没有钱请不起先生啊，就不去上学。就是那封建统治压迫。咳，也分家庭。我们那戚兄弟都大学毕业了！分家庭。①

从访谈内容来看，隆智的父亲是个封建意识很重的人。清亡以后，满族的宗学没有了，一般平民家庭亦无力请先生到家里教课，许多满族家庭的孩子因此失

① 访谈时间：2005年7月24日。

去了上学的机会，女孩儿尤甚。1923年，北京高等师范学校改建为国立北京师范大学（今北京师范大学）并办有识字班，那一年隆智13岁（虚岁），渴望上学的她在母亲的支持下背着父亲偷偷报了名，没想到只上了一天学就被父亲发现了，思想守旧的父亲不仅罚她下跪，还打了板子。从此，隆智一生再也没有机会去学校读书。虽然只上过一天学，却给她留下了终生难忘的印记，以至时隔80多年之后，已94岁高龄的老人还记得当年识字课本上的内容。

从隆智的上述经历中可以看到：民国时期北京满族女性出家的动力主要受到社会和家庭的双重影响。一方面，清王朝的没落以及中国传统父权制度的阴影，使满族下层女性忍受着双重精神压迫；另一方面，中国传统社会中对于男、女空间的严格划分，又剥夺了女性与男性一样上学受教育的权利和机会；而能否拥有这一权利，在很大程度上决定了女性的人生境遇和未来的生活道路。

其次是婚姻问题。女性在婚姻中所遇到的问题——无论过去还是现在都不仅仅是个人问题，而是有着复杂、深刻的社会原因。郭箴一认为："妇女问题的发生，是男性中心社会所必有的现象，换言之，妇女之处于卑劣的地位，有社会的背景。在这个社会背景之下，要根本解决妇女问题，绝不可能"。① 在《中国妇女问题》中，郭箴一根据北平市地方法院提供的卷宗材料，统计出1930年北京地方法院共审理离婚案件62件，其中因虐待而离婚的案件占30.6%；女方主动提出离婚的案件占66.1%。② 将这些数字与隆智口述中所谈到的情况进行对比，不难看到：民国时期女性的地位虽有所提升，在婚姻问题上的自主性也明显增加，但对已婚妇女来说，婚姻关系中男女不平等的现象依然普遍存在，由此产生的问题以及给女性带来的痛苦可以想见。或许正是由于看到了这一点，隆智对于父亲包办的婚姻一直抱着怀疑乃至否定的态度。她说："给我找一个什么婆家？不可心的我就什么，就挨庙里了。" ③

第三是就业问题。除婚姻以外，民国时期女性出家的原因还与她们在就业方面所受到的歧视有关。郭箴一通过对五四运动到20世纪30年代中国妇女在都市

① 郭箴一《中国妇女问题·序》，上海：商务印书馆，1937，第1页。

② 郭箴一《中国妇女问题》，上海：商务印书馆，1937，第75页。

③ 访谈时间：2006年3月3日。

中五种职业类别状况的描述，以及对上海职业妇女的生活及经济收入的分析，得出如下结论："中国的职业妇女，在某种程度以内，虽已获得经济的独立和自主，然就一般而论，情况仍极可怜。"由于当时世界经济恐慌的直接影响以及农村破产所带来的整个国民经济的动摇，"中国妇女的失业恐慌，在最近一两年来特别深刻而尖锐化。"[①] 在上述背景下，民国时期北京一部分满族女性出家就不仅仅是个体的行为选择，而是与中国传统社会结构以及特定的时代社会环境有着密切关系。在访谈中，隆智一直称自己是家中的"独子"。作为"独子"，隆智所面临的问题又与一般出家女性有所不同。在她的思想观念里，有一种强烈的责任意识，即成为家族继承人，为祖先上坟，以延续香火。对隆智来说，这应该是导致她选择出家道路的最重要因素，也正因如此，隆智从小就立下了做一个男孩的志愿。[②]

二、从发心到受戒：隆智出家的过程

根据隆智及其堂妹的口述史资料，参照民国时期北京寺庙档案等历史文献可知，隆智的出家过程十分曲折，经历了发心、过继、落发、受戒等不同阶段。

（一）发心。"发心"即"发愿出家"。据隆智回忆，她在 18 岁时，跟随一个叫本修的老尼僧到西直门内南小街西观音寺带发修行。为什么选择西观音寺？隆智说：西观音寺的规矩好。那里的老和尚本修 7 岁出家，收徒弟从不收结过婚中年出家的人，因此她非常佩服本修老和尚。作为出生于民国初年，并在一个守旧的满族家庭中长大的独生女儿，隆智出家的过程并不顺利，从 18 岁在西观音寺发心，到 30 岁在重阳庵落发以及在拈花寺受戒，前后经历了十余年！从隆智的口述来看，在西观音寺长达十年的出家经历既痛苦又具有重要意义，可以说决定

---

① 郭箴一《中国妇女问题》，上海：商务印书馆，1937，第 86—87，101 页。

② 从民国北京地方政府档案文献和笔者所做的田野调查来看，1949 年以前，北京一些家境富裕的家庭，如果只有女儿没有儿子，或女儿成年后不愿结婚，可以通过建庙或买庙的方式，让女儿出家，以便把娘家的一部分财产转移到庙里。这些由尼僧娘家供给女庙的财产相当于嫁妆，其作用主要有两个方面：其一，可以帮助尼僧解决日常生活问题；其二，可使家族香火得到延续。

了她此后一生的道路。

访谈样本 4：隆智谈出家的动机

我原来出家的地方叫西观音寺，在西直门里。那会儿啊，我是住小庙的，没住过常住。我们那个庙是子孙庙，就是父传子那么个意思。不像十方常住，不留人。十方常住，哪儿的都要；子孙庙不接单留众。那庙里边儿有师父、师爷、师哥这么些个人。

我 18 岁出家，那会儿也不懂怎么叫修行。我就有这么个志愿，因为我父亲哥四个，一屋一个女孩儿。这么回事。大了就想得太多了，我想都是姑娘，明儿都嫁出去，我们家就没人上坟了。我就想当个男孩子，虽然我不死，我不能让我们家没有人上坟。想来想去那会儿没有女人做事的，唯有出家能当个男孩子。那会儿出家人少。我自己想着我们家哥四个就四个姑娘，人家出家都为修行，我不懂，我就觉着我们家全绝了，以后没有人上坟了。我当个男孩子，只要我活着就要给我们家上坟。那会儿上坟都要在坟头儿压点儿纸。为这个，不知道怎么叫修行。我母亲不愿意，都疯了！就好像养一个姑娘，结婚让人轿子搭出来，这妈妈才算脱了手了。我母亲为我出家，这份子都不出，谁娶媳妇聘姑娘，不出这份子。说我自己的姑娘我没瞧见轿子，我不瞧人家的轿子去！那会儿不像这会儿，自由结婚就走，要用轿子娶过去！可我不后悔，就觉着我给我们家上坟呢。你看结婚以后有几个姑奶奶给家里上坟的？没有啊！（在一旁负责照顾隆智生活的李居士插话：出家以后就是男儿了。虽然是女儿身子，也算是男儿了。）

过去女孩子出家，怎么发心的都有。有的是当二太太，自个儿出家的；有的是大太太嫌二太太的，这么出家的；有的闺女呢，结婚怕受气出家的；怎么出家的都有，什么看破红尘的。我那时候出家，不怕您笑话，我不是看破红尘的。因为我父亲他们哥儿四个，哥儿四个一屋一个闺女，到上坟时人家都有小子，小子不是接续后代香烟吗？我说，我们家里没有小子，都聘出去，都嫁人了，我们家坟地没人烧纸了，我自己立志要当个小子，只要有我活着一天，我不能让我家的坟地没人烧纸！给我们家上坟，我发这么个愿出的家。[①]

① 访谈时间：2005 年 7 月 24 日、8 月 19 日。

从访谈内容来看，西观音寺是一座子孙小庙。根据 1945 年《北京特别市社会局拟制寺庙管理草案》，所谓子孙小庙，是指“由剃度师徒相传或师兄弟递传”的庙宇，其住持接续方式不同于十方选贤丛林，不用公选方式，而是“任其本家同意办理”，“子孙小庙收徒成年后，如住持欲退居，即可传住持；如长徒修持不佳，可传次徒”。[①] 访谈中，隆智多次提到“上坟”这个词，由于无人“上坟”给家族带来的强烈危机感，使她“立志要当个小子”，并为此发愿出家。这说明隆智出家到西观音寺的动机与一般人不同，并非为了离尘出世，而是要做个“男孩儿”，接续后代香火。或许正是由于这一点，隆智出家的过程与一般尼僧相比显得更为复杂，时间也更长，特别是在落发和受戒之前，还经历了“过继”这一重要阶段。

（二）过继。所谓“过继”，一般指“把自己的儿子给没有儿子的兄弟、堂兄弟或亲戚做儿子；没有儿子的人以兄弟、堂兄弟或亲戚的儿子为自己的儿子”。[②] 在本书个案中，从隆智和其堂妹的口述来看，“过继”是指子孙女庙中的师父把自己的徒弟转给另一座本家女庙的同门师兄弟做徒弟。

在子孙庙中，师父与徒弟的关系宛如父子，而师父的师兄弟则被称为“师叔”。隆智被过继的小庙叫“观音庵”，在旧鼓楼大街小石桥胡同，是西观音寺的一个本家小庙。[③] 根据 1936 年北平市社会局寺庙档案记载，当时担任观音庵住持的尼僧叫昌果，40 岁。[④] 据隆智回忆，当年被过继到观音庵时，昌果不愿意收她为徒弟，理由是“我们的庙小，穷，收不起徒弟”。于是和观音庵旁边的另一座本家小庙重阳庵的住持尼僧昌寂商量，决定两庙合收一个徒弟。这样隆智就被从

---

① 参见北京档案馆藏《北京特别市社会局拟制寺庙管理规则草案》，1945 年 9 月 27 日，档号 J1-2-268，第 5、6、13 页。

② 中国社会科学院语言研究所词典编辑室编《现代汉语词典》（2002 年增补本），北京：外语教学与研究出版社，2002，第 748 页。

③ 据小石桥胡同观音庵碑刻记载，该庙建于清康熙三十二年（1693），庙名为“廓然禅林”。由于年代久远，碑文已磨泐不清，从中只能看到当年该庙为某寺之下院，住持为□□和尚，法脉传承属禅宗之曹溪派，宗谱为“道尊祖镜悬，徧现陆中莲。智慧洪深□，□光师大千。曹溪宗法旨，□□□花鲜。普阴周（赵）□界，香林亘古传”。共 40 字。参见《廓然禅林碑》（京 524），《北京图书馆藏中国历代石刻拓本汇编》第 65 卷，41—42 页。

④ 北京档案馆藏《北平市社会局寺庙类内五观音庵（尼）僧觉清呈请登記庙产和昌果接充住持的呈文及社会局的批示》，档号：J2-8-232，第 48 页。

西观音寺过继到了小石桥胡同观音庵和大石桥胡同重阳庵两座相邻的本家女庙，但在举行仪式时只能用一个庙的名义，请一位师父，这座庙就是后来在《民国三十年拈花寺受戒同戒录》上登记在册的崇阳庵（即重阳庵）。[①]

访谈样本 5：隆智谈“过继”

我原来是，跟观音寺的觉祥是师兄弟。我师父死得太早，我 18 岁时师父就死了，我就不愿意在他们那儿待着了。我觉得没有师父，没人疼似的。我没有师父啊，就好像没着落似的，你们都是我师哥，我供你们这哥哥那哥哥，我心说收徒弟没有我的份儿，都你们收？不愿意。他们说你不愿意怎么办啊？就把我给过继了。从大爷屋里过继到叔叔屋了。德胜门的东边儿有个拈花寺，那边儿有一个横胡同，叫别簪胡同，那个庙名叫崇阳庵，过继到那儿了。就是师父爷俩，搭上我爷儿仨。我师父叫上普下净。后来就到解放了，没有人啦。独生子，就剩我一个。

我们那胡同，有庙的胡同是南北的胡同，那名叫别簪胡同。出了别簪胡同，往南一拐，就是大石桥、小石桥了。小石桥里有一个观音庵，我们那两个庙紧挨着，本家。崇阳庵、观音庵紧挨着。观音寺离得远，在西直门那边儿呢。我们那庙路西的，观音庵路北的，在小石桥，他们那儿也是子孙庙啊。为什么我两庙啊？我有一个本家师叔不收徒弟，他说咱们俩人收一个得了。因为那庙养活不了那么些人，两个庙收一个。观音庵那个师父是我师叔，叫昌果。（后来）死了。她没有徒弟，穷嘛！就有几间房，养活不了徒弟呀。[②]

在上述内容中有两点值得关注：一是隆智在西观音寺发心出家时与寺里尼僧们的关系。隆智 18 岁时，她自幼在西观音寺认的师父本修就圆寂了。本修的死，使尚未落发的隆智与寺里其他尼僧——特别是觉密的关系发生了根本改变，即由潜在的师兄弟关系，变成了师徒关系。这一变化不仅意味着地位的不平等，也使西观音寺尼僧之间的关系复杂化。为此，隆智最终不得不离开了西观音寺，另找一位师父。第二，西直门内南小街西观音寺作为北京旧城一座历史悠久的子孙尼

---

① 访谈时间：2005 年 8 月 2 日。

② 访谈时间：2005 年 8 月 2 日。

庙，其存在不是孤立的。根据民国时期北京地方政府寺庙档案和笔者所做的田野访谈可知，它在北京内城至少还有两座本家尼庙，即位于小石桥胡同的观音庵及附近大石桥胡同的重阳庵。关于“本家”，民国政府在20世纪40年代拟订的《华北管理寺庙僧伽暂行规则草案》中将其界定为，“各寺庙住持继承互有法统之关系者称为法门，同一法门俗称为本家”。[①] 从隆智口述的内容来看，本家尼庙住持尼僧之间的关系，如同分家另过的兄弟，如果其中一座尼庙的尼僧没有徒弟，另一座尼庙的住持尼僧可以把本庙中尚未落发的俗家弟子过继给她。从西观音寺及其本家尼庙尼僧之间的关系中，我们可以发现：1949以前在北京旧城尼庙中，实际存在着一套依据中国传统父系家族制度所构筑的关系网络。正是由于这套关系网络的存在，隆智立志出家做一个男孩儿的愿望才得以在象征意义的层面上实现。

（三）落发。落发又称“剃度”、“祝发”，在本文中指“剃掉头发”，是佛教僧尼在出家时举行的一种仪式。重阳庵位于大石桥胡同，是隆智落发的尼庙。在1936年北平市社会局寺庙调查登记表上，重阳庵住持法名觉悟，62岁，从辈分上说，她是隆智的师爷。隆智的落发师父，即民国北京寺庙档案登记表和《民国三十年拈花寺受戒同戒录》中的普静，法名昌寂，与小石桥胡同观音庵的尼僧昌果是师兄弟。1936年，北平市社会局进行寺庙调查登记时，普静57岁。1939年，隆智在重阳庵落发时，普静的年龄应该是60岁了。据隆智回忆，普静结过婚，对隆智像对自己的孩子。从档案来看，隆智也是她唯一的徒弟。正因如此，在经历了长达十余年的挣扎和磨炼之后，隆智终于在重阳庵落了发，有了自己的师父。

关于落发的情况，隆智谈得不多，民国时期北京地方政府寺庙档案文献中对尼僧落发的情况也没有任何记载。从隆智口述内容来分析，落发对于尼僧的意义如同“出嫁”，即离开了娘家，进入到一个以“男性”为中心的新家。

从民国档案和笔者搜集的田野调查资料来看，1949年以前，北京旧城尼庙中的尼僧彼此之间所使用的称谓都是男性的，如“师爷”、“师父”、“师叔”、“师哥”

---

① 北京档案馆藏《北京特别市社会局拟制寺庙管理规则草案》，1945年9月27日，档号J1-2-268，第28页。

等。从这些称谓可以看到：民国时期北京旧城尼庙中的信仰主体虽然是女性，但在出家女性的思维意识和价值观念中所构筑的却是一个男性化的象征世界。在这个世界中，出家女性通过剃发和称谓变成了“男性”，但在真实的男性世界等级序列中，她们依然被排在最后，或者说依然处在男性等级序列的最底层。

（四）受戒。“受戒”又称“圆具”，指“在一定的宗教仪式下接受戒律。初入佛门的人须在受戒之后才能称作正式的居士或僧尼”。[①] 戒、定、慧为佛教三宝。对于出家人来说，戒律如同法律，遵守戒律是修行的先决条件。对于初入佛门的人来说，受戒具有非同寻常的意义，不仅是修习一套内容复杂的知识系统和礼仪程序，而且是一次革故纳新的精神历程。《禅苑清规》曰：

> 参禅问道，戒律为先。既非离过防非，何以成佛作祖。受戒之法，应备三衣、钵具，并新净衣物。如无新衣，浣染令净。入戒受坛，不得借赁衣钵。一心专注，慎勿异缘。像佛形仪，具佛戒律，得佛受用。此非小事，岂可轻心。若借赁衣钵，虽登坛受戒，并不得戒。若不曾受，一生为无戒之人。滥厕空门，虚消信施。初心入道，法律未谙，师匠不言，陷人于此。今兹苦口，敢望铭心。既受声闻戒，应受菩萨戒。此入法之渐也。[②]

从上述引文可知，受戒的目的在于使“初心入道”之人，通过戒师的引领，铭记佛教戒律，以“离过防非”。受戒时，新人“应备三衣、钵具，并新净衣物”。若无新衣，须将旧衣浣染干净方可穿用。重要的是不能向他人借赁衣钵，否则即使“登坛受戒”，亦不得戒。如不得戒，则“一生为无戒之人”，只能徒耗信众布施，自然也就不能成正果。

1941 年，隆智在北京拈花寺受戒，前后持续 40 多天。当时主持受戒仪式的是拈花寺住持全朗，还有其徒弟量源和众多的羯摩师。[③] 与隆智一起受戒的有心

---

① 中国社会科学院语言研究所词典编辑室编《现代汉语词典》（2002 年增补本），北京：外语教学与研究出版社，2002，第 1775 页。

② 〔宋〕宗赜《禅苑清规》（卷一），郑州：中州古籍出版社，2001，第 1 页。

③ 访谈时间：2005 年 9 月 4 日。

法，一位出家于德胜门内西水关三官庙的尼僧。[①] 在《民国三十年拈花寺受戒同戒录》上，隆智位于《比丘尼戒弟子名次》第 10 坛，心法位于第 24 坛。以下是隆智关于在拈花寺受戒的口述回忆。

访谈样本 6：隆智谈“受戒”

那时候我受拈花寺的戒，那会儿还有日本人呢。日本人在这儿待了八年。他们上我们那儿拍电影，把我们那场景都给拍下来了。拈花寺是个常住庙啊。受戒必须是大庙，它那儿开了戒期了。不是自己选，哪庙能开戒期我们就去哪儿受戒。那会儿是广济寺、拈花寺。我们是秋戒，秋天受的戒。落发以后去的。受五戒。[②]

1941 年在拈花寺受戒时有好几百人呢。男的女的都有，我在里头俩月呢。那会儿花不了多少钱，十几块钱才，管俩月呢。我给您个本看看。（隆智从佛龛下的小柜里取出一本 16 开大小，颜色已然发黄的册子。）这是我受戒的同戒录，庙里给的。[③]“文革”的时候我搁居士家了，要不都给烧了。这都是我们受戒人，还有这个师那个师。每个人的生日，什么时候出的家，哪儿出的家，什么庙，这个都有。受一堂戒多少人呐！在拈花寺住那两个月干什么呢？就是每天拜忏，每天拜忏。当时不知道多少人！有些也许不是拈花寺的，是请的各庙的大和尚、住持。受戒得（děi）到大寺，像广济寺或者别的大寺。师父都是拈花寺请的。往下就是戒兄弟了，三人一坛，三人一坛。你看哪儿的都有。不受戒不算出家人呐。戒兄弟和师兄弟不一样。现在这些戒兄弟都没了，我们这岁数。那时我们还有几岁的、十几岁的小戒兄弟呢。这些都是男僧，大僧在前边。这是我。[④]

在隆智珍藏一生的《民国三十年拈花寺受戒同戒录》中有如下记载：“隆智，字慧明，辛亥年生，系河北宛平县籍，于本县崇阳庵礼普静师祝发。”[⑤] 虽只有寥

---

① “心法，字体宗，甲寅年生，系河北通县籍，于北京市德胜门内西水关三官庙礼通文师祝发。”《民国三十年拈花寺受戒同戒录》，第 82b 页。

② 访谈时间：2005 年 7 月 24 日。

③ 据《民国三十年拈花寺受戒同戒录》，当时拈花寺住持为德戒朴智老和尚，字全朗。主持受戒仪式的还有代传本事大和尚量源等。

④ 访谈时间：2005 年 7 月 24 日、8 月 2 日。

⑤ 参见《民国三十年拈花寺受戒同戒录》，第 75a 页。

寥数字，却与隆智生前的口述回忆相对应。由此来看，受戒不仅使隆智在北京佛教尼僧名单上正式入了册，而且标志着她终于完成了社会意义上的从女性身份到“男性身份”的转换。

1942 至 1949 年，北京经历了抗战后期以及战后初期的艰难岁月。对于受戒之后的这段生活，隆智谈得很少。从民国北京地方政府寺庙档案和笔者所搜集的访谈资料中不难看到当时北京百姓的生活十分艰辛。寺庙人口急剧减少且很不稳定，留在庙中的尼僧只能想尽办法，靠添盖灰瓦房出租以收取少量租金度日。1943 年，北京发生严重霍乱，隆智堂妹一家在一年中相继有四人被病魔夺去生命——包括父亲、母亲和两个姐姐。幸存下来的两个女孩儿不得不住进隆智落发的小庙重阳庵。①

以下根据隆智堂妹的访谈样本，对隆智出家的经历做一些补充说明。

访谈样本 7：隆智的堂妹谈隆智出家的经历

她很耿直。挺幽默的。说话像年轻人似的，记性也很好。她身体不好，胃不好。三十多岁就不好，说不成了、不成了，活到九十多岁，真不容易！隆智就想当个男孩子，长得也像，顶天立柱的。她从小没结过婚，从小在庙里，在西观音寺，受了不少苦。我就记得她小时候在西观音寺，认的师父没了，她就不愿意在西观音寺待着了，就到崇阳庵出家了。崇阳庵是小庙，没有什么钱，特别艰苦。一层殿，门朝东，北边三间房，南边三间房，就几间破房。普静是隆智的落发师父。师父的个儿不怎么高，挺瘦的。师爷胖。那会儿普静的师父就是隆智的师爷还在，身体老不好。师父在的时候天天念佛，晚上上殿，中午念着供。

隆智的爷爷在宫里做事，反正做个下人什么的，伺候个人啊。那里用不少人呢，具体什么的不清楚，我就知道西观音寺的师父在府里干的年头不少。我哥哥

① 1947 年，北平市社会局进行第二次寺庙总登记时，大石桥胡同重阳庵住持尼僧觉悟将殿房外的十六间房“租与十六户，每间租金法币三十万元”，庙中寄居人口也由此增加到男 30 口、女 26 口。而当时由于生活所迫，小石桥胡同观音庵中的绝大部分庙房也都被住持昌果出租给了住户。据当时的调查员——内五区七保文经干事赵世俊报告，庙内除尼僧昌果外，还有寄居人口男 25 人、女 20 人。参见北京档案馆藏民国北平市民政局重阳庵档案，档号 J3-1-287，第 12—13 页。北京档案馆藏民国北平市民政局观音庵档案，档号 J3-1-214，第 2、7、21 页。

说那会儿比较富裕，[①]买个东西、盖个庙什么的不难。那会封建，隆智的老父亲没工作，做小买卖，做小买卖也外行啊，老在旗的，根本就不会做小买卖。我二大爷也是马马虎虎一个人。隆智说："给我找个什么婆家？不可心的我就什么，就挨庙里了。"她小时候家里许愿，因为说这孩子到多大岁数，不好养活。到庙里许愿，庙里师父给起一名，说到多大多大还愿。男孩子也好，女孩子也好，就好比他替你去。她十八岁还愿，就没离开师父。她挨后道坑那儿住，西观音寺离那儿近，秀才胡同也在那一块儿，反正在那一块儿住的年头多。出家就在那边儿，我二大爷也死在那边儿了。我二大爷是解放前去世的，死了不少年了。

隆智就一直在庙里，有师哥，师父也没了，跟师哥一块儿。师哥说让她挨这儿，她说我不跟你们这儿，跟这儿我没师父了，我得找师父去。就这么着上的崇阳庵。那儿也是西观音寺的师父给找的。她说我就爱后院儿那口井，就为挑水近呗，就挨那儿落发了。那庙里没有什么东西。西观音寺也有一口井，在外边儿。西观音寺不小，头一层是配殿，后来折了，租给市民了。还有第二层、第三层。我去的时候第二层院子已经没有了。她们在紧后头那个院子，那是正殿。有西配殿，东配殿，三间西房，三间东房，那里边挺大地方的。她们就挨这一个院里头，有封门，基本都老关着门。开了门进去，南房有韦陀，弥勒佛。山门还有，也租出去住人了。院子都送给街坊了。她们那儿规矩特好，送信的来都不拿手接去。戒律好。她们基本就挨家念佛，像是净土什么的。不做功，不打坐，也不念咒，就早晚上殿。[②]

从访谈内容来看，隆智发心出家与以下几方面因素有关：第一，还愿。由于隆智小时候"不好养活"，所以家人到庙里许愿，隆智 18 岁到西观音寺是为了还愿。第二，抗婚。隆智 18 岁出家，与婚姻不自主有关。由于她不满父亲做主给自己找婆家，故决意出家到尼庙中生活。第三，性格因素。凡是与隆智接触过的人都能强烈地感受到她性格中的刚烈与耿直。隆智的堂妹也说隆智不仅自幼外表就像一个男孩子，而且内心也一直想当个男儿。将隆智与其堂妹的口述内容对照

---

① 在访谈中，隆智的堂妹或直接称呼隆智的法名，或把隆智称为"我哥哥"，或把她叫作"我姐姐"。从这些不同称谓中，可以感受到被访者内心的矛盾，由此亦可透视出隆智身份的多重性。

② 访谈时间：2006 年 3 月 3 日。

分析，可以看到隆智出家的动因，既有来自社会和家庭的外部因素，也有缘于她本人思想个性的内在因素。正是在特定的社会背景、家庭环境和个人性格的多重作用下，隆智最终选择了出家的道路。

三、女性出家与身份转换：隆智出家的象征意义

日本学者渡边欣雄把汉族宗教的特征界定为一种“民俗宗教”，强调了汉族民俗宗教与民众日常生活体系之间的密切关系，并认为这种关系贯穿在民俗宗教的构成要素、组织形式和信条等各个方面，其形成离不开家庭、宗族、亲族和地域社会等既有的生活组织。[①] 这一观点对于从日常生活角度考察北京旧城女庙的功能与出家女性的身份问题具有启发意义。

在中国传统社会中，女性的身份终其一生是与男性和父系家族联系在一起的。如果一个女子选择不婚，其身份认同就会产生危机。而当一个家庭只有女儿，没有儿子——即没有男性继承人时，作为女儿的性别身份则会陷入双重危机。在以往的研究中，一些学者曾探讨过女性世俗身份与宗教身份的冲突与转换问题，[②] 但迄今为止，关于女性出家问题的研究尚不多见。以往学者们在研究中大多认为，中国传统社会中女性出家的原因主要与婚姻问题有关。自宋代以来，中国民间广为流传的《妙善传说》加深了人们对这一问题的看法。杜德桥（Glen Dudbridge）在对妙善传说的经典性研究中亦认为：对中国妇女而言，“婚姻与禁欲之间的抉择正是决定俗世或宗教生活成败最重要的关键”。[③] 王孺童则在为《比丘尼传》所作的《前言》中，把释宝唱记录的女性出家原因分为家变、婚

---

① [日] 渡边欣雄《汉族的民俗宗教：社会人类学的研究》，周星译，天津：天津人民出版社，第 3 页。

② 水镜君、玛利亚·雅绍克在研究中国清真女寺史时认为，“有两种不同的、含多种冲突的礼的话语系统影响着妇女的社会生活，即：与中国人有关的世俗身份（作为中国妇女）和与穆斯林（以阿拉伯穆斯林妇女为代表）有关的作为特定伊斯兰文化承载者的身份”。参见水镜君、[英] 玛利亚·雅绍克《中国清真女寺史》，北京：三联书店，2002，第 256 页。

③ [英] 杜德桥（Glen Dudbridge）《妙善传说》，中译本，李文彬等译，台北：巨流图书公司，1990，第 103 页。

姻、战乱、还愿、祖信、宿缘六种。[①]而本书的个案研究表明，民国时期北京比丘尼隆智出家的主要原因，来自于她欲将自身的性别身份由女性转变为男性，以承担家族无男性子嗣所缺失的社会角色的强烈愿望。从阐释人类学与象征人类学的理论来看，这种性别身份的转换具有鲜明的符号象征意义。克利福德·格尔茨（Geertz Clifford）认为：宗教是一个象征符号体系，它所做的是在人们中间建立强有力的、普遍和持续久长的情绪及动机，依靠形成有关存在的普遍秩序的概念并给这些概念披上实在性的外衣，使这些情绪和动机看上去具有独特的真实性。[②]与格尔茨的理论相关，维克多·特纳（Victor Turner）运用“阈限”概念，分析了仪式的过程及其象征意义。根据特纳的描述，“阈限”可以被理解为从一种社会“位置结构”过渡到另一种社会“位置结构”的中间状态，特纳称之为“边缘时期”。[③]仪式则是阈限（时期）不可缺少的重要内容，通过阈限时期的仪式，新人的人生道路（或曰存在本身）将发生深刻转变。因而，阈限（时期）对于一个人的生命历程起着非常重要的作用。特纳认为，“在阈限时期取得的秘密知识或‘神秘直觉’使人感到在改变新人的内心最深处的本质，如同在蜡上打印似的，在他身上打上了未来状态的特征。这不只是取得知识，而是存在本身的转变”。[④]

上述理论对于理解隆智出家的过程及其象征意义具有一定启示。1941 年秋，隆智在北京拈花寺受戒，受戒时间近两个月。而从发心到受戒这段时期则长达 12 年。从广义上说，隆智的上述人生历程都可以被视为一种“阈限”。在经历了漫长的转换过程之后，隆智终于成为北京佛教尼寺中的在册尼僧，其性别身份也从世俗意义上的女性身份转换为宗教意义上的“男性身份”，从而进入到中国传统社会中的“拟父系家庭系统”，并由此获得“延续香火”的权利。在以出家为核心的这一转换过程中，包含着以下一些与中国传统文化中的性别意识密切相关的概念。

---

① 参见王孺童《比丘尼传·前言》，〔梁〕释宝唱著，王孺童校注《比丘尼传校注》，北京：中华书局，2006，第 8—9 页。

② 克利福德·格尔茨（Geertz Clifford）《文化的解释》，中译本，韩莉译，南京：译林出版社，1999，第 111 页。

③ 维克托·W. 特纳（Victor W Turner）《模棱两可：过关礼仪的阈限时期》，史宗主编《20 世纪西方宗教人类学文选》（上、下册），上海三联书店 1995，第 513 页。

④ 维克托·W. 特纳（Victor W Turner）《模棱两可：过关礼仪的阈限时期》，史宗主编《20 世纪西方宗教人类学文选》（上、下册），上海三联书店 1995，第 522 页。

（一）上坟与尽孝。在中国儒家传统文化中，无论男性还是女性都要恪守孝道，但在“上坟”这一点上对女性有严格限制。中国传统社会中的女性生命价值主要是通过结婚生子、为夫家传宗接代来体现的。清代虽然是满族统治，但受汉族文化——特别是儒家伦理道德观念的影响很大，“不孝有三，无后为大”是儒家所宣扬的道德规范，它使中国传统社会中婚后不育或婚后只生女、未生男的家庭陷入深深的道德困境并承受着巨大的压力。

隆智的爷爷有 4 个儿子，可谓子孙兴旺，但到隆智父亲这一代，情况就大不相同了。与隆智同辈的堂兄弟姊妹共有 8 人，其中 7 个是女孩儿。作为家庭中的独生女儿，隆智虽然受到长辈疼爱，即“养得娇”，但再娇也不能代替男孩儿去给祖先上坟。中国传统社会中只有男人才能祭祖是不可更改的规矩，这种规矩不仅给隆智的父辈带来难以承受的压力，也在隆智的心中投下浓重的阴影。所以隆智说：“别人出家是因为看破红尘，而我出家是为了做个男孩子，给祖先上坟！”按照中国人的传统观念，上坟不仅表示对先人的“尽孝”，而且意味着可以获得先人庇荫，使家族根脉深固，枝叶繁茂。在清末民初至 1949 年的特殊历史环境下，对于隆智来说，出家是她改变性别身份，将“女身”转化为“男身”的唯一方式，由此才能使家族“香火”得到延续。

从档案和访谈资料来看，清末民初至 1949 年，在北京旧城中有不少子孙庙，老北京人称之为“小庙”。对这些小庙来说，收徒与住持传续是延续香火的主要方式。无论是尼庙还是僧庙，收徒都具有“传宗接代”的意义。从访谈资料来看，接收徒弟是一件大事，至于收多少徒弟，则要根据各庙的条件。在收徒仪式上，各庙都有自己的规矩。比如在西观音寺，徒弟要出家，至少得“跟这庙待三年发心。徒弟也许不待，这三年没齐；你能待三年了，也许庙里不要你，有这么个规矩”。[①] 为此，隆智在西观音寺待了十年，而她最终落发的地方，却是另一座子孙尼庙——重阳庵。

访谈样本 8：隆智谈重阳庵的收徒仪式

（从西观音寺到重阳庵拜师父的时候）我师父请人办事儿，就跟过去那会儿

① 访谈时间：2005 年 7 月 24 日。

姑娘结婚似的。我师父说收徒弟大喜，各庙都来祝贺来，就那么个仪式。我也不知道（是哪儿的），我当小和尚，不认得。只记得大概三十多人吧，有出家人，也有俗人，出家人都是二和尚，俗人中有一些老太太。挺隆重的，跟在家人的姑娘结婚似的。①

从上述内容来看，民国时期北京旧城尼庙中的住持尼僧收徒，其意义如同婚嫁，其仪式与世俗家庭的婚嫁相比，既有相同之处，也有不同之处。相同之处是也有人情送往，一个庙收徒弟办事，其他的本家庙都要出份子钱，以此来维持尼庙之间的宗法关系。不同之处在于参加者的身份既有出家人，也有俗人。其中出家人都是女性，所谓“二和尚”，是北京民间对“尼僧”的俗称，在收徒仪式中，其角色相当于婚礼中的男方。与“收徒”相关的是子孙尼庙的住持接续方式。从档案和访谈资料来看，清末民初至 1949 年，北京旧城中的子孙小庙——无论尼庙还是僧庙，都采取“师传徒受”的传统形式。

访谈样本 9：隆智谈西观音寺的住持接续

（西观音寺住持）不是大家选的，只要是小庙就不是选的，收的徒弟。子孙庙（跟十方庙）不一样，那是家天下了我们那庙是，师父能收徒弟，徒弟能收孙子。像万寿寺就是十方庙，住持得选。他活着的时候我是他徒弟，他死了我来做住持，不成，你是十方人。②

由此来看，子孙庙与十方庙是属于性质不同的两类庙宇，在住持接续方式上也完全不同。由于民国时期“寺庙为传位传法问题，迭兴讼端”，民国政府在“博采意见，参考有关载籍”的基础上拟订了《华北管理寺庙僧伽暂行规定草案》，将寺庙分为“十方与子孙二种。凡住持之继承由传法而取得者为十方寺庙，由剃度师徒关系而取得者为子孙寺庙”。其具体类别又可分为十方选贤寺庙、十方选贤传法寺庙、子孙传法寺庙、子孙继承寺庙、子孙所改十方寺庙等五种，其中子孙继承寺庙是“由本寺庙子孙中选择贤能者继承住持；或由徒辈中以长幼次

---

① 访谈时间：2005 年 8 月 2 日、9 月 4 日。

② 访谈时间：2005 年 9 月 4 日。

序承袭；或于同宗近支中推选继充但不传法，亦无法席，其世代次序依照本寺剃度宗派定之”。[①]

从本书使用的档案文献和个案访谈资料来看，北京旧城子孙尼庙的师徒承继关系大多根据所属宗派的字辈代代延续，这一点亦体现了中国父系家族制度的深刻影响。字辈谱不仅使北京尼庙中的尼僧在宗教意义上有了属于自己的法名，而且在世俗意义上确立了尼僧之间的长幼尊卑关系。与僧庙不同的是，关于尼庙的宗派传承以及相关字辈谱，在以往用文字书写的历史中几无记载，因而本书通过访谈所获得的口述史料，对于了解清末民初至 1949 年北京旧城尼庙的宗派传承谱系具有重要意义。

根据民国档案和访谈资料可知，西直门南小街西观音寺、小石桥胡同观音庵和大石桥胡同重阳庵均属于临济宗，师徒法名按字辈传承。

从民国北京地方政府寺庙档案登记来看，清末民初至 1949 年，西观音寺、小石桥胡同观音庵和大石桥胡同重阳庵中尼僧们的法名，绝大部分符合口述史中的字辈谱排序，如西观音寺的觉密、觉祥；观音庵的本性、觉清、昌果、隆德；重阳庵的觉悟、昌寂和隆智。根据当时的调查记录，观音庵与重阳庵住持尼僧的法名，还可上溯至清末光绪年间的绪字辈与广字辈。根据 1928 年北平特别市公安局对小石桥胡同观音庵的调查登记，光绪十三年五月，前驻藏大臣升泰家庙因无人梵修，升宅遂将该庙供养尼僧绪法永远住持，后经募款，绪法将该庙重修齐整并递传至徒弟本性。[②] 另据民国北平市社会局寺庙调查登记，1929 年 6 月，小石桥胡同观音庵由本性的徒弟觉清接续住持。1934 年 5 月，觉清圆寂，住持职位便由她的徒弟——40 岁的善缘（法名昌果）接充，接任时间为 1936 年 3 月。[③] 从档案记录来看，大石桥胡同重阳庵的住持接续方式与观音庵相同，也是“师传徒受”。根据 1928 年北平特别市公安局寺庙调查登记，重阳庵住持尼僧觉悟称“该庙系属私产”，由上代住持广祥传给她的师父本立。1920 年 10 月，觉悟因师

① 北京档案馆藏《北京特别市社会局拟制寺庙管理规则草案》，1945 年 9 月 27 日，档号 J1-2-268，第 19—21 页。

② 北京档案馆藏民国北平特别市公安局观音庵档案，档号 J181-15-404，第 93—98 页。

③ 北京档案馆藏民国北平市社会局观音庵档案，档号 J2-8-232，第 26、48、53—74 页。

兄觉喜觉顺先后去世，遂将此庙接管并出资添盖房间。[①]1947 年 9 月，北平市民政局再次派人前往重阳庵进行调查登记时，据调查员报告，该庙住持所属宗派为“临济正支宗派”，继承惯例为“师传徒受”。[②] 上述材料都进一步证实了隆智口述的临济宗字辈谱是符合民国时期北京西观音寺及其两座本家尼庙宗派传承状况的。

（二）“出家”与“在家”。“家”是中国传统文化的一个核心概念。在中国长达两千年的封建时代，绝大多数女性的生存空间都被限定在世俗家庭的范围之内。因而在中国古代，特别是明清以来的封建社会晚期，那些专供出家女性修行和居住的庙宇，往往被看作是十分危险的。[③] 然而，从本书对民国北京旧城子孙尼庙所做的初步研究来看，“出家”是中国传统社会中一部分女性试图改变性别身份和自身生存环境的一种特殊途径。出家不仅使女性的称谓变为“男性”，而且在某种意义上使她们的生存空间得到延展。将本书使用的历史文献和访谈资料进行对比分析可知，“出家”与“在家”的关系不是彼此对立而是相互联系的。对于民国时期北京旧城子孙尼庙中的一部分尼僧来说，“出家”并非意味着离尘出世，而是世俗生活空间的一种转换。清末民初至 1949 年北京旧城中的子孙尼庙，为那些在现实生活中遭遇困境的女性提供了独特的生存空间。在这一相对独立的空间中，深受儒家伦理道德规范的父系式家长关系有着鲜明体现，尼僧之间的代际关系都用男性称谓来表示，如太爷、师爷、师叔、师父、师兄、师侄等，师徒之间的关系亦宛如父子。

从民国北京寺庙档案和笔者所做的个案访谈来看，北京旧城子孙尼庙的“拟父系式家族”关系网络主要是通过“本家”建立起来的。关于子孙尼庙中的“本家”，隆智有自己的解释。

访谈样本 10：隆智谈西观音寺的本家

谁是本家？比方说那当师兄的收了徒弟了，这当师弟的也收了徒弟，这么凑

---

① 北京档案馆藏民国北平特别市公安局重阳庵档案，档号 J181-15-390，第 15—20、25—33 页。1928 年时，觉悟 56 岁，民国九年（1920）出家，俗姓李，河北香河人。昌寂 50 岁，民国十四年（1925）出家，俗姓于，宛平人。

② 北京档案馆藏民国北平市民政局重阳庵档案，档号 J3-1-287，第 12—13 页。

③ 参见 Naquin Susan，*Peking temples and city life（1400-1900）*，University of California Press，2000，“PREFACE”，Pxxvi.

一块儿就成了本家了。跟在家的一样。比方说我吧，我父亲他们哥四个，都有孩子，再生了小孩儿了，我们就都成了本家了。你是叔叔屋的，我是大爷屋的，这不成本家了吗？（重阳庵和西观音寺）就是本家。就好像叔叔和大爷屋里收徒弟，不就是本家了吗？①

从上述内容来看，尼庙中的“本家”概念，来自于中国传统社会中父系家族的“本家”概念，二者在本质上是一致的。尼僧收徒，如同父亲得子；而出自同一个师父的师兄弟如再各自收徒，这些徒弟之间的关系就成了本家。从民国北京尼庙作为子孙小庙的这一特征及其本家关系中，可以清晰地看到中国传统父系家族制度的深刻影响。与本家相关的一个词是“庙亲”。所谓“庙亲”，是具有本家关系的庙宇之间的互称，换言之，庙亲之间互称“本家”。师兄弟收徒之后可以分家另过，庙与庙的尼僧之间也就形成了师叔、师侄等“亲属”关系。

从本节所使用的资料来分析，1949 年以前在北京旧城子孙尼庙中，“出家”与“在家”对于女性性别身份转换的意义，还体现在死后能否“入坟”这一点上。据北平市社会局寺庙档案记录，1930 年，在大石桥胡同重阳庵的人口登记表中有一位带发女居士，名叫善通（寺庙档案登记中又写作“单通”），52 岁，俗姓金，宛平人。对于善通晚年的经历，隆智有着清晰的回忆。

访谈样本 11：隆智谈善通带发修行，不能入坟

她（指善通）是礼王府的王爷的小舅子的姨太太。她原先不在我们的庙，她在德胜门里头路北有一小庙，那庙叫什么也不是，她买的，她住那儿。也不叫什么庙，我不知道，我知道她在那儿住。以后她把她那庙卖了，没辙了，上我们这儿了。带着头发，至死还死在我们的庙了呢。死时没人我把她给埋了。她因为带着头发不能入坟呐，我给她寄了个地埋的。②

根据北平市社会局 1936 年寺庙档案登记，善通所在的小庙叫“土地庙”，又

① 访谈时间：2005 年 9 月 4 日。

② 访谈时间：2005 年 8 月 19 日。

名“福德庵”，位于内五区德胜门内大街果子市八步口四号。在档案登记中，善通的身份是土地庙住持（在档案中又写作“庙主”）。1936 年 5 月，北平市社会局派人前往土地庙调查庙产时，善通不在，据代理人——重阳庵住持尼僧昌济称，善通是重阳庵的寄名徒弟，因前往天津，故委托重阳庵代理庙务。① 从隆智口述的内容来看，善通最终卖掉庙产寄居到重阳庵内，并在那里走完了人生的最后路程。然而，作为在重阳庵带发修行的俗家女弟子，她在死后是不能入坟的。② 这从另一个方面说明，在中国传统社会中，女性只有在出家之后，才能在象征层面上，从生到死地完成性别身份的转换。对于出家尼僧来说，庙就是家——不仅仅是生活的场所，也是生命的归宿。而对于带发修行的俗家女弟子来说，庙宇只是现实生活中一处安身立命的场所，其生命的归宿，最终还是要回到世俗家庭中去。

第二节　观音女庙的寺庙空间与社会空间关系
——以北京外城三教寺的空间变迁为个案

清末民初至 1949 年，北京旧城观音女庙的寺庙空间是一种动态的、流动的空间。本节以北京外城三教寺为个案，主要探讨民国时期北京旧城观音女庙的寺庙空间变化与北京城市社会空间的关系。使用资料包括中国国家图书馆藏三教寺碑刻拓片、明清北京地方志文献、民国北京地方政府档案以及笔者对民国时期在三教寺出家的老北京比丘尼亲莲所做的访谈记录③。

关于中国城市空间的分布问题，海外学者多有关注。杨庆堃认为，旧中国的城市是由外观基本相似、内中却截然不同的“街坊单位”组成的。“每个单位

① 北京档案馆藏《北平市社会局寺庙类内五区土地庙（福德庵）（尼）》1936 年，档号 J2-8-530，第 67、71 页。

② 与民国档案记录相对照，隆智在口述中所说的“坟”，应指尼庙的茔地。据 1930 年北平市社会局寺庙调查登记，小石桥胡同观音庵在德胜门外黄寺后身有附属茔地二亩。参见北京档案馆藏《民国北平市社会局观音庵档案》，档号 J2-8-232，第 23 页。

③ 访谈时间：2006 年 5 月 11 日，2008 年 7 月 29 日、9 月 12 日、10 月 15 日。访谈地点：北京广化寺。

都既有商行，又有住宅，既有富户，又有穷家，再添上极少的几个生产企业、市场、庙宇和学校。他认为，‘在这种空间布局之下，在一个街坊中工作和生活，与城里别区的接触就减少到最低限度’是有可能的。”[①] 从本节对清末民初至 1949 年北京三教寺的个案研究来看，杨庆堃关于“街坊单位”的观点或许适用于清代中期以前中国传统城市社会。而就民国时期北京的城市空间来说，各个街坊单位与城里别区的接触并不少见。

从文献和访谈资料来看，北京旧城观音女庙的修建与住持尼僧的家族背景有很大关系。清末民初至 1949 年，北京一些官宦之家或商贾富户往往凭借家族实力，将一些破败的寺庙购买下来，以供家族中的出家女性独居修行。这些庙宇多以私建子孙庙的形态存在，从中可见父系家族制度对于北京旧城观音女庙空间特征的深刻影响。

一、民国时期北京旧城观音女庙的空间变化及其原因

民国时期北京旧城观音女庙的空间变化主要体现在两个方面。一是寺庙房殿与院落布局的变化；二是信仰主体的空间流动与法物的空间移位。导致女庙空间布局变化的因素主要有以下三个方面：

1. 庙名与寺庙性质的改变。明清时期，随着社会思潮及民众信仰状况的转变，北京庙宇中的主神以及寺庙名称处于动态变化之中；而寺庙性质也随着北京社会经济状况的变迁和寺庙持有者的生存需要而改变。从文献和田野调查资料来看，庙名与寺庙性质的改变，常常导致北京旧城观音女庙寺庙空间的变化。例如，内五区德内大街 187 号守善堂王宅家庙，在宣统三年由观音庵变为私建家庙，产生这一变化的动因并非单纯为了满足尼僧的信仰需求，而是通过出租房屋

---

① 杨庆堃《关于中国城市社会研究的一些想法》，[美]“中国社会的小组织问题学术讨论会”论文，百慕大，1963 年 1 月，第 16 页。转引自施坚雅编《中华帝国晚期的城市》，北京：中华书局，2000，第 631 页。关于晚清时期中国城市中“街坊单位”的研究，多纳尔德 · R. 德格洛珀和施舟人在台湾也做过相关研究。参见多纳尔德 · R. 德格洛珀《一个十九世纪台湾海港城市的社会结构》，施舟人《旧台南的街坊祀神社》，收入施坚雅编《中华帝国晚期的城市》，叶光庭等译，北京：中华书局，2000。

的形式来满足社会变迁之际女性信仰主体的现实生存需要。1929年，北平特别市公安局在调查中了解到，“该庙原名观音庵，于宣统二年十月间经守善堂王宅由马吉祥马吉顺手用价购置，将原有之庙房五间改建殿房共十三间，并在山门石匾上刊有守善堂王宅家庙及宣统三年立等字样，随后招请尼僧印存在庙焚修并将该庙产另行补税新契”。[①] 庙名与寺庙性质发生变化的方式为购买，其结果是该庙房殿建筑由原来的五间改建为十三间，实际增加了七间。

而清末民初至1949年，位于北京外城的三教寺则是一座由道庙转变而来的佛教女寺。在由男庙转化为女庙的过程中，三教寺曾修建了一座观音殿作为尼寺的第一层大殿。与守善堂王宅家庙的例子不同，三教寺的寺庙空间变化主要体现在增修观音殿这一信仰行为上，在该寺寺庙空间变化过程中，最突出的特点是其信仰场所、信仰对象与信仰主体均由男性转化为女性。

2. 市民经济状况的窘迫，导致庙宇房殿与院落布局的改变。民国时期，由于连年战乱和政治的黑暗，北京市民的经济状况每况愈下。随着1928年民国政府的南迁和1937年卢沟桥事变的爆发，北京市民的生活日益艰辛。从民国北京寺庙档案来看，当时有不少女庙的殿房都已年久失修，破败不堪；另一方面，城市居民生活的日益贫困也使一些依靠香资收入的女庙减少了生活来源，入不敷出。因而20世纪30年代后期，凡在经济方面略有余力的女庙住持尼僧，均纷纷向北平市政府呈报重修、改建或拆建庙房工程，以通过出租房屋来增加收入，补贴庙中日用。这方面的例子在民国北京地方政府寺庙登记档案中屡见不鲜。

3. 社会转型与城市发展建设，导致庙宇殿房与院落布局的改变。民国时期，随着中国从传统社会向现代社会的转型，北京也由消费城市向工业化城市转变。这一转变给北京城市面貌所带来的影响至少体现在以下两个方面：第一是道路的扩建和改造，导致北京旧城街巷与院落布局发生改变。第二是政府在北京内城兴办工厂，亦使部分寺庙建筑与院落布局发生变化。从旧城观音女庙的情况来看，比较典型的例子是内四区观音庵的空间变化。据民国北京地方政府寺庙登记档案记录，该庙是从恒乐寺（尼庙，民国地址为石碑胡同十号，建于清咸丰年间）中

---

① 北京档案馆藏《伪北平特别市公安局王宅家庙（尼）》，档号J181-15-479，第22—27页。

分割出来的一座女庙。民国初年，因女工厂占用恒乐寺后殿用地，警察所作为补偿，在恒乐寺附近另外择地盖了一座庙，即位于内四区石碑胡同十九号的观音庵。① 由此可见社会变迁对北京庙宇空间变化的影响。

清末民初至 1949 年，北京旧城观音女庙的寺庙空间变化还隐含着一种内在因素，即观音女庙信仰主体的空间流动与法物的空间移位，二者往往具有连带关系。如 1935 年社会局对内三区隆福寺东廊下八号观音庵进行寺庙登记时，发现住持尼僧广智已移居至妙峰山关帝庙，并带走了观音庵中唯一的一部经典《观音经》。②1936 年北平市社会局在对内二区大栅栏观音寺进行庙产登记时则发现该寺少了铁钟一口与金刚经两部，经调查，系由住持尼僧觉旺“移至外四区界三教寺街二号天仙庵庙内，尼以备朝夕午夜上佛殿奉诵使用，因尼有师爷住持天仙庵年老多病无人照料之故，尼暂住天仙庵”。③ 从上述档案记录内容来看，民国时期北京旧城观音女庙信仰主体的空间流动也是导致寺庙空间变化的一个原因。

二、三教寺的寺庙空间变化以及与地方社会的经济关系

从明清至民国时期北京地方志文献来看，三教寺位于北京南城，前身是一座道教庙宇，明代曰“玉皇庙”。清代数次重修，清末道光（1821—1950）年间更名为“三教寺”，由男庙变为女庙。民国地址为外四区盆儿胡同门牌一号。关于三教寺的前身“玉皇庙”，在明清北京地方志文献中多有记载。如《宸垣识略》记：“玉皇庙在盆儿胡同，明万历中建，有光禄少卿史纪事碑。本朝顺治十四年重修，始祖章皇帝临幸其地，有大学士金之俊碑。”④ 玉皇庙之西有“宏仁万寿宫，明万历四十三年敕建。中为文昌殿，左以祀诸葛孔明，封号曰天枢上相，右以祀

---

① 据北京档案馆藏《伪北平特别市公安局观音庵（尼）（二）》，“因民国五年女工厂占用寺内后殿及地基一段，由该工厂修观音庵以偿占用之损失，遂与恒乐寺分为二院，坐落内四区石碑胡同门牌十九”，而从庙产上看，该庙“确与本巷十号恒乐寺系属一家一套手本，确系子孙庙产”。档号 J181-15-404，第 21—24、28—29 页。

② 北京档案馆藏《内三区观音庵住持广智关于登记庙产的呈及社会局的批示》，档号 J2-8-868。

③ 北京档案馆藏《内二区大栅栏观音寺尼僧觉旺登记庙产的呈文及社会局的批示》，1931—1936 年，档号 J2-8-634。

④〔清〕吴长元 辑《宸垣识略》（卷十 外城二），北京：北京古籍出版社，1982，第 203 页。

文信国，封号曰天枢左相，皆目之曰真君。祀雷神于后殿，设礼斗台。最后建高阁十三楹，曰太极造运宝阁，以安昊天上帝。有神宗御制碑。考按：宏仁万寿宫在盆儿胡同之西，遗址仅存，无寸椽矣。土人犹呼为万寿东宫，因其西百余步尚有万寿西宫也。文昌像及诸葛孔明等像，俱移于盆儿胡同玉皇庙内”。[①]《日下旧闻考》亦记“玉皇庙在盆儿胡同。五城寺院册”。[②]

从上述文献记录可知玉皇庙的位置、初建时间与重修年代，碑刻作者及周边庙宇宏仁万寿宫的情况；亦可知明末清初，玉皇庙所在地区曾是北京外城道教庙宇集中的地方。

关于玉皇庙建立始末以及在清代道光年间的变迁，民国时期陈宗蕃编著的《燕都丛考》记述更为翔实。该书转引《顺天府志》曰：

华严寺俗称圣贤庵，南有玉皇庙，道光间重修，改名三教寺。又玉皇庙在盆儿胡同之西，明万历二十九年，荣昌公主所立。本朝顺治十四年重修，世祖曾临幸焉。庙门西向，前为玉皇殿，中为文昌殿，又有殿亦祀文昌，东西祀诸葛武侯、文信国。其旁有雷神殿，殿前有顺治十八年碑一，金之俊撰。碑云：“京师城南玉皇庙，为都城胜境。顺治丁酉，住持清勤谋新轮换，即成文昌殿，复建立戒坛。世祖章皇帝临幸，发帑金一千两，遣牛录章京陈秉正赍赐。迄今又阅三载矣。清勤感先皇帝钦祀之至意，伐石徵文于余。顺治十八年二月二日。”又明天启四年碑一，史记事撰。碑云：岫云王氏一清，徽之歙人，少习制举，长事玄修，神宗圣母弗豫，荣昌公主命岫云祷之有应，遂为建玉皇庙。创始于万历二十九年春，落成于四十八年秋。其东旧有宏仁万寿宫，明万历四十三年敕建，久废。今玉皇庙中所奉之雷神、文昌、武侯、信国诸像，俱从万寿宫移奉者也。又西为万寿西宫，尚完整。有关帝殿、吕祖殿，斗姥阁高四五丈，关帝殿前亦有明神宗碑。又西为天仙庵，比丘尼居之。迤南有关帝庙，俗称金顶庙。已圮。盆

---

①〔清〕吴长元 辑《宸垣识略》（卷十 外城二），北京：北京古籍出版社，1982，第202—203页。

②〔清〕于敏中等编纂《日下旧闻考》（二），北京：北京古籍出版社，第995页，有史记事玉皇庙碑略与金之俊重修玉皇庙碑略。

儿胡同之西，皆旷地也。……《藤阴杂记》:“玉皇庙在盆儿胡同，严宗伯我斯《登玉皇阁诗》:双阙烟生缥缈外，万山青在有无中。”[①]

将上述两条记录进行对比不难发现，文献中关于玉皇庙所在位置的记载有矛盾之处，《宸垣识略》记玉皇庙之西有“宏仁万寿宫”，而《燕都丛考》则记玉皇庙之东“旧有宏仁万寿宫”。对于上述文献记录说法不一的地方，还要通过其他资料来分析、印证。

历史上保存下来的三教寺碑刻共有四通，因年代久远，部分内容已漫漶不清。其中，明碑一通，清碑两通，无年月碑刻一通。[②] 明碑刻于天启四年（1625）十二月十五日，首题为“新建玉皇庙□碑记”，额题为“新建玉皇庙碑”，篆书，阴题名。从碑文内容看，玉皇庙创建于明代万历二十九年（1601）春，落成于万历四十八年（1620）秋，其开山住持为京师道士王一清。王一清原籍安徽歙县，曾在武当山专事玄修，后游于京师，住白云观中。其时神宗母亲李太后罹病，荣昌公主派人请王一清诵经三昼夜为太后祈福，如愿之后，又与众太监商议建玉皇庙作为王一清修行祝釐之所。从上述记载来看，玉皇庙在建立之初与明代宫廷女性及京城道教关系密切。从该庙的空间分布来看，其规模亦非一般庙宇所能比肩。

另据碑刻记载，清初顺治丁酉年（1657），玉皇庙住持清勤将文昌殿及两配殿重修一新，当时清世祖不仅赐金1500两，而且亲临拜谒，又发金1000两。顺治十八年（1661），住持清勤为感念“先皇帝钦天祀神之意”，“伐石建碑以纪其盛”。从碑文可知“明天启间光禄卿史公原碑庙址系城南土地祠，为开山住持王岫云幻□栖□之所”。[③] 将刻于明末清初的上述两通碑刻相对照，可以了解到自17世纪初至17世纪中叶，随着王朝的更替和北京城市社会空间的变化，玉皇庙的寺庙空间也在发生微妙的变化，从以供奉道教神灵玉皇大帝为主（附以文昌信仰），转变为以文昌信仰为主，从中可见住持清勤在国家社会变迁之际所具有的高度

① 陈宗蕃编著《燕都丛考》，北京：北京古籍出版社，1991，第632—633页。

② 碑名为《三教寺题名碑》（京897），收入徐自强主编《北京图书馆藏北京石刻拓片目录》，北京：书目文献出版社，1994，第261页。拓片现保存于中国国家图书馆。

③《文昌殿碑》（京862），《北京图书馆藏中国历代碑刻拓片汇编》，第61册第161页。

敏感性，以及为了庙宇的生存和发展所做出的巨大努力。这些努力所产生的结果，在康熙年间（1662—1722）刻立的《文昌殿题名碑》（京 863）中有充分体现。

《文昌殿题名碑》由碑阳与碑阴两部分构成，碑阳中的碑文横列为三段，每段上半部为官职，下半部为姓名。包括户部、工部、兵部、刑部、礼部等各部大员及国子监祭酒、内秘书院、内国史院、都察院、内弘文院、内秘书院官员学士、京城各处监察御史及部分地方官员共 80 余人。这样一支位高权重、数量庞大的信众队伍，无疑使这座建于明末的道教庙宇，在清代国力昌盛时期，凭借文昌殿之香火转而走向繁盛。值得注意的是《文昌殿题名碑》的碑阴部分有正、副会首各 100 余人，管事会首及阐教弟子、随会弟子若干人，均为男性。① 说明当时位于北京城南的这座玉皇庙，与京都香会活动有密切关系。

三教寺的第四块碑刻为《十方题名碑》（京 897），无年月，额失拓。徐自强主编的《北京图书馆藏北京石刻拓片目录》将其列为明碑收录，② 碑名为《三教寺题名碑》。现保存于中国国家图书馆的该碑拓片，只有碑阴部分。据北京地方志文献记载，三教寺更名于清代道光年间，以此推测，这块碑应立于道光时期。该碑共收录乾清宫近侍司礼监各衙门太监会首题名 199 人，③ 说明这座从 17 世纪中叶至 19 世纪上半叶在京城显赫了近 200 年的庙宇，虽几经变化，名称也由玉皇庙改为三教寺，但与清代宫廷和北京仕宦阶层的关系始终十分密切。

关于三教寺在清末民初至 1949 年的变迁情况，在北京地方志文献和碑刻记录中均无记载，而民国时期北京地方政府的档案文献可以弥补这方面的不足。本节使用的三教寺民国档案资料主要有以下五种：一、1915 年《警察厅检查三教寺尼僧大愿信件》。④ 二、1928 年北平市公安局对三教寺进行的寺庙调查登记。⑤ 三、1930 年北平市社会局对三教寺进行的寺庙调查登记。⑥ 四、1943 至 1945 年，

---

①《文昌殿题名碑》（京 863），《北京图书馆藏中国历代碑刻拓片汇编》，第 67 册第 155—156 页。

② 徐自强主编《北京图书馆藏北京石刻拓片目录》，北京：书目文献出版社，1994，第 261 页。

③《三教寺题名碑》（京 897），徐自强主编《北京图书馆藏北京石刻拓片目录》，北京：书目文献出版社，1994，第 261 页。拓片保存于中国国家图书馆。

④ 北京档案馆藏《警察厅检查三教寺尼僧大愿信件》1915 年，档号 J181-19-9759。

⑤ 北京档案馆藏《伪北平特别市公安局三教寺（尼）档案》1928 年，档号 J181-15-399。

⑥ 北京档案馆藏《北平市社会局三教寺（尼）档案》1930 年，档号 J2-8-162。

北京地方法院关于三教寺请求增租的民事诉讼审理卷宗。五、1947年《北平市政府警察局外四分局三教寺户口调查表》。上述档案为了解民国时期三教寺的变迁及寺庙空间与社会空间关系提供了宝贵的历史资料。

从民国北京地方政府寺庙档案来看，北京外城观音女庙与城市社会的关系远比内城女庙复杂。在1915年北平市警察厅档案、1928年北平特别市公安局档案，以及1930年的北平市社会局档案关于三教寺的记录中，以下内容特别值得关注。

第一，1915年7月22日，京师警察厅派人检查由安徽来京上诉并旅居三教寺内的尼僧大愿住处。“扣门进内，见该寺佛殿前后二层并东西配房，后殿供奉佛像并不住人，东配房彭姓、马姓居住，闻彭系彭翼仲之侄，皆有眷属。办事员等并未往查，亦未接谈；西配房系该寺住持尼僧长善师徒三口住宿；前殿即系大愿居住。办事员等即往查勘，见该殿房三间，大愿在西间住宿。”① 由此可见，三教寺对于寺庙空间的划分十分明确，后殿为该庙的内部空间，也是尼僧们的信仰空间，居住人口是稳定的，空间也相对私密；而前殿为外部空间，在一定程度上可以向社会开放，其居住人口是流动的，因而也是不稳定的。

第二，三教寺房殿众多，规模很大，与龙泉寺有关。1928年12月，三教寺住持尼僧安平向北平特别市公安局呈报庙产，称该寺为明代私建庙宇，“系龙泉寺下院，由先师次第继传至今”。后于清道光癸卯年（1843）及民国三年两度重修，共有房殿81间，出租房间每月得租十六元。②

第三，三教寺的修建，曾得到住持尼僧俗家和施主宋伯鲁的资助。1940年3月，三教寺住持尼僧国宝呈请北平市社会局批示改建庙房，社会局派人前往调查，了解详情。“该庙住持国宝声称本庙前院原有东西灰房各一间，多年失修不堪居住，今拟利用庙内原存之木料砖瓦等改建东西灰房各三间以便出租等语。据查该庙积存之木料砖瓦等均系施主宋伯鲁建房所余之物，曾于民国二十二年捐助该庙，所需工资约三百余元，系该住持俗家所施，并无其他借贷情形。”③ 由此可

① 北京档案馆藏《警察厅检查三教寺尼僧大愿信件》1915年，档号J181-19-9759，第15—16页。

② 北京档案馆藏《伪北平特别市公安局三教寺（尼）档案》1928年，档号J181-15-399，第20—24、29—30、33—36页。

③ 北京档案馆藏《北平市社会局三教寺（尼）档案》1930—1941年，档号J2-8-162，第73页。

见，民国时期三教寺住持尼僧国宝的俗家经济实力颇为雄厚。

第四，三教寺有属于本庙的茔地。1941 年，住持国宝呈报北平市社会局拟在三教寺庙内空地修建砖塔。社会局派人调查，“适值该住持外出，询据伊徒亲莲声称本庙前有空地一块，系先师祖茔地，现因马居士发愿拟在坟上修建砖塔一座以资纪念等语，经查所称尚属实情”。[①] 从民国北京地方政府寺庙登记档案资料来看，北京旧城女庙所属茔地主要有两种形式：一是在郊区另外择地而建，如方家胡同白衣庵。二是在本庙附近修建，如三教寺。

从寺庙登记档案内容来看，民国时期三教寺的寺庙空间特征主要表现在以下两个方面：首先，三教寺的殿房分布包括前后两层，后殿供佛，不住人，东配房出租给住户，西配房供三教寺尼僧自住；前殿则提供给外地进京的旅居尼僧居住。从房屋数量上看，三教寺实际共有房殿 81 间，对于其他房殿的用途及使用状况，在上述档案文献中并未说明。对此，还需要通过其他资料来进行对比分析。其次，三教寺庙房建筑的改建或增修，一方面，在很大程度上依赖于施主与住持尼僧俗家的捐赠；另一方面，居士的信仰行为亦有一定作用。这说明民国时期三教寺的寺庙空间变化是由多种因素构成的，在其背后，隐含着庙宇与北京城市社会之间的内在关系。

从档案记录来看，三教寺与地方社会的经济关系主要体现在庙宇与商铺（铺保）和房屋租赁者的关系上。清末民初至 1949 年，由于时局动荡和经济萧条，北京绝大多数女庙都把部分庙房出租给住户，三教寺亦不例外。根据 1943 至 1945 年北京地方法院关于三教寺请求增租的民事诉讼审理卷宗，以及 1947 年北平市政府警察局外四分局三教寺户口调查表等档案记录，三教寺与北京地方社会的经济关系主要是通过出租房屋来实现的。从 1947 年警察局外四分局对三教寺胡同一至二十二号的人口统计来看，当时三教寺除位于三教寺胡同一号的庙内房产外，还有三教寺胡同七号、十号、十号甲、十号乙、十号丙、十一号、十二号、十二号甲等多处庙外房产，均出租给了住户或铺户。由此可知，三教寺的房产经营活动可分为庙内与庙外两种形式。庙内出租房屋集中于三教寺一号院内，

---

① 北京档案馆藏《北平市社会局三教寺（尼）档案》1930—1941 年，档号 J2-8-162，第 42—49 页。

共有七家，均为常住庙内的老户。其中四家户主为已婚男性，职业均属公务员性质。另有三家户主为女性，均为孀居妇女，或孤身一人，或与儿孙居住在一起。表1清晰地显示了三教寺一号庙内房屋租赁户户主的情况。从档案记录来看，三教寺内的租房户与该寺住持尼僧的关系不是一朝一夕建立起来的，彼此应有持久的相互信任关系，否则，三教寺住持尼僧不会把庙内房屋出租给他们。

表1 三教寺一号寺庙内房屋租赁户户主情况表（1947年8月）

户主姓名	性别	年龄	婚否	籍贯	教育程度	职　业	宗教信仰	居住年限	家庭人口
赵忠诚	男	42	已	固安	高中	河北省第六区合作社主任	佛	久居	7人
成任氏	女	61	孀	北平	未读	无	佛	久居	1人
王庆元	男	28	已	故城	小学	第一监狱看守	佛	久居	3人
刘　培	男	28	已	固安	中学	铁路局技工	佛	久居	7人
常石氏	女	54	孀	北平	未读		佛	久居	11人
沈韦氏	女	56	孀	北平	未读		佛	久居	2人
尚敏亭	男	53	已	北平	中学	外五分局办事员	佛	久居	7人

除三教寺胡同一号的庙内房屋外，三教寺在同一条胡同中还有八处房产。从档案来看，三教寺庙外房屋的租赁户包括三十八家住户和两家铺户，户主均为已婚男性，职业五花八门，其中绝大部分与城市商业经济和市井生活有关。（参见表2）

表2 三教寺一号寺庙外房产租赁户情况表（1947年8月）①

房产地址	户别	户数	户主性别	婚姻状况	职业
三教寺七号	住户	两户	男性	已婚	厨行、小生理各一户
三教寺十号	住户	九户	男性	已婚	拉车（四户），做小生意（三户），其余煤行、卖烟纸的各一户。
三教寺十号甲	住户	五户	男性	已婚	拉车（三户），鱼行、工人各一户
三教寺十号乙	住户	六户	男性	已婚	拉车（两户），香行（两户），唱大鼓、小生理各一户

① 表1、2，制表人：舒燕。资料来源：北京档案馆藏《北平市政府警察局外四分局户口调查表》1947年8月，档号J181-006-01833，第2—9页。

续表

房产地址	户别	户数	户主性别	婚姻状况	职业
三教寺十号丙	住户	六户	男性	已婚	香行铺伙、小生理、酱园行、酱油行、拉车（两户）
三教寺十一号	铺户	一户	男性	已婚	兰馨酱园，山东人开的，有伙计 11 人
三教寺十二号	铺户	一户	男性	已婚	万兴香厂，有伙计 12 人。
三教寺十二号甲	住户	十户	男性	已婚	拉车（六户）、机务段小工、小生理（三户）、鱼行等

在上述租赁户中，具有经济实力的是两家铺户，即位于三教寺十一号的兰馨酱园和十二号的万兴香厂，三教寺与地方社会的经济纠纷也由此产生。

根据档案记录，三教寺与租赁铺户万兴香厂之间的纠纷是因房屋租金的增加而产生的。三教寺与万兴香厂的房产租赁关系始于 1914 年。1914 年 8 月，三教寺租给万兴香厂铺长王霭泉灰房 32 间，水井一眼，月租 3 元。1939 年，三教寺住持尼僧国宝向北平市社会局提出诉讼，要求被告万兴香厂自当年 8 月 1 日起将付给三教寺的租金增加到国币 16 元。1940 年 8 月，经北京地方法院判决，准予三教寺增租，将月租增加到 15 元。被上诉人不服，原告又上诉到河北高等法院，经审理后于 1942 年 12 月 23 日法院判决“驳回被上诉人关于增租废弃部分之请求”。此后，被告万兴香厂一直未执行法院裁定。

1943 年 5 月，三教寺住持国宝再次聘请律师上诉北京地方法院，要求“予以执行令债务人遵判给付”。然而同年 5 月 12 日，万兴香厂铺长王霭泉却作为原告，将三教寺告上法庭。王霭泉称 1922 年 10 月，三教寺原住持常善以中间价将三教寺前一段空地卖给原告，原告又将其租给了聚义永皮局晒皮及马思圣开设之都一处煤铺晒煤。最终，法院判决驳回原告之请求。[①]1943 年 6 月 3 日，三教寺代理律师上书北京地方法院，称“三教寺与万兴香厂增租一案现已在外将租金付清”，请求地方法院“准予撤回本案执行并领回判决书两本此结”。[②]

1944 年 11 月 3 日，三教寺住持国宝作为该寺的法定代理人，再次向法院提

① 北京档案馆藏《北京地方法院民事诉讼卷宗》（确认），档号 J65-19-3306，共 5 页。

② 北京档案馆藏《北京地方法院民事诉讼卷宗》（增租），1943 年 5 月 14 – 20 日，档号 J65-19-5808。

出诉讼，称“近因房价上升经济状况变迁，拟每间增为两元，连同原租共六十四元，与其去信商洽拒不收受，是以声请钧院予以调解，令王霭泉每月给付租金六十四元以维产权，如调解不成，立请移送审判，实为公便。谨呈北京地方法院公鉴”。11 月 27 至 29 日，三教寺委托律师交了 30 元鉴定费之后，法院对三教寺胡同 12 号，即三教寺租给王霭泉的铺房及铺底价情况进行了鉴定。12 月 13 日，法院判决，驳回原告三教寺的诉讼请求，理由是三教寺的起诉不合程式。[①] 自此，三教寺与万兴香厂长达 5 年的产权诉讼纠纷不了了之。

综上所述，三教寺从明末至 1949 年的历史变迁大致经历了初创（17 世纪初期—17 世纪中叶）、兴盛（17 世纪中叶—18 世纪末）和衰落（19 世纪初—20 世纪中叶）三个不同阶段。在三百余年的变迁过程中，三教寺由一座建立在北京城南土地祠庙址上的玉皇庙，发展为以文昌信仰为核心的庙宇，至 19 世纪上半叶，又更名为“三教寺”。在这座庙宇的每一次“变身”中，我们都不难看到北京庙宇的空间变化与城市社会变迁的关系，也不难感受到修庙者与更名者为延续寺庙香火所花费的巨大精力和良苦用心。然而，随着清末民初中国传统社会的瓦解，三教寺最终失去了昔日的辉煌，在一片破败景象中不得不由僧庙变为尼庙。对于三教寺在清末民初至 1949 年的寺庙空间分布及其与北京城市社会的关系，民国档案中虽保留了一些记录，但对于三教寺如何由男庙变为女庙及三教寺尼僧的背景情况，上述文献或无记载，或所记不详。而笔者通过田野访谈所获得的口述资料，可与文献记录参照对比，弥补不足。

与北京旧城其他女庙不同，三教寺作为外城一座从男庙转化而来的女庙有其自身的特殊性和复杂性。这一点在笔者对民国时期在三教寺出家的尼僧亲莲所做的访谈资料中亦有所体现。

亲莲生于 1914 年农历六月十八日，幼年出家于三教寺，1932 年在北京拈花寺受戒。作为 20 世纪北京庙宇变迁的历史见证人，亲莲口述的三教寺历史及尼僧的家庭背景情况，为研究民国北京女庙的生存状况和与之相关的女性生活提供了难得的对比资料。

---

① 北京档案馆藏《北京地方法院民事诉讼卷宗》（增租），档号 J65-20-7896，第 8—11，28—31，37—38 页；全卷共 44 页。

1. 清末至1949年，三教寺作为女庙的寺庙空间特征。关于三教寺的空间特征，笔者在对亲莲的访谈中主要了解了以下三方面内容：一、三教寺是如何从男庙变为女庙的。二、三教寺的殿房、院落布局与庙房分配情况。三、三教寺与租赁铺户的关系。

访谈样本12：亲莲谈三教寺如何从男庙转化为女庙

三教寺以前是道庙，供玉皇；解（自）道光年间改的和尚庙（大僧庙）。前清时的事儿我就不知道了。赶我们接手的时候是花800两银子买的。那时庙里不许说买，那也得花钱。为什么叫“三教”呢？三教是佛、道、儒。我们那儿有五层殿，有观音殿，释迦牟尼佛，这是佛教；有玉皇，是道教；有文昌殿，还有孔夫子、朱夫子，那是儒教。佛、道、儒，这么着叫三教寺。三教寺的名字是道光年间改的，是我太爷接手的时候改的。以前叫什么我就不知道了，可能叫“玉皇庙”。我看见山门上刻的有“道光年重修”。

听那么说，咱也弄不清楚。原来那个大和尚吃喝嫖赌，把这庙弄得破着呢，最后死得也很惨。这不就是因果报应？不好好修庙，卖一点儿，扔一点儿，钱都胡花了，把庙也给毁了，所以他就那么死了。后来就归龙泉寺管了，解（自）他们手里接过来的，花了800两银子。（龙泉寺）特别大，三教寺不属于龙泉寺，没人管，他们就得管着点儿吧。我也就知道这点儿。①

从亲莲的口述内容来看，三教寺在道光年间曾经历了两次转变：先由道庙变为僧庙，继而由僧庙变为尼庙。转变的方式名义上是接管，实际是价购。在这一过程中，位于北京城南的大庙龙泉寺起了重要作用。据档案记载，1928年北平特别市公安局派员前往三教寺调查登记庙产时，“住持尼僧安平声称该寺建自明代，系龙泉寺下院”。②正因为三教寺与龙泉寺之间具有这种特殊关系，才能在原庙破败不堪、无以为继的情况下，以800两银子的价格被龙泉寺转手为尼庙。从访谈资料来看，当时的出资者是亲莲的太爷，即三教寺变为女庙后的第一任

① 访谈时间：2006年5月11日。

② 北京档案馆藏《伪北平特别市公安局三教寺（尼）》1928年，档号J181-15-399，第20—24页。

住持尼僧。

三教寺的主体建筑除了玉皇殿和文昌殿以外，尚有释迦牟尼殿和观音殿两层大殿，对于这两座大殿的情况，以往北京地方志文献和三教寺碑刻中均未有文字记录。而笔者通过田野访谈获得的口述资料，可弥补这方面的不足。

访谈样本 13：亲莲谈三教寺的殿房、院落与庙房分配

三教寺很大，方圆二十里地呢，比广化寺还大。连山门有五层，进去是菩萨殿，不是四大天王，是观音菩萨殿。观音菩萨殿是自己建的，塑的泥像，观音打坐。观音菩萨殿后边是大殿，释迦牟尼佛殿，是正殿，琉璃瓦。后头是儒教里头的文昌殿，中间是文昌，孔夫子，朱夫子，都是铜像。第四层殿是玉皇，雷祖，供着雷公、闪电，比人都高，看着都害怕，没人去上香。玉皇后边是藏经楼，跟这庙的藏经楼一样。要看我们庙那铜像就去白云观。有一个庙叫灵佑宫还是什么，烧了，那庙里的像就移到这儿了。

三教寺也有东跨院、西跨院。分三段，大庙都这样。我们住在正殿旁边的西跨院，旁边有屏门。我太爷住大雄宝殿旁边的上三间，僧房的东房。北房都是殿。我师父跟着太爷住，我跟着师爷住。西跨院有搁煤的地方；东跨院隔着就是斋堂。[①]

从上述内容来看，三教寺的主体建筑在空间分布上与该庙的历史变迁有很大关系。据文献、碑刻和口述资料推知，三教寺中的数层房殿并非在同一时期建立，而是经历了数百年的演变。亲莲口述中的第四层大殿玉皇殿应是三教寺中最早的建筑，建于明末；第三层大殿文昌殿是清初顺治年间建立的；第二层大殿的名称及建立年代在碑刻中没有明确记录，但据北京地方志文献和《三教寺题名碑》的碑名和碑阴推测，该殿或建于道光年间。《燕都丛考》转引《顺天府志》曰："华严寺俗称圣贤庵，南有玉皇庙，道光间重修，改名三教寺。"[②] 在《三教寺

---

① 访谈时间：2008 年 7 月 29 日、9 月 12 日。

② 陈宗蕃编著《燕都丛考》，北京：北京古籍出版社，1991，第 632—633 页。在 1928 年北平市公安局对三教寺进行的调查登记中，有"明私建，至清道光癸卯重修，至民国三年自力重修"的字样。北京档案馆藏《伪北平特别市公安局三教寺（尼）档案》1928 年，档号 J181-15-399。

题名碑》的碑阴部分，共有乾清宫近侍司礼监各衙门太监会首题名199人，[①]说明三教寺与清代宫廷有着非同寻常的关系，而口述资料中第二层大殿的琉璃瓦顶也证明了这一点。关于三教寺的前殿在北京地方志文献和碑刻中没有任何记载，民国时期北京地方政府寺庙档案中虽有记录，但所述不详，而在田野访谈中，亲莲则不止一次说到三教寺的前殿是观音菩萨殿。与一般大庙不同，三教寺的前殿不是天王殿，而是菩萨殿，"观音菩萨殿是自己建的，塑的泥像，观音打坐"。将上述访谈资料与文献资料进行对比不难看到，在三教寺从男庙转变为女庙的过程中，住持尼僧不是简单地将庙宇"接管"过来，就地重修，而是通过修建观音殿这一方式，显示和强化了观音信仰对于女性的重要作用，从而使三教寺无论在信仰层面还是建筑实体上都"变身"为一座女庙。从此，三教寺不再具有仕宦云集的繁盛景象，而是成为一座师徒相传的剃度子孙庙。[②]这一点在三教寺的庙房分配上也有鲜明体现。从亲莲的口述来看，三教寺尼僧的居住空间严格遵守着中国传统父系家族的伦理观念。供奉观音菩萨的前殿属于外院；供奉释迦牟尼像的正殿属于内院。在尼僧的住房分配上，亲莲的太爷、师爷、师父与亲莲本人，都明确遵守昭穆之制的原则。亲莲的太爷住在正殿旁边的上三间，即僧房的东房，师爷则住在正殿的西跨院。亲莲的师父跟着太爷一起住，亲莲则跟着师爷一起住，可谓"内外有别，长幼有序"。从这一点来看，清末民初至1949年，三教寺不仅是一个供尼僧出家修行、信仰的场所，而且是一个拟"父系制度的家"。作为"父系家族"的一种延伸，子孙庙的住持尼僧也就顺理成章地成为"家长"。

访谈样本14：亲莲谈三教寺与租赁铺户的关系

我们买庙的时候还是清朝呢，买了那么大的地，周围很空，都是芦苇，没人住。我们住不了啊，那时候就把庙租出去了，租出去也保护我们。殿不能租，文昌殿那大殿不租给他们。旁边的房子能租，解（自）文昌殿往后都是他们用，和

---

① 《三教寺题名碑》（京897），徐自强主编《北京图书馆藏北京石刻拓片目录》，北京：书目文献出版社，1994，第261页。拓片保存于中国国家图书馆。

② 据1931年5月18日北平佛教会主席台源关于国宝接替住持的呈文，"三教寺系剃度子孙庙，师徒相传为向来之习惯"。北京档案馆藏《外四区三教寺尼僧安平、国宝等人呈请庙产及社会局的批示》1930—1941年，档号J2-8-162，第66页。

我们分开。我们就住中间儿，大雄宝殿这一段。头里租给了香厂，后头租给了酱厂，养着一百多人呢，那厂子里都是男的，起保护作用，要不怎么没收什么钱呢。前头每月三块钱，后头每月十三块钱。那时候我小，酱厂的工人我都要叫爷爷。香厂不是瑞兴，是万兴。掌柜的都死了，他们家是地主。兰馨酱厂也姓王，挺阔的，有百十来号人呢，做酱嘛，千多缸酱呢。兰馨、桂馨的酱菜都是出口的。观音殿是我们前院儿，前面有空地，也盖房，后来是我姑姑盖的，她家没有人了，就拿我当孩子，有钱也给我，要不怎么我们净花家里的钱。她不是出家人。①

将上述内容与档案资料对比参照来看，民国时期三教寺的寺庙空间具有以下特点。第一，三教寺的寺庙空间包括信仰空间与世俗空间两个部分。信仰空间由尼僧日常礼佛、居住的院落和殿房构成；世俗空间则由殿房之外出租给俗人的院落和房屋构成。这两个部分是相对独立的，彼此又存在着联系。第二，清末民初，三教寺的寺庙空间很大。最初，住持尼僧将房屋出租的原因不是为了维持庙内的日用开支，而是为了对女庙起保护作用。据北京地方政府档案记载，1914 年 8 月，三教寺租给万兴香厂铺长王霭泉灰房 32 间，水井一眼，月租 3 元。②1928 年 12 月 11 日，三教寺住持尼僧安平遵照北京地方政府规定向市公安局呈报庙产，在《寺庙不动产登记条款表》中填写了“出租房间每月得租十六元”。③将档案记录与口述内容相互对照可以看到，亲莲关于三教寺月租十六元的说法是符合实际的。然而，到 1939 年，随着北京城市社会经济状况的恶化，无论是三教寺尼僧的俗家还是与三教寺保持密切关系的铺户都面临着巨大的生存压力，加上该寺住持尼僧由安平的徒弟国宝接替，因而三教寺与房产租赁铺户之间的租金矛盾也就不可避免。

根据甘博提供的 1917 至 1918 年北京旧城“人口密度图”和“性别比率图”可以看到人口最密的正阳门外商业区，男女人口比例的失调也最高，每三个男性

---

① 访谈时间：2006 年 5 月 11 日，2008 年 7 月 29 日、9 月 12 日。

② 北京档案馆藏《北京地方法院民事诉讼卷宗》（确认），档号 J65-19-3306，共 5 页。

③ 北京档案馆藏《伪北平特别市公安局三教寺（尼）》1928 年，档号 J181-15-399，第 33—36 页。

可能只有一个女性。[①] 从“人口密度图”来看,三教寺所在位置处于正阳门商业区与外城旷野之间。亲莲在访谈中口述的民国时期北京三教寺的外部环境，应与实际情况相符。三教寺所处特殊地理位置，使这座女庙一方面与外城众多小商户形成房产租赁关系，另一方面也确实需要有实力雄厚的住户来“保护”。从口述资料来看，这也是三教寺住持尼僧把后院出租给酱厂的一个原因。

2. 三教寺尼僧的家族背景与社会空间关系。从民国档案和亲莲口述内容来看，三教寺尼僧或来自官宦之家，或来自商界，这种情况在北京外城女庙中具有一定代表性。

访谈样本 15：亲莲谈自己的家族背景

我是北京生北京长的，满族人。俗家在内城。先人是大户，是姓毓还是姓任啊，后来都说姓任。我知道家里是旗人，但不知道是什么旗。一问我奶奶她总也不说，告诉我你是小孩子，出家住庙了，问这些有什么用？那时候爷爷是做官的，曾祖在宫里陪着皇上画画，我们家祖上都是画画的，颐和园长廊那牡丹都是我大爷画的。那时候满族一辈儿一个姓，我父亲姓任。我父亲还有七个兄弟姐妹，上边儿人有很多，到我父亲那时候就不做官了，就是画画，开买卖。

按俗话说，我的俗家是“吃瓦片的”，家里净是房子，后来家里也落破了。什么时候开始落破的呢？民国十八年，政府往南迁。大官都给南迁走了，房子都腾出来了，也没什么人住，这钱就进得少了。败家也败得快着呢。我母亲早就死了，我一进庙母亲就死了，我都不记得了，后来续的母亲，过了十二年也就死了。我父亲也还在画画，我爷爷没有画画，坐吃山空，抽大烟，我净听我奶奶说恨抽大烟的。那时候都是官宦人家。我太爷六十多岁死的，爷爷五十多岁死的。我大伯、大妈，病，死，再娶。（我）到十五岁还傻玩呢，也没有家谱，嗐，什么我都没有。我父亲画画那么好，我连一个字、一幅画都没有。我向来就马马虎虎，什么都不要，谁爱要谁要。我父亲去世的时候我 28 岁了，那时病、死。到我就一个人，连我哥哥也早死了，就剩下我一个，要不怎么娇呢。我没有文

---

① 施坚雅《清代中国的城市社会结构》，收入施坚雅编《中华帝国晚期的城市》，北京：中华书局，2000，第 634 页。

化，什么都不会画，后画画儿也不值钱了，很穷，人也老了。给别人作画，冯树（音），清朝的翰林，宋伯鲁跟庙里都有关系。虽然后来我父亲不在朝里做官了，但跟他们都有来往。那时候大官大军阀都是庙里的居士，他们也做善事。[①]

从上述内容来看，亲莲的俗家在曾祖那一代应该是最显赫的时期，不仅在朝里做官，陪皇帝画画儿，而且在京城有许多房产。直到民国时期，虽然家道已经败落，但亲莲的父亲仍然与北京的官宦阶层有着来往。访谈中亲莲提到的宋伯鲁在民国档案中也有记载。1940 年 3 月，北平市社会局派人前往三教寺调查住持尼僧国宝呈请社会局批示改建庙房之详情，据国宝“声称本庙前院原有东西灰房各一间，多年失修不堪居住，今拟利用庙内原存之木料砖瓦等改建东西灰房各三间以便出租等语。据查该庙积存之木料砖瓦等均系施主宋伯鲁建房所余之物，曾于民国二十二年捐助该庙，所需工资约三百余元，系该住持俗家所施，并无其他借贷情形”。[②] 从档案记录来看，宋伯鲁是三教寺的施主，1940 年，住持国宝改建庙房所利用的木料砖瓦即来自宋家的捐助；而费用则系国宝的“俗家所施”。正是因为亲莲与三教寺的其他尼僧一样有着不同寻常的家族背景，才会被三教寺收为徒弟，成为当时这座女庙中年龄最小、也是最后一位出家尼僧。

访谈样本 16：亲莲谈三教寺其他三位尼僧的家族背景

我太爷叫长善。长短的长，善良的善。她死的时候我都 11 岁了，特别的疼我，那时候她六十多岁。太爷是官宦人家的小姐，跟皇宫有关系，人家也是做官的，而且是不小的官，大概是道台家吧。可能是汉族，也有名有姓的，河南人，尚家庄。从她那时候把庙买下来了，那是清朝的时候。我师爷不是大户人家的小姐，反正一般的，家里也不穷，她是汉族。我师父家是经商的，那时候也有会长啊！国宝的父亲有钱，家里就一个孩子。国宝没有母亲，很小就出家了。[③]

---

① 访谈时间：2006 年 5 月 11 日、2008 年 7 月 29 日、10 月 15 日。

② 北京档案馆藏《北平市社会局三教寺（尼）档案》1930—1941 年，档号 J2-8-162，第 73 页。

③ 访谈时间：2008 年 7 月 29 日。

根据1928年和1930年北平市地方政府寺庙人口登记表，亲莲的师爷叫安平，俗家尚姓，河北宛平县人。师父国宝，俗家“杨姓，宛平县务农”。亲莲俗家“任姓，宛平县商界”。[①]关于亲莲太爷长善的俗家情况，民国档案中没有相关记载，而访谈资料可以弥补文献资料的不足，但二者有时也有不一致的地方，例如关于国宝的家庭背景，亲莲说“师父家是经商的”，而档案记录则为务农，实际情况如何有待查考。就三教寺尼僧的家族背景来说，有一点是可以肯定的，即她们均来自北京的官宦或富裕家庭。三教寺之所以能从僧庙变为尼庙，并在清末民初国家社会处于内外交困、艰难转型的动荡环境中生存下来，与这一点有很大关系，三教寺通过房产租赁活动所体现的寺庙空间与社会空间关系，也是以此为基础展开的。

第三节　北京旧城观音女庙女市民信仰群体类型、仪式传承及日常生活

将三教寺与西观音寺等其他观音女庙进行对比后不难发现，清末民初至1949年，北京旧城观音女庙的尼僧群体与寺庙空间具有不同类型。这不仅表现在女庙的寺庙空间分布、动态变化及尼僧的家族背景上，而且也体现在女市民信仰群体类型、仪式传承及日常生活等方面。

一、北京旧城观音女庙女市民信仰群体的基本类型

本节所说的“北京旧城观音女庙女市民信仰群体”，主要包括由观音女庙尼僧构成的出家女性群体、在观音女庙中寄居的俗家女性群体，以及在初一、十五到女庙上香的女香客群体等三种类型。通过对寺庙碑刻、民国档案和田野访谈资料的综合分析，笔者认为，清末民初至1949年北京旧城观音女庙为来自不同

① 北京档案馆藏《伪北平特别市公安局三教寺（尼）档案》1928年，档号J181-15-399；《北平市社会局三教寺（尼）档案》1930—1941年，档号J2-8-162。

家族背景以及处在人生不同阶段的女性群体，提供了相对“稳定”的生存转换空间。

（一）北京旧城观音女庙中的出家女性群体

根据 1928 至 1929 年北平特别市公安局和 1930 至 1936 年北平市社会局寺庙档案中《寺庙人口登记表》，本节将北京旧城观音女庙分为四类：第一类，未填写人口登记表的观音女庙。第二类是寺庙人口登记仅有住持尼僧 1 人的观音女庙。在 20 世纪 20 至 40 年代北京地方政府的寺庙调查登记中，寺庙人口登记仅有住持 1 人的观音女庙共有 8 座，其中内城 5 座，外城 3 座。第三类是寺庙人口登记有尼僧 2 至 3 人的观音女庙，共有 10 座，其中内城 5 座，外城 5 座。第四类是寺庙人口登记有尼僧 4 人以上的观音女庙，其中内城 3 座，外城 2 座。以下根据档案记录，简述民国时期北京旧城观音女庙出家女性群体概况。

1．未填写人口登记表的观音女庙庙主。

从 20 世纪北京地方政府 20 至 30 年代寺庙登记档案来看，民国北京旧城观音女庙中只有 1 座未填写寺庙人口情况，即内二区槐抱椿树庵。据档案记载，该庙前身为观音庵，建立年代失考，清代为自置私建家庙。庙主吉李氏，71 岁，宛平人。① 据吴长元《宸垣识略》，“槐抱椿观音庵在西南隅槐抱椿庵街，係旧刹，无碑碣可考。其南为祇园禅林，前后相属。康熙七年重修”。②

2．寺庙人口登记中仅有 1 人的观音女庙住持尼僧（或女冠）。

内一区延寿院住持女冠广圆庭。据档案记载，延寿院为清代光绪二十六年（1900）私建女冠庙，民国地址为干面胡同八十一号。档案中没有登记广圆庭的俗家姓名，只有籍贯，为河北大兴县人。广圆庭识字，民国二十一年（1932）出家，时 43 岁。③

在 1936 年北平市社会局寺庙调查登记表中记录了延寿院的管理及使用状况，住持除供佛外，还自住、出租；同时也记录了住持享有权利之种类，即对该庙享有使用权；以及权利取得之原因及其年月，由此可知广圆庭接充延寿院住持，系

① 北京市档案馆藏《伪北平特别市公安局（尼）》，1929 年，档案号 J181-15-461。

②〔清〕吴长元辑《宸垣识略》，北京：北京古籍出版社，1982，第 128 页（卷七 / 内城三 西南 西中南 分图二，本区为镶蓝旗、镶红旗、正红旗所在地）。

③ 北京市档案馆藏《内一延寿院住持广圆庭关于登记庙产的呈及社会局的批示》，1935—1936 年，档案号 J2-8-885。

“民国二十一年由师兄李圆玺退让”。民国二十四年，广圆庭为建筑延寿院庙门楼房工程一事向北平市社会局提出申请，并提供了手绘拟建门楼草图一张。工程“拟添盖佛楼，将本寺山门拆除，起盖两层楼房共六间以便供佛”。社会局派员调查核实“该庙原系普通山门，在二门内有南殿三间，东西殿各三间。据该住持声称，现拟将原有山门拆去，改盖两层楼房，楼下仍按山门形式修建供奉佛像，用款系自行捐募”。申请很快得到社会局批准，“并另呈工务局核示”。[①] 从上述档案记录来看，广圆庭应是一个颇有想法、也很有能力的道教女庙住持。

内二区观音寺住持尼僧觉旺。据档案记载，这座观音寺建于明代崇祯年间（1628—1644），民国地址为西长安街大栅栏一号。住持觉旺，识字，俗家康姓，宛平人。1929 年，觉旺在向北平特别市公安局呈报寺庙登记时，将该庙填写为私建尼庙。1930 年，北平市社会局为发给寺庙执照，再次对全市庙宇进行调查，并责令前次申报与调查情况不符的寺庙住持到社会局接受问询，同时填写《寺庙登记变动简表》。庙宇性质亦在问询之列。在回答问询员提出的该“庙是公建抑是私建”这一问题时，觉旺态度十分谨慎，以“历代久远，无从查考”含混过关。关于觉旺的出家年月和出家年龄，寺庙档案记录中有几种不同说法。其一，1929 年 1 月 18 日，时年龄 29 岁的觉旺在向北平市公安局呈报庙产登记表时，填写出家年月为民国十二年（1923），据此判断觉旺出家时应该是 23 岁。[②] 其二，在 1930 年北平市社会局寺庙调查登记表中，所填觉旺年龄为 32 岁，出家时 7 岁，相关信息与一年前所填差别很大。表中有多处觉旺签章。其三，1936 年北平市社会局再次对寺庙进行调查登记，而此次表格中所填寺庙性质为“募建”，与民国十年五月由该庙住持僧性泉率徒定源刻立的《观音寺碑》内容相符。[③] 表中所写觉旺年龄依然为 32 岁，出家年月则改为“清宣统元年五月”，出家年龄改为“四岁”。值得注意的是：在“僧道人数 / 本庙”一栏中，原有“男，一名”三字，

① 北京市档案馆藏《内一延寿院住持广圆庭关于登记庙产的呈及社会局的批示》，1935—1936 年，档案号 J2-8-885。

② 北京市档案馆藏《伪北平特别市公安局观音寺（尼）》，1929 年，档案号 J181-15-491。

③《观音寺碑》（京 770），民国十年五月一日刻。額題：万古流芳。无首題。書體：正书。撰书人：僧性泉。原在地：北京宣武区大栅栏西街。现在地：不详。据《北京图书馆藏中国历代石刻拓本汇编》，第 93 册第 58 頁录文。

后被纸条粘贴隐去，改为“女，一名”。[①] 上述内容表明，大栅栏观音寺在民国时期经历了复杂的变迁，住持尼僧觉旺对于实际年龄、出家年月与出家年龄的多次“误填”，并非因记忆不确所造成，而是另有隐情。

从民国时期大栅栏观音寺碑刻和寺庙档案登记来看，该庙在1921年以前是一座僧庙，1924年前后变为尼庙。据1929年北平特别市公安局寺庙调查登记表，观音寺住持尼僧觉旺“早有手本一套，因觉旺于民国十三年间呈报重修观音寺，手本系觉旺之师玉山之名，前警察厅令觉旺呈报内务部更名，手本由内务扣留备案另发批示一纸为据，已另抄录附呈”。[②] 另据1931年北平市社会局报告，调查员曾核验大栅栏观音寺“有民国十三年九月三十日内务部批件一份（批第六八零号），原手本被内务部留存”。批件内容如下：

原具呈人尼僧觉旺

呈乞件为请继续观音寺香火由

呈悉查此案业已饬据京师警察二所指饬查明

该尼确系西长安街大栅栏观音寺已故住持玉山之徒，所请继承该庙香火应予照准，除附呈旧禀存部备案外，合所批示，遵照此批。[③]

从档案内容可知，觉旺取得观音寺住持权利之原因及年月为“法师遗留传授，继承于民国十三年六月”。享有权利之种类为“所有权属庙，住持有使用权（觉旺盖章）”。管理及使用状况为“自行管理房间，除供佛外余皆出租”。然而，觉旺在“继承”观音寺住持之后并未住在该寺，而是住在外四区三教寺二号天仙庵内。据北平市社会局寺庙登记档案，1936年社会局再次进行寺庙登记时，发现寺内部分法物被移至外四区三教寺街天仙庵，遂派人前往调查问询。内容如下：

社会局备案查核事：兹因内二区界大栅栏一号观音寺内有铁钟

---

① 北京市档案馆藏《内二区大栅栏观音寺尼僧觉旺等及庙产的呈文及社会局的批示》1931—1936年，档案号J2-8-634。

② 北京市档案馆藏《伪北平特别市公安局观音寺（尼）》，档案号J181-15-491。

③ 北京市档案馆藏《内二区大栅栏观音寺尼僧觉旺等及庙产的呈文及社会局的批示》1931—1936年，档案号J2-8-634。

一口，重约五十余斤，金刚经二卷，由民国十四年经住持尼僧觉旺移至外四区界三教寺街二号天仙庵庙内，尼以备朝夕午夜上佛殿奉诵使用。因尼有师爷住持天仙庵，年老多病、无人照料之故，尼暂住天仙庵，俟尼回本寺时将钟经一并携回本寺保存，不敢遗失，致啟

贵局鉴核备案。　　　　具结人　尼僧觉旺（图章）

铺保铺长　郑福（铺保字号章）

中华民国二十五年五月二十六日①

从上述记录来看，自 1925 年起，觉旺已移居到外四区三教寺二号天仙庵内，并带去了大栅栏观音寺中的一口铁钟和两卷金刚经。据北平市公安局寺庙登记档案记载，外四区三教寺胡同二号天仙庵为明末私建，历代承继，无碑文。住持继承或管理范例为“剃度传授，由本宗派认可继承管理”。1928 年 12 月 12 日，天仙庵住持尼僧续常呈报该庙人口共尼僧 3 人，另寄居 1 人。庙内尼僧除住持续常外，还有觉旺、昌茂二人。时续常 63 岁，4 岁出家，马姓，宛平人。徒弟觉旺，24 岁，6 岁出家，康姓，宛平人。徒弟昌茂，9 岁，6 岁出家，莲姓，通县人。另有寄居徒侄丁儿，14 岁，13 岁出家，记姓，宛平人。②从尼僧法名来看，内二区大栅栏观音寺、外四区三教寺胡同天仙庵与西直门内南小街西观音寺，应同属北京临济宗女庙。

将外四区天仙庵与大栅栏观音寺档案内容进行对比可知，1929 年和 1930 年大栅栏观音寺向北京地方政府呈报的有关住持尼僧觉旺的信息，包括实际年龄、出家年月与出家年龄等，均与实际情况不符。而在 1936 年北平市社会局再次进行庙产登记时，觉旺呈报的内容则基本属实。另据 1929 年北平特别市公安局寺庙登记档案，当时在大栅栏观音寺中租住、寄居者包括：铺保德华记成衣铺；郑寿泉、郑王氏；李长增、李凤池；郭凤池、郑金斋；郑立亭；水屋子、邢立明；齐陈氏、齐王氏；贾王治、董福祥；王显德、江家贵；镜框局、张大忙；赵并

① 北京市档案馆藏《内二区大栅栏观音寺尼僧觉旺等及庙产的呈文及社会局的批示》，1931—1936 年，档案号 J2-8-634。

② 北京市档案馆藏《伪北平特别市公安局 外四区尼僧续常呈报私建天仙庵（三教寺胡同二号）庙产》，档案号 J181-15-423。

银、李云久；住户张立陈、滕金生；滕李氏、易在明；真光摄影社厨房；厨役贾玉珍等。[①] 由于大栅栏观音寺处于北京前门热闹繁华的商业街区，庙宇的市井化与人口的流动性是不可避免的，这应是尼僧觉旺在继承该寺住持之后，移居外四区天仙庵而未住在该寺内的一个重要原因。

内二区观音庵住持尼僧灵如。据档案记载，该庙为乾隆四年（1739）私建尼庙，民国地址：卧佛寺街33号。住持灵如，俗家吴氏，宛平人。1928年，灵如在登记庙产时已64岁，填报出家时间为同治十三年（1874），据此可知其出家时约10岁。1926年12月，灵如以价置买了这座观音庵，“有红契两张，凭单一纸”。因其属于自置尼庙，故“向不挂单，亦无寄居人数”，唯有“破烂房屋出租，每月房租两元”。[②] 从上述内容来看，卧佛寺街观音庵是尼僧灵如晚年的栖身之所。据1935年社会局寺庙调查登记档案，观音庵住持尼僧灵如于1934年圆寂之前，曾遗嘱俗亲鲍守一、吴子厚将观音庵交僧人渊澄接任住持，接任时间为1934年1月19日，契约共计十二件。从契约名称及数量可知，民国时期这座规模很小的观音女庙在身份转变过程中经历了转让、诉讼、和解等一系列复杂程序，最终被年轻的僧人渊澄接管。1935年社会局再次进行寺庙调查登记时，该庙填报人口2人，除住持僧人渊澄外，还有一名伙计。渊澄当时29岁，俗家杨姓，察哈尔蔚县人。1919年13岁时出家，1921年在戒台寺受戒，曾在法源寺充任纠察，在弥勒院佛学院参学，任天津千佛寺知客。此为民国时期北京旧城观音女庙从尼庙变为僧庙之例。[③]

内三区观音庵住持尼僧广智。据档案记载，观音庵为清代同治年间（1862—1874）私建尼庙（家庙），民国地址：隆福寺东廊下八号。住持尼僧广智识字，俗家王姓，北平人，光绪十六年（1890）七月出家，出家时8岁。[④]

---

① 北京市档案馆藏《伪北平特别市公安局观音寺（尼）》，档案号J181-15-491。

② 北京市档案馆藏《伪北平特别市公安局（尼）（一）内二区尼僧灵如呈报卧佛寺街三十三号观音庵庙产由》，1928年，档案号J181-15-495。

③ 北京市档案馆藏《内二区观音庵渊澄关于登记庙产的呈及社会局的批示》，1935年，档案号J2-8-895。

④ 北京市档案馆藏《北平市社会局寺庙类内三区观音庵住持广智关于登记庙产的呈及社会局的批示》1935—1940年，档案号J2-8-868。

内五区守善堂王宅家庙住持尼僧印存、性林。据档案记载，该庙原为观音庵，清宣统三年（1911）由守善堂购买并招请尼僧印存住持梵修，为私建家庙。民国地址：德内大街一百八十七号。[①] 印存俗家卢姓，宛平人，3 岁出家。1934 年 2 月，印存在 51 岁时故去，王氏于是敦请尼僧性林为该庙住持，性林时年 33 岁，俗家孟氏，奉天人，1921 年出家，年 20 岁。[②]

外二区观音庵住持尼僧昌福。据档案记载，该庙为明代妙寂自置，属私建尼庙。民国地址：煤市街车辇胡同 13 号。昌福俗家阎姓，大兴人，民国七年（1918）出家。1918 年 2 月，由其已故师父照宽手中接管此庙。该庙有房间出租，以资生活。1929 年，昌福呈报登记表时年龄为 23 岁。[③]

外三区观音庵住持尼僧圆林。据 1929 年北平特别市公安局寺庙登记档案，该庙为清乾隆年间私建。民国地址：铁辘轳把胡同二十三号。住持尼僧圆林，俗家赵姓，大兴人，年龄 16 岁，1926 年出家，因师兄来圆（档案中又写做"来元"）还俗而接管此庙。[④] 圆林的剃度师为外三区中三条白衣庵住持尼僧阔然，1936 年阔然向社会局呈报白衣庵登记表时年纪为 57 岁，圆林 25 岁。圆林出家年月为民国十六年三月，年仅 9 岁。[⑤] 自 1932 年起，圆林接任外三区观音庵住持，"对于庙务，尽心整理，未尝少怠"。但 1940 年 12 月 8 日，北京佛教会向社会局提交了"观音庵住持圆林因病不能管理，恳请由该会公选"的呈文，理由是"圆林身获疾病，心与愿违"，且"圆林以下未有徒眷继承，外又无同宗本家能以交替"，为此北京佛教会呈请社会局"鉴核准予公选妥僧接充观音庵住持"。社会局经调查后，未准北京佛教会要求公选的申请。理由是：其一，观音庵尚有庙房纠纷未清；其二，外三区中三条白衣庵住持尼僧阔然是圆林的剃度师，据此不能

---

① 北京市档案馆藏《伪北平特别市公安局王宅家庙（尼）》1929 年，档案号 J181-15-479。

② 北京市档案馆藏《内五区守善堂王宅家庙印存呈请庙产登记及社会局的批示》，1933—1936 年，档案号 J2-8-815。

③ 北京市档案馆藏《伪北平特别市公安局（尼）（一）》，1929 年，档案号 J181-15-495。

④ 北京市档案馆藏《伪北平特别市公安局（尼）（一）》，1929 年，档案号 J181-15-495。

⑤ 北京市档案馆藏《外三区白衣庵尼僧阔然呈请登记庙产及社会局的批示》，1931—1941 年，档案号 J2-8-313。

说圆林“无同宗本家”。[①] 从上述档案记录可知民国时期北京旧城观音女庙在住持接替方面遇到的困境，以及北京地方政府依然承认并沿袭了清代以来子孙小庙由同宗本家认定的传承方式。

外四区观音寺住持尼僧心如。据档案记载，该庙为光绪年间私建家庙，民国地址：宣外大街六十七号。[②] 住持尼僧心如（法号），法名印顺，俗家王姓，父名“文元”，在宦界任职，浙江省山阴县（今绍兴）人。心如能读经卷，于光绪十九年（1893）14 岁时出家。师父圆寂后，心如于 1918 年 26 岁时接充住持。其继承方式为“由师授徒”，俗称子孙庙。该庙尼僧生活费主要来自房租。1931 年 1 月，北平市社会局进行寺庙调查问询时，“尼僧印顺声称此庙原有出产，足敷用度。现在房多空闲，入不敷出，募化亦不易办，是以日感困难。另据社会局寺庙调查登记，该庙有殿房十七间，自用三间，租出十一间”，“每月收入房租洋十一元作尼僧生活费，未资助公益事业”。[③]

从上述档案记录来看，民国时期寺庙僧道人数仅有住持尼僧 1 人的观音女庙面临着严重的生存危机。其中部分女庙因原住持尼僧圆寂，或年老多病无力照料庙务，不得不变为僧庙。

3．寺庙人口登记有 2 至 3 人的观音女庙尼僧情况。

内四区法华寺尼僧常纲、常实。据档案记载，法华寺修建于明代万历年间（1573—1620），属于募建尼庙，位于西直门内南小街九十九号。住持尼僧常纲，俗名“于妙连”，尼僧常实，俗名“于妙宽”，均识字。两位尼僧俗家姓氏、籍贯、出家时间也都相同，俗家虞（于）姓，宛平人，两人出家时间均为 1924 年 11 月 19 日。常纲出家时 45 岁，常实出家时 41 岁。[④] 从上述档案内容来看，常纲和常实应是一起出家的两姊妹。

---

① 北京市档案馆藏《北京佛教会关于观音庵住持园林因病不能管理恳请由该会公选的呈文及社会局的批示》，1941 年，档案号 J2-8-1334。

② 北京市档案馆藏《伪北平特别市公安局（尼）》，1928 年，档案号 J181-15-402。

③ 北京市档案馆藏《外四区宣外大街观音寺尼僧心如关于登记庙产的呈文及社会局的批示》，1930—1941，档案号 J2-8-161。

④ 北京市档案馆藏《伪北平特别市公安局法华寺（尼）》，1929 年，档案号 J181-15-743。《内四法华寺尼僧常纲呈请登记庙产及社会局的批示》，1930—1936 年，档案号 J2-8-159。

内四区观音寺五圣庵尼僧本净、觉华、昌明。据民国北京地方政府寺庙登记档案，该寺为清代乾隆年间私建尼庙，“系子孙院，师徒相传”。民国地址：西直门内南小街西观音寺胡同一号。1928 年该庙登记有人口 3 人，包括尼僧 2 名，伙计 1 名。住持尼僧本净，苏姓，宛平人，76 岁，同治十年（1871）出家。徒弟觉华，50 岁，1921 年出家时 43 岁。另有居士常全顺，是该庙伙计，57 岁，寄居，河北宛平人。[①]1928 年 11 月，住持本净因病圆寂，徒弟觉华遂接任住持，对该庙“悉心维护”。1940 年，觉华在接充住持 12 年之久后“因年老力衰，不能料理庙务”，将住持之职交与徒弟昌明接充，并请同宗诸山白衣庵住持尼僧法光、翠峰寺住持尼僧悟隐协同证明，同时呈请北京佛教会鉴核，获准后上报北平市社会局备案。据 1941 年 9 月 24 日社会局问话记录，“尼僧昌明，字月朗，系属临济正宗剃度宗派，年 40 岁，奉天锦县人”，系觉华徒弟，1924 年出家，1928 年在广济寺受戒。从档案记录来看，该庙有房屋 31 间，将余房出租始于 1921 年。[②]

内四区观音庵住持尼僧广安、俗家女弟子连修。据档案记载，该庙位于石碑胡同十九号，原为清咸丰年间（1851—1861）私建尼庙，民国时期由恒乐寺分为两庙。[③] 恒乐寺后院原有殿房 11 间，1915 年，警察所因附近女工厂地不专属，征得恒乐寺住持同意，将后院 11 间殿房给女工厂用。之后，由警察所另外找到此庙地址，建庙房 11 间作为补偿。于是与恒乐寺分为两庙，另名观音庵。1928 年北平特别市公安局进行寺庙登记时，该庙登记有尼僧师徒 2 人。一个是住持尼僧广安，43 岁，俗家薛氏，宛平人，识字。登记出家年月为光绪二十二年（1896）。[④] 另一个是广安的女弟子连修，俗家范氏，宛平人，寄居在观音庵内，任“香灯”一职，尚未落发。1930 年北平市社会局进行寺庙调查登记时，连修 33 岁，登记出家时间为民国八年（1919）。从档案记录来看，该庙每月收入

① 北京市档案馆藏《伪北平特别市公安局五圣庵（尼）》，1928 年，档案号 J181-15-421，第 27 页。

② 北京市档案馆藏《内四区五圣庵尼僧觉华呈请登记庙产接充主持并发凭照及社会局批示》，1930—1941 年，档案号 J2-8-246。

③ 恒乐寺位于内四区石碑胡同十号，据北平特别市公安局寺庙档案记载，该庙于光绪二年由尼僧祖心真自置，属私建。北京市档案馆编《北京寺庙历史资料》，北京：中国档案出版社，1997，第 380 页。

④ 北京市档案馆藏《伪北平特别市公安局观音庵（尼）》1928 年，档案号 J181-15-404，第 36 页。

房租在八九元不等，每年捐助白衣庵等寺庙合立民众学校二元，余则作为度日之资。[①]1935 年 5 月 6 日，广安因拟在“庙内中院修盖屏风门三槽，并将山门、各殿油饰外墙刷江（浆）提色”向社会局呈报庙房工程，并获得社会局批准。由此可见，广安是一位能干的住持尼僧，对庙务尽心尽力。另外，该庙档案内容也从一个侧面反映了方家胡同白衣庵在民国北京女庙中的影响力。

内五区小石桥胡同观音庵尼僧。内五区观音庵位于旧鼓楼大街小石桥九号，为清康熙三十二年（1693）私建，初为驻藏大臣升泰家庙，后演变为尼庙。据 1928 年北平特别市公安局《寺庙人口登记表》，当时观音庵内有尼僧 3 人：住持尼僧本性和尼僧觉清、善缘。本性俗家程姓，宛平人，光绪十年（1884）出家，时 33 岁。觉清为观音庵家常执事，后接续该庙住持，俗家任姓，宛平人，光绪十七年（1891）出家，时 13 岁。善缘为观音庵手工执事，俗家文姓，宛平人，民国十五年（1926）出家，出家时 30 岁。[②]另据 1936 年 9 月北平市社会局《寺庙人口登记表》，当时观音庵中亦有尼僧 3 人：昌果、隆德、仁方。1934 年 5 月 21 日，该庙住持觉清圆寂，觉清的徒弟善缘请泉记茶社、协丰煤栈两家商铺和崇阳庵、土地庙、通明庵三座尼庙作为铺保，于 1936 年 3 月接充住持，法名昌果。昌果识字，俗家文姓，籍贯宛平县。1927 年 3 月出家，出家时 31 岁。尼僧隆德，是昌果收的徒弟，识字，俗家孟姓，籍贯宛平县；1935 年 10 月出家，出家时 37 岁，在庙中任手工。尼僧仁方，识字，俗家文姓，籍贯顺德府；1925 年 4 月出家，出家时 15 岁，在庙中任洒扫。[③]

内五区大悲庵管理人魏尹氏、尼僧妙真。据 1936 年 3 月该庙呈报给社会局的寺庙登记表，该庙名“大悲寺”，建立年代“久远并无志考”，民国地址：寿比胡同十九号。光绪二年独资购买，“为俗家私产家庙”，管理人魏尹氏，71 岁。该庙土地面积“约二亩零四厘余”，大殿三间，平台灰房二十间，庙中无任何法物。寺庙人口除本庙管理人外，还有寄居住户二十一户，人数“男 34 丁，女 16 口”。

① 北京市档案馆藏《内四观音庵（尼）僧广安呈请庙产并发凭照及社会局的批示》，1930—1936 年，档案号 J2-8-235。

② 北京市档案馆藏《伪北平特别市公安局观音庵（尼）（二）》，1928 年，档案号 J181-15-404。

③ 北京市档案馆藏《观音庵（尼）僧觉清呈请登记庙产和昌果接允住持的呈文及社会局的批示》，1930—1941 年，档案号 J2-8-232。

根据档案记录，1936年，尼僧妙真从年迈的大悲寺管理人手中接管了该庙并充任住持。据1936年7月妙真向社会局呈报的寺庙登记表，该庙名称“大悲庵”，寺庙类别“尼庙”，明代私建，庙中人口有尼僧三人：住持尼僧妙真，54岁，俗家陈姓，贵省眉潭人，光绪二十八年（1902）五月出家，时19岁。尼僧本静，50岁，俗家李姓，湖南长沙人，民国十五年（1926）7月出家，时40岁。尼僧本法，33岁，俗家范氏，北平人，民国二十四年（1935）9月出家，时32岁。①

外二区圆通寺住持尼僧安祥、尼僧大保和寄居俗家女性。据碑刻记载，圆通寺建于明永乐十三年（1415），道光二十六年（1846）及咸丰八年（1858）重修。② 民国地址：宣外裘家街二十八号。③ 据1931—1936年北平市社会局寺庙登记档案，当时寺中有尼僧2人，寄居俗家女性1人。住持尼僧安详，识字，俗家景姓，宛平人。1936年登记庙产时年龄36岁，于光绪三十三年（1907）十二月出家，出家时6岁。安详的师祖是圆通寺的前任住持，法名慧光，民国档案中没有慧光的详细记录。尼僧大保是安详的徒弟。识字，俗家孟姓，北平人，1929年7月出家，当时年仅9岁。寺中另有寄居俗家女性1人，即安详的母亲景杨氏，1933年时52岁，帮助看庙。④

外三区白衣庵尼僧。据档案记载，该庙为明代私建尼庙，民国地址：花市北羊市口中三条胡同四十九号。1928年在北平特别市公安局寺庙登记时，庙内有两名尼僧：住持尼僧阔然，郭姓，通县人，光绪十四年（1888）出家，年龄49岁。尼僧元林，16岁，担任庙内执事，俗家杨姓，山东人，1926年出家。⑤ 另据1930年7月北平市社会局寺庙登记表，当时该庙有尼僧2人，住持阔然，51岁，光绪十年出家；尼僧渊海，13岁，1928年出家，杨姓，山东寿光人，担任庙内

---

① 北京市档案馆藏《内五区大悲庵管理人魏尹氏送寺庙登记表及社会局的批示》，1936年，档案号J2-8-1127。

② 《圆通寺碑》（京852），清咸丰八年（1858）十二月刻。**额题**：永垂不朽。首题：重修圆通寺碑记。**書體**：碑文正书，额篆书。原在地：碑在北京宣武区裘家街。现在地：不详。《北京图书馆藏中国历代石刻拓本汇编》，第82册，第149页。

③ 北京市档案馆藏《伪北平特别市公安局（尼）》，1928年，档案号J181-15-409。

④ 北京市档案馆藏《外二区圆通寺尼僧安祥呈请登记庙产及社会局的批示》，1931—1936年，档案号J2-008-314。

⑤ 北京市档案馆藏《伪北平特别市公安局（尼）》1928年，档案号J181-15-422。

香灯。又据 1936 年 7 月北平市社会局寺庙登记表，该庙有尼僧 2 人，住持阔然，57 岁，光绪十一年出家，出家时 7 岁；尼僧圆林，25 岁，俗家赵姓，河北大兴，1927 年 2 月出家，出家时 9 岁。[①]

外四区水月庵尼僧海龄、印志、印遂。水月庵又名“水月禅林”，为明代私建尼寺，民国地址：烂缦胡同三十二号。据 1928 年北平特别市公安局寺庙登记表，住持尼僧海龄，俗家黄姓（黄惠贞），安徽寿州人，光绪九年（1883）出家。尼僧印志，俗家张梁氏，北平人，1925 年出家。[②] 另据 1930 年 9 月 15 日北平市社会局寺庙登记表，住持尼僧海龄，75 岁，10 岁出家。尼僧印志，38 岁。又据 1936 年 5 月北平市社会局寺庙登记表，该庙有尼僧 2 人，住持印志，44 岁，1926 年 5 月出家，时 34 岁。尼僧印遂，53 岁，傅姓，河北宝坻人，1934 年 4 月出家，时 51 岁。二人均识字。[③]1934 年 6 月 26 日，住持尼僧海龄圆寂，遵照子孙庙之继承惯例，其徒弟印志于同年 8 月向社会局申请接充住持，为其担任铺保的除兴明斋冥衣铺外，还有三座女庙的住持联名具保，分别是外四区盆儿胡同三教寺二号天仙庵住持尼僧续常，三教寺住持尼僧国宝和外二区西草厂九十号天仙庵住持尼僧性空。据北平市社会局问话记录，上述三座女庙“与水月庵是同戒的关系”，三位住持尼僧除向社会局证明海龄确已圆寂外，还证明印志是海龄的大徒弟，接充住持合理合法、没有争议。然而，从以后的档案记录来看，数年之后，接任该庙住持的却是海龄的另外一个徒弟印遂。据社会局寺庙登记档案，1940 年 9 月 24 日，水月庵住持尼僧印遂向社会局递交了《呈报水月庵修理庙房工程由》，拟将原有随墙上顶坍塌之山门，“改修代脊山门一座”，“并在大殿西空院添盖北房二间，西房三间，后院支搭灰棚六间”；“又院内原有南灰房三间，拟挑顶改修瓦房，前檐接修廊子”。申请很快得到社会局批准。[④] 从上述内容可见，

---

① 北京市档案馆藏《外三区白衣庵尼僧阔然呈请登记庙产及社会局的批示》，1931—1941 年，档案号 J2-8-313。

② 北京市档案馆藏《伪北平特别市公安局（尼）》，1928 年，档案号 J181-15-391。

③ 北京市档案馆藏《外四区水月禅林海龄登记庙产、发放凭照的呈文及社会局的批示》，1931—1936 年，档案号 J2-8-547。

④ 北京市档案馆藏《外四区水月庵印志接充住持的呈及社会局的批示》，1934—1940 年，档案号 J2-8-854。

印遂是一个很有能力的尼僧。

外四区三教寺尼僧安平、国宝、亲莲。据档案记载，三教寺建于明永乐年间（1403—1424），清末为私建尼庙。民国地址：南横街盆儿胡同三教寺一号。住持尼僧安平，俗家尚姓，宛平人。光绪二十一年（1895）出家。① 尼僧国宝，是安平的徒弟，俗家杨姓，宛平县务农。光绪三十年（1904）出家，时2岁。尼僧亲莲，是国宝的徒弟，俗家任姓，宛平县商界，民国六年（1917）出家，时4岁。三位尼僧的教育程度均为"粗通文理"。1931年3月29日，原住持尼僧安平因病圆寂，国宝依"剃度子孙庙师徒相传"之向来习惯接替住持一职。1940年3月，国宝为修建寺庙工程呈请社会局批示，拟将前院原有东西灰房各一间拆卸，建东西灰房各三间。社会局派人前往调查了解，"该庙住持国宝声称，本庙前院原有东西灰房各一间，多年失修不堪居住，今拟利用庙内原存之木料砖瓦等，改建东西灰房各三间以便出租等语。据查该庙积存之木料砖瓦等均系施主宋伯鲁建房所余之物，曾于民国二十二年捐助该庙，所需工资约三百余元，系该住持俗家所施并无其他借贷情形"。呈文于次月得到社会局批复准建，并再呈工助局批示。1941年，国宝又向社会局呈报拟在三教寺庙内空地修建砖塔，当局派人调查，"适值该住持外出，询据伊徒亲莲声称，本庙前有空地一块，系先师祖茔地，现因马居士发愿，拟在坟上修建砖塔一座以资纪念等语，经查所称尚属实情"。此次呈文也很快得到社会局批准。②

从上述档案记录可知：三教寺住持国宝是一个十分能干的尼僧。20世纪30到40年代，在国家内忧外患、北京城市经济每况愈下的社会环境下，希望通过出租房屋以增加收入、维持生计的做法，在北京旧城子孙女庙中十分普遍。当时除房租以外，寺庙施主捐助与尼僧俗家经济资助也是北京女庙的主要经济来源，这一点从一个侧面反映了宗教意义上的"出家"与世俗意义上的"在家"二者之间的密切关系。

---

① 北京市档案馆藏《伪北平特别市公安局三教寺（尼）》1928年，档案号J181-15-399。1928年，安平登记年龄为51岁，出家时间为光绪二十一年（1895），据此推断，其出家年龄约为18岁。

② 北京市档案馆藏《外四区三教寺尼僧安平、国宝等人呈请庙产及社会局的批示》，1930—1941年，档案号J2-8-162。

外五区观音庵尼僧法如、寿海。该庙为明万历年间（1573—1620）募建，光绪二十年重修，为子孙尼庙。民国地址：铺陈市四十五号。1928年公安局寺庙调查登记时，住持尼僧法如，71岁，申姓，宛平人。同治二年（1863）即在该庙出家，为自幼出家。尼僧寿海，罗姓，宛平人。民国十七年（1928），45岁时居孀出家，寄居。办事员“查询尼僧法如声称伊于同治年即在该庙出家，迄今已历七十年，系接授伊师成秀之产，初该庙破烂，殿宇倾圮，经其于同治及光绪年间两次募化重修始成完整。查该庙建立时代，据称未重修之前曾有木匾，上镌有明万历年募化建立之字，现该匾业已失毁等语。查询有递授遗传手本二件，惟于重修因募款不足借贷，现在外抵押等情。查该庙建立时代虽无可证之物，经该尼募化重修有所悬匾额可考，并具住持亦历经有年，所报各节尚称属实。”[①] 上述档案记载反映了清末民初北京旧城观音女庙的变迁，以及住持尼僧在募化重修过程中所面临的困境。另据1935年社会局档案记录，民国二十四年农历四月十四日，法如圆寂，依子孙庙惯例，其徒行海接充了该庙住持。行海，俗家罗希龄，河北省通县人。民国十五年出家，出家年月为“幼年”，识字。[②]

4．寺庙人口登记有4人以上的观音女庙尼僧概况。

在北京观音女庙人口登记表中，寺庙人口有尼僧4人以上的庙宇共有5座，其中包括内城的广慈寺（内三区）、白衣庵（内三区）、观音寺（内四区）和外城的观音庵（外四区）、紫竹林（外四区）。其中尼僧人数最多的是方家胡同白衣庵。

内三区广慈寺有尼僧7人。广慈寺为明代募建尼庙，位于观音寺胡同三号。该庙在1928年北平市公安局登记时为僧庙；在1933年社会局登记时变为尼庙。民国二十二年四月，因前住持老和尚普觉圆寂，无安葬之费，且该寺殿房倾颓衰坏、破朽不堪，普觉的徒弟僧人同月（24岁）将该寺移交尼僧常参（53岁）接充住持以管理寺务。在30年代北平市社会局寺庙登记表中，广慈寺有尼僧7人，住持常参，字妙道，俗家张氏，湖南蓝山县人。民国二年（1913）出家，出

① 北京市档案馆藏《伪北平特别市公安局（尼）》，1928年，档案号J181-15-404。

② 北京市档案馆藏《外五区观音庵住持行海登记庙产的呈及社会局的批示》，1935—1936年，档案号J2-8-867。

家时 32 岁。另有在庙尼僧 6 人，包括：演通，俗家姜氏，湖南长沙县人。民国六年（1917）出家，出家时 15 岁。演深，俗家张氏，河北宛平县人。民国八年（1919）出家，时年 15 岁。演慧，任广慈寺监院，俗家陈氏，江苏扬州人。民国十五年（1926）出家，出家年龄 21 岁。演诚，任广慈寺维那，俗家刘氏，察哈尔蔚县人。民国二十三年（1934）出家，出家年龄 26 岁。宽玄，任广慈寺副寺，俗家文氏，河北宛平县人，民国二十三年（1934）出家，出家时 15 岁。演化，俗家富氏，河北沧县人。民国二十五年（1936）出家，出家时年龄 61 岁。①

内三区白衣庵有尼僧 9 人。内三区白衣庵为清乾隆年间私建尼庙，位于安定门内方家胡同二十四号。1936 年寺庙登记人口有尼僧 9 人，其中 4 人籍贯属于今北京市。住持尼僧法光，76 岁，识字，俗家郭姓，大兴人。光绪五年（1879）出家，出家年月为“幼年出家”。尼僧慧光，俗家孟姓，大兴人；年迈，在白衣庵中无执事；幼年出家。尼僧贯通，俗家刘姓，宛平人；任白衣庵家常执事；幼年出家。尼僧乐山，唐姓，大兴人；任白衣庵家常执事；幼年出家。另有 5 名尼僧为外省籍，暂时寄居在白衣庵内，包括：尼僧性林，俗家孟姓，锦县人；在白衣庵中担任随众执事；幼年出家。尼僧培根，俗家安姓，安徽人；任手工执事；民国十四年（1925）出家，为幼年出家。尼僧智根，俞姓，湖北人；任手工执事；民国十五年（1926）出家，幼年出家。尼僧智通，俗家孙姓，阳新县人；任手工执事，幼年出家。尼僧义泉，俗家崔姓，源陵县人；任手工执事，幼年出家。②

内四区观音寺有尼僧 4 人。内四区观音寺为明代嘉靖年间（1522—1566）私建尼庙，位于西直门内南小街西观音寺胡同十七号。据 1928 年北平特别市公安局寺庙调查登记表，当时该庙有尼僧 4 人，包括：住持尼僧湛元，尼僧觉密，觉祥和慧真。觉密是湛元的师侄（即同门师兄的徒弟），觉祥是湛元的徒弟，慧真为寄居尼僧。③另据 1930—1938 年北平市社会局寺庙调查登记表，1929 年 7 月 1 日，湛元因年老多病“让住持著觉密名下接充”。1936 年社会局登记时，住持尼

① 北京市档案馆藏《广慈寺住持常参呈报庙产登记及社会局的批示》，1933—1936 年，档案号 J2-8-813。

② 北京市档案馆藏《内三区白衣庵尼僧法光关于呈请登记庙产及社会局的批示》，1931—1936 年，档案号 J2-8-315。

③ 北京市档案馆藏《伪北平特别市公安局观音寺（尼）》，1928 年，档案号 J181-15-431。

僧觉密43岁，俗家金姓，河北涞水人，业农，民国七年正月出家，时26岁。退居住持湛元，68岁，俗家李姓，河北保定人，业农，光绪三年六月出家，时15岁。师弟觉祥，36岁，俗家杨姓，河北涞水人，业农，民国十八年九月出家，时24岁。寄居慧真，43岁，俗家金姓，大兴人，业官，民国四年腊月出家，时25岁。从档案记录来看，觉密曾于民国二十八年二月向社会局呈报修庙工程，经办事员实地调查"该庙旧有隔断屏门一座，木料多已损坏，门上横梁中段已见下坠，庙前墙垣亦有一部分坍塌"，"住持觉密声称拟照旧基修砌并拟在庙内添盖西房二间"。该庙土地面积三亩，房屋十七间，自"民国十年取得房租"，"每月收入四、五元不等，仅能度日之用。"①

外四区观音庵尼僧长海、续奎、传成、印和。该庙为清乾隆年间修建，民国时期为私建尼庙。民国地址：兵马司前街八号。1929年该庙有尼僧4人，住持尼僧长海，58岁，穆姓，宛平人，7岁出家。尼僧绪奎，24岁，高姓，宛平人，9岁出家。尼僧传成，18岁，奎姓，宛平人，10岁出家。尼僧印和，62岁，司姓，宛平人，10岁出家，寄居。②1935年，住持尼僧长海因病圆寂，徒孙续奎接充住持，因续奎"先师存山已故数年"，续奎亦无"师伯师叔及其他师兄弟"，故其接充观音庵住持符合子孙小庙传授习惯。1936年社会局再次调查登记时，该庙仅余尼僧2人，住持续奎，31岁，民国三年四月出家。寄居尼僧印和，69岁，光绪四年正月出家。二人均为初小程度。传成未在此次登记表中。1940年9月30日，续奎向社会局呈报庙工，当局派人前往详查"该庙有附属扁担胡同一号住房一所，后院内原有北瓦房三间，拟在西间后檐临中横街开辟过道门半间，经查所报尚属相符。"③

外四区紫竹林尼僧仁贵、仁正、慧真、玉真，会海。据1929年年北平市公安局寺庙登记，该庙为明代募建尼庙。民国地址：广安门内南线阁15号。当时庙中有尼僧4人，住持尼僧仁贵，全姓，河北大兴人，光绪三十年（1904）出

---

① 北京市档案馆藏《内四区西观音寺尼僧觉密呈请登记庙产并发凭照及社会局的批示》，1930—1938年，档案号J2-8-160。

② 北京市档案馆藏《伪北平特别市公安局（尼）》，1929年，档案号J181-15-404。

③ 北京市档案馆藏《外四区观音庵尼僧长海登记庙产和续奎接充主持的呈文及社会局批示》，1931—1940年，档案号J2-8-562。

家。尼僧仁正，张氏，宛平人，民国十年（1921）出家，任贵的师弟。慧真，金氏，大兴人，民国十年（1921）出家，任贵的徒弟。玉真，金氏，大兴人，民国十年（1921）出家，任贵的徒弟。[①]另据1930年7月25日社会局寺庙登记，任贵69岁，仁正27岁，慧真37岁，玉真34岁，均为幼年出家。又据1936年6月9日任贵呈报的登记表，任贵，石姓，民国八年出家，时48岁。1941年8月18日，任贵因“年老力衰，身常侵病，关于庙务实属不能管理，而殿宇房舍已经破坏，目下又无亲属堪能继任者”，故请求将此庙交与北京佛教会“另选贤能以便接充主持而能重兴道场”。同年9月8日，北平佛教会向社会局呈请核示，由佛教会公选尼僧会海接任紫竹林住持。“会海，年五十七岁，河北省武清县人，于民国二十八年在弘慈广济寺得戒”。9月19日，社会局批准了佛教会的呈请，9月24日，会海到紫竹林接管庙务，成为住持。[②]

从上述档案内容来看，尼僧籍贯以宛平、大兴居多。尼僧出家年龄最小的2岁，最大的61岁。为进一步分析北京旧城观音女庙尼僧的出家原因，本节将上述尼僧群体分为幼年出家、青年出家和中老年出家三种不同类型，其中“幼年”指尚未“及笄”，一般在14岁以下（包括14岁）。“青年”指根据北京地方传统，可以正式谈婚论嫁的年龄，具体在15岁至29岁之间；“中老年”指30岁以后。

1. 幼年出家的尼僧群体。从上述尼僧出家情况来看，清末至1949年，北京旧城观音女庙中自幼出家的尼僧较多，其中外四区三教寺尼僧国宝登记出家年龄仅为2岁，国宝的徒弟亲莲登记出家年龄也只有4岁。其他登记为幼年出家的尼僧还有内二区观音寺住持尼僧觉旺，内三区观音庵住持尼僧广智，外四区观音庵住持尼僧长海、尼僧绪奎、传成、印和，外五区观音庵住持法如。上述尼僧俗家籍贯均为宛平（或北平）。

为什么清末至民国时期北京有许多年幼女童出家？其出家动因与北京城市社会空间特征有什么关系？这些问题在民国北京地方政府寺庙档案中找不到答案，而田野访谈在一定程度上可以弥补档案文献的缺失和不足。

---

① 北京市档案馆藏《伪北平特别市公安局紫竹林庵（尼）》，1929年，档案号J181-15-484。

② 北京市档案馆藏《外四区紫竹林尼僧登记庙产的呈文及社会局的批示》，1931—1942年，档案号J2-8-548。

访谈样本 17：三教寺尼僧亲莲谈自己幼年出家的情况

我 4 岁就许到庙里了，老有病，那会儿科学不发达，老也治不好。治不好就许到庙里了。也是怪事儿，一许到庙里，病就好了。我家就我一个，哪儿舍得给庙里啊？满族人又对姑娘特别的重视，实在没办法才给庙里了。找庙吧，赶巧了，有那个三教寺收小徒弟，不收大徒弟。没法子就送那儿去了，就说是 4 岁出家，也是两头跑，也该着出家。我记得那时候还坐轿子呢。那会我公公、我母亲给我送去，庙里有一位我还叫奶奶呢，那时候我太爷还在，赶紧给我抱去就进寺院了。我挺喜欢在那儿玩的，玩着玩着他们就偷着走了。走了我就哭了一场，抱着一个铁香炉哭了一场。回头我太爷一哄就完事儿，解（自）那儿我也不想他们了，怪不？①

从档案记录和田野访谈资料来看，清末至 1949 年以前，僧尼幼年因病出家的情况在北京庙宇中并不少见。将年幼多病的孩子许到庙里，以借神力护佑孩子成长，是中国传统社会中的常见习俗，但在汉族家庭，因病被许到庙里的绝大多数孩子是男孩儿，而亲莲的不同则在于她是女孩儿，而且是一个满族家庭里唯一的女孩儿。由于满族对女性的重视，将多病的女孩儿许到庙里这一习俗，在清末民初时的北京依然盛行。在访谈中，笔者了解到亲莲很小的时候母亲就去世了，“我一进庙母亲就死了，我都不记得了，后来续的母亲，过了十二年也就死了”。②上述因素构成了亲莲幼年出家的动因。而亲莲之所以 4 岁就被三教寺接收，一方面缘自她本人的家庭背景，另一方面也与其师父国宝自身的出家经历有关。

访谈样本 18：亲莲谈师父国宝幼年出家的情况

我师父（国宝）也是北京人，她父亲有钱，家里就一个孩子。国宝没有母亲，很小就出家了，一出生她母亲就得病死了，她父亲一口气就把她送到庙里了。因为兄弟不和，她兄弟媳妇也生了小孩，她父亲想让兄弟媳妇给奶着，她兄弟媳妇不干，就饿着。她父亲一赌气就把孩子送到庙里了，这么出的家。我太爷那会儿也雇奶娘啊，奶娘可疼她了。到我进庙记事儿的时候，那奶娘还疼着她呢。③

---

① 访谈时间：2008 年 7 月 29 日。

② 访谈时间：2008 年 10 月 15 日。

③ 访谈时间：2006 年 5 月 11 日，2008 年 7 月 29 日。

从国宝出家的情况来看，母亲的病逝是她很小就被送到庙里去的一个原因；而俗家经济上的富裕，则使国宝在女庙中的生活有了保障。亲莲4岁出家到三教寺时，国宝只有15岁，这也是为什么亲莲在访谈中说三教寺当时只收小徒弟、不收大徒弟的一个原因。与亲莲一样，国宝也是家里的独生女，家人对她的疼爱本不难想见，但母亲的去世无疑使父亲在孩子的抚养问题上感到为难，在没有办法的情况下，只好把女儿送到庙里抚养。但与穷人的孩子出家不同，国宝和亲莲来到三教寺之后并不存在生活困难的问题，因为两人的俗家都不断给庙里供钱，所以三教寺尼僧的生活一直比较富裕。

从对三教寺尼僧的个案访谈和档案记录来看，北京旧城观音女庙中的幼年出家尼僧群体有以下几个特点：第一，绝大多数是老北京人，其俗家籍贯多在宛平、大兴，少数在通县。第二，老北京尼僧自幼出家的原因，与满族重视女孩儿的传统习俗有关。第三，自幼出家的尼僧群体中至少有一部分女性并非是由于家庭贫困而出家的，而是与自身的性别身份以及在家族中所遭遇的变故有关。这部分尼僧和她们所在的女庙多有俗家施助，因而其经济状况相对来说比其他类型的女庙好得多。

2. 青年时期出家的尼僧群体。在北京旧城观音女庙出家女性群体中，青年时代出家的尼僧不仅人数很多，而且俗家籍贯分布地域较广。除宛平、大兴等京籍外，还有河北涞水、保定、蔚县及湖南、江苏、浙江、安徽等省籍。从档案记录和田野访谈来看，这一尼僧群体的出家背景比较复杂。

访谈样本19：隆智谈西观音寺尼僧觉密和觉祥的出家背景

西观音寺我那两师哥，[①] 一个叫觉密，一个叫觉祥，法名。觉密和觉祥是礼王府的丫鬟，都是涞水县人。她们俩都出家了，就认得这观音寺的老师父，跟着老师父。礼王府在西四牌楼那边儿。（西观音寺的）老和尚上那儿去化玉米，那么认识的，她们跟我们的老和尚有缘。

礼王府有个规矩，说丫鬟要是出家，欢迎。丫鬟在礼王府里如果不结婚、想出家，礼王府给她一份养例（一部分钱）。她在哪屋住，哪屋的东西就归她，都

① 在访谈中，隆智曾多次谈到她在西观音寺发心出家时庙里的两位尼僧觉密和觉祥，因为隆智幼年在西观音寺认的师父和这两位尼僧的师父都是西观音寺的本修老和尚，所以隆智一直把她们称作“师哥”。

带走，让她出家。不过在礼王府（丫鬟）要是结婚，人家当姑奶奶聘，叫“下姑奶奶”。不是姨太太，是聘给外人。好比哪个王爷要收丫鬟做侧奶奶，她不愿意，就聘，聘到王府外边，叫“下姑奶奶”。“下姑奶奶”就是丫鬟人家要收她做侧奶奶，她不愿意，就聘出来。就这么回事儿。

后来她们俩人都出家了，她们出家都带出一份养例来。好比你出家了，人家主人很慈悲啊，你住哪屋，这屋子里的东西都归你。（李居士插话：就跟出一份陪嫁似的。）东西都给她，人还带出一份钱，一份财产来。要不我们那庙没有施主呢，自己有养例，不吃施主。她们带出一份钱，在庙里盖的房。在外院儿盖的房。她们后来都死了，没收徒弟。①

据档案登记，觉密和觉祥出家年龄分别为26岁和24岁。②与隆智口述内容相对照，她们在这个年龄出家，与其作为王府丫鬟的身份是相符合的。从尼僧口述史料中亦可以了解到：清末民初至1949年，北京一部分尼僧出家时还带有一定数量的财产。在三教寺，尼僧俗家供养女庙，是以日常不断“施助”的方式给予；而在西观音寺，女庙的经济来源则为尼僧出家时由“主人”一次性支付。借助这笔财产，西观音寺的尼僧才能够在该寺外院盖房出租，并以这种形式来维持庙里的生活。

访谈样本20：亲莲谈三教寺尼僧长善和安平的出家背景

我太爷叫长善，是姑娘时候出家的，她是官宦人家的小姐，大概是道台家吧，也有名有姓的，河南人，尚家庄，清朝的时候。人各有志，她自愿出家，家里也不反对。那时候老人都有信佛的志愿，正规的道儿老人不管，老人也不是不讲理。家里给出钱，庙里没有钱。从她那时候把庙买下来了。我师爷安平也是姑娘时出家，大概十几岁吧。姑娘那会儿结婚早，都是15、16岁。她不是大户人家的小姐，反正一般的，家里也不穷，她是汉族。③

从亲莲口述内容来看，长善与安平都是汉族。长善是河南人，出自清末官

① 访谈时间：2005年7月24日、8月2日、8月19日。

② 北京市档案馆藏《内四区西观音寺尼僧觉密呈请登记庙产并发凭照及社会局的批示》，1930—1938年，档案号J2-8-160。

③ 访谈时间：2008年7月29日。

宦之家；安平是北京人，虽非出自显赫之家，家庭经济条件也不错。在档案登记中，三教寺住持尼僧安平的出家年龄为 18 岁。[①] 而据亲莲回忆，长善也是姑娘时出家。虽然亲莲没有直接说明她的太爷和师爷为什么出家，但从二人的出家年龄来看，与她们立下不婚的志愿有关。从笔者田野访谈的情况来看，民国时期，北京女性因不婚而出家的原因主要有以下三个方面：一是婚姻不自主；二是不能承受生育所带来的巨大痛苦；三是经济原因。关于第三个原因，隆智在口述中谈到的西海北河沿三官庙尼僧心法出家时的情况，可为例证。

访谈样本 21：隆智谈三官庙心法的出家背景

（心法）也是大姑娘（出家）。因为什么呢，她跟家气的。她们家一共姐儿五个，她是通州人，几个姐姐结婚的时候，那会儿不都兴陪嫁吗，她姐姐都聘了，她们家就没钱了。她自己出家了，家里什么都没给她，她也什么都没拿。所以她出家了，（对）家里人根本不认，不招待。“我什么都没拿，我也不招待你们，”是这么一个人。[②]

从上述内容来看，心法出家的外部原因是跟家里赌气。在包办婚姻和买卖婚姻制度下，女孩子结婚时若没有陪嫁或陪嫁很少，结婚以后就会受丈夫和夫家的气，这是不难想见的。从这一社会文化背景来看，心法决意出家的深层原因，是由中国传统社会中的婚姻制度和婚姻习俗所导致的。

3. 中老年时出家的尼僧群体。在清末民初至 1949 年北京旧城观音女庙尼僧群体中，30 岁以上出家的尼僧人数亦不少。从口述史和档案文献资料来看，北京女庙尼僧在中老年时期出家的原因大多数也与婚姻有关，包括立志不婚、居孀守寡、被丈夫遗弃等。

值得注意的是，在本书个案研究中，通过田野访谈所获得的口述史料与档案文献之间的关系并非一一对应，因为被访女性的口述回忆所表达的主要是人生事件的过程；而在档案文献中，这一过程恰恰被省略了。档案文献所记录的多是

---

① 《伪北平特别市公安局三教寺（尼）》1928 年，J181-15-399，第 31 页。北京档案馆藏。1928 年，安平登记年龄为 51 岁，出家时间为光绪二十一年（1895），据此推断，其出家年龄约为 18 岁。

② 访谈时间：2005 年 9 月 4 日。

由人名、地名、物名、数字所构成的概念或“事实”，而将过程完全忽略或一笔带过。为此，本书在个案研究中不断将口述资料和书面文献进行对比，以便从中发现问题，并探究其内在原因。就隆智个案来说，尽管被访者从一开始就在不断回忆西观音寺，但在民国时期北京地方政府寺庙调查登记的西观音寺尼僧档案中，却始终没有出现隆智的名字。在追寻这一线索的过程中，笔者发现在北京内城，西观音寺还有两个本家女庙，均在内五区界内，一个是位于小石桥胡同的观音庵，另一个是其旁的重阳庵，而隆智正式落发的女庙则是重阳庵。据民国档案记录以及隆智口述回忆，小石桥胡同观音庵是西观音寺的本家庙，观音庵住持昌果与隆智的落发师父昌寂（重阳庵住持）是师兄弟，为此，隆智把昌果称作“师叔”。据隆智回忆，昌果是旗人，她出家是因为反抗父亲的封建思想。

访谈样本 22：隆智谈观音庵住持昌果出家的背景情况

她（指昌果）呀，她是为父亲封建。她父亲不是老在旗的吗，他说：“大清国不回来，我的闺女不出门子。”那孩子一赌气，说：“你别等大清国，我出家吧。”（笑）这么出的家。当时她多大年纪我不知道。她也是旗人，不知道什么旗的。她父亲封建嘛。说没大清国我姑娘不结婚。姑娘听你的？一赌气出家吧。[①]

据北平市社会局档案记载，昌果 1936 年时任观音庵住持，俗家姓文，宛平人，于 1927 年出家，登记出家年龄为 31 岁。[②] 而在民国北京地方政府寺庙档案记录中，中年以后出家的“老姑娘”不在少数。从家族姓氏来看，大部分是旗人。

在清末民初至 1949 年北京出家尼僧中，还有一类女性是结婚后因守寡而出家的。

访谈样本 23：隆智谈重阳庵尼僧普静的出家背景

她（指普静）是啊，十七岁结婚，二十岁就守寡了。结了婚呐，一个月，丈夫就走了，病了就回来了，回来的时候儿用担架拉回来了，到家没多日子就死了。为这出的家。能改嫁，她不愿意。说自己命不好，把丈夫给方死了。待家里

① 访谈时间：2005 年 8 月 2 日上午。

② 北京档案馆藏《内四观音庵（尼）僧觉清呈请登记庙产和昌果接允住持的呈文及社会局的批示》1930—1941 年，J2-8-232，第 48 页。

再方人呐？这么出家的。[①]

普静是隆智的落发师父，法名昌济（寂），普静是她的字。据1930年北平市社会局寺庙类档案登记，普静俗家余（于）姓，河北宛平人，于1923年出家。1930年普静登记年龄为51岁，据此推断，其出家年龄应在44岁。[②]另据北平特别市公安局档案，外五区观音庵尼僧寿海，俗家罗姓，宛平人，于1928年出家，登记出家年龄45岁，为居孀出家。[③]从档案登记中尼僧的出家年龄来看，这种情况应不在少数，但像寿海一样直接写明出家原因的却很少。

有学者认为，中国古代女子守寡的原因主要有五种：第一是源于节操的观念；第二是童贞的观念；第三是经济方面的原因；第四是为了延续男性的血脉；第五是迷信的原因。自元代统治者开始为妇女立贞节牌坊以来，明清时期对于妇女守贞和守节的要求便越来越严格。而对于守节的寡妇来说，戒律则更多。妇女守寡之后即使不出家，也"全如入了寺观一般"。[④]从民国时期的社会环境来看，隆智的师父普静认为自己命不好，把丈夫给方死了，不能待在家里再方人并为此而出家，不是女性一时冲动的行为，而是社会观念意识的反映。值得注意的是，清初满族对女性守寡再嫁的观念与汉族并不相同，而到清末，在妇女守寡与再嫁的问题上已经与汉族的观念不分彼此了。

综上所述，北京旧城观音女庙尼僧群体的出家动因是多方面的，不同年龄阶段的尼僧群体出家背景不同，出家原因也各不相同，其中幼年出家的尼僧群体多来自北京满族家庭，其出家背景与家庭遭遇变故及满族重视女孩儿的传统有关；而在其他年龄段出家的尼僧群体，其出家原因大多与婚姻有关。从清末民初至1949年北京旧城观音女庙尼僧出家的总体情况来看，"家境贫困"并非是女性出家的首要因素。

根据民国北京地方政府寺庙登记档案，北京旧城观音女庙出家尼僧群体中

---

① 访谈时间：2005年8月2日上午。

② 北京档案馆藏《内五区重阳庵尼僧觉悟关于登记庙产、发放凭照的呈文及社会局的批示》(1931—1936)，档案号J2-8-559，第24页。

③ 北京档案馆藏《伪北平特别市公安局（尼）》，1928年，档案号J181-15-404，第40页。

④ 韦溪、张苌《中国古代妇女禁忌礼俗》，西安：陕西人民出版社，1994，第166—190页。

还有少数来自外省的寄居尼僧，这种情况多出现在庙产规模相对较大的女庙中。1936 年北平市社会局在调查内三区白衣庵庙产时，该庙登记人口有尼僧 9 人，其中住持法光等四位尼僧来自宛平或大兴，均为北京籍；其余五位分别来自锦县、安徽、阳新县、湖北和源陵县等，均是寄居尼僧。[①] 在北京旧城女庙中寄居的外省尼僧人数的增加，反映了民国时期社会的动荡不安所带来的女庙人口的流动性和不稳定性。

（二）寄居在北京旧城观音女庙中的俗家女性群体

从民国时期北京地方政府寺庙登记档案和本书的田野调查情况来看，清末民初至 1949 年，北京旧城观音女庙信仰群体中还有一些寄居在女庙内的俗家女性，主要有两种类型：第一类是带发修行的女居士；第二类是中老年孀居妇女，多为该庙尼僧的女性亲属。

1．女庙中带发修行的女性。所谓“带发修行者”，是北京民间对“已入寺出家但尚未落发的俗家弟子”的一种称谓。从档案文献和田野调查资料来看，女子“带发修行”在民国北京旧城观音女庙中并不少见。据北平市社会局寺庙档案登记，1930 年在内四区观音庵的寺庙人口登记表中，住持尼僧广安有一俗女弟子叫连修，俗家范氏，宛平人。当时连修尚未落发，寄居庙内，任香灯执事。登记年龄为 33 岁，出家时间为 1919 年，据此推断，其出家年龄应为 22 岁（虚岁）。[②]

另据隆智口述：隆智 18 岁在西观音寺发心出家，29 岁在重阳庵落发，在西观音寺经历的带发修行过程长达 10 余年。据民国时期北平市社会局寺庙档案登记，在隆智落发出家的女庙重阳庵中，还有一位带发女居士寄居庙内，名叫善通，金姓，宛平人。1930 年登记年龄为 52 岁。[③] 据此推断，善通出家年龄约在 35 岁。在访谈中，隆智曾讲述了善通到重阳庵寄居，带发修行前后的情况[④]。从

---

① 北京档案馆藏《内三区白衣庵尼僧法光关于呈请登记庙产及社会局的批示》1931—1936 年，档案号 J 2-8-315，第 30、47、56 页。

② 北京档案馆藏《内四观音庵（尼）僧广安呈请庙产并发凭照及社会局的批示》1930—1936 年，档案号 J2-8-235，第 24 页。

③ 北京档案馆藏《内五区重阳庵尼僧觉悟关于登记庙产、发放凭照的呈文及社会局的批示》（1931—1936），档案号 J2-8-559，第 24、41 页。

④ 参见访谈样本 12。

隆智的口述内容和档案记录来看，善通最终卖掉庙产寄居到重阳庵内，并在那里走完人生的最后路程实在是一种无奈，也是民国时期北京一部分女性人生的悲剧写照。

2. 女庙中的孀居妇女群体。根据民国档案和访谈资料，在北京旧城观音女庙中居住的人中，除了尼僧之外还有一些孀居妇女。据1947年北平市警察局外四分局对三教寺进行的户口调查登记，当时在三教寺内居住的除国宝、亲莲等三位尼僧外，还有七家住户，其中户主是女性的有三家，均为孀居妇女。其年龄、籍贯、教育程度、家庭人口等方面的情况见下表。

表3　三教寺庙内孀居女户主情况表（1947年8月）①

户主姓名	性别	年龄	婚否	籍贯	教育程度	职业	宗教信仰	居住年限	家庭人口	备注
成任氏	女	61	孀	北平	未读	无	佛	久居	1人	亲莲的姑姑②
常石氏	女	54	孀	北平	未读		佛	久居	11人	
沈韦氏	女	56	孀	北平	未读		佛	久居	2人	

从档案登记内容来看，成任氏孤身一人；常石氏带着两个儿子、两个儿媳、四个孙子和两个孙女在寺中居住；沈韦氏则与已经成年（26岁）、职业为警察的儿子居住在庙内。三个女户主的家庭情况虽各有不同，但共同特点是均为在三教寺内寄居的中年孀居女性，籍贯均在北平。

访谈样本24：隆智的堂妹谈家人在女庙中寄居的情况

我大爷一没有啊，我大妈就等于没有家了，就跟她（指隆智）一块儿在三官庙住着。在那儿住了好几年呢。看看庙什么的。（我大妈）五五年、五六年去世的。解放后的事儿。瘪三庙（即重阳庵）我从前在那儿住过。（那会儿）家里没什么人，就（带着孩子）到那儿去了，隆智就到三官庙（跟她戒兄一块儿）去了。（大概是）五

① 制表人：舒燕。北京档案馆藏《北平市政府警察局外四分局户口调查表》1947年8月，档号J181-6-1833，第3页，6—8页。

② 访谈中亲莲曾说："观音殿是我们前院儿，前面有空地，也盖房，后来是我姑姑盖的，她家没有人了，就拿我当孩子，有钱也给我，要不怎么我们净花家里的钱。她不是出家人。"访谈时间：2008年10月15日。将访谈资料与档案文献对比可知，成任氏即亲莲口述中所说的"姑姑"。

几年的事。五九年、六零年（重阳庵）就拆了，国务院在那儿盖的宿舍。[①]

通过上述文献记录和口述资料不难看出，民国时期北京旧城女庙为居孀守寡的女性提供了一个特殊的、相对稳定的生存空间，使她们得以在动荡不安的社会环境中将生命延续下去。据隆智堂妹回忆，隆智的母亲和堂妹也曾在女庙中居住过。

（三）北京旧城观音女庙外的女香客群体

在北京旧城观音女庙信仰群体中，还有一类女性是在特定时间到女庙去上香的女香客。[②] 从寺庙档案和田野调查资料来看，北京旧城观音女庙中都供奉着观音菩萨，其中一些女庙还同时供奉着民间常见的几位娘娘——如子孙娘娘、眼光娘娘、痘疹娘娘等。据隆智回忆，1949 年以前，西观音寺及其本家庙小石桥胡同观音庵和重阳庵都有香客去上香，但各庙的情况又不一样。

访谈样本 25：隆智谈 1949 年以前香客到西观音寺、观音庵和重阳庵上香的情况

（那时候）也有这样的人，也有（到西观音寺去）烧香的，男的女的都有，大多数都是为小孩儿烧香。初一、十五的时候（去），平常日子没有。女的多，都是拉小孩儿。也有没孩子去求的，少。因为什么呢？我们那庙（在此指西观音寺）它不招人。那会儿观音庵（指小石桥胡同观音庵）也没什么人去烧香。人都往那大庙去，谁往小庙扎啊？重阳庵有（人上香），都是为小孩儿，都带着小孩儿去的。我们那庙里（在此指重阳庵）不是有几位娘娘嘛，都为这去的。我也不知道什么娘娘。我们出家人不信这个娘娘啊、吕祖啊、老爷，不信这个，就是信佛。可是那庙里有这些。[③]

上述内容值得注意的有以下几个方面：第一，香客的性别：到女庙上香的市民以女性居多。第二，女性上香的目的：主要是为了孩子。第三，女庙中供奉的

---

① 访谈时间：2006 年 3 月 3 日。访谈地点：北京某居民小区内。

② 本书所说的“女香客”，特指到庙宇去上香的女性群体，其中既有富人，也有穷人。她们生活在北京城中，常常为寻求解决人生中所遇到的各种现实问题而去寺庙上香。

③ 访谈时间：2005 年 8 月 2 日。

神像以满足女市民的现实需求为主。而出家女性不同，重阳庵里有佛，也有娘娘，但隆智平时只是拜佛，不拜娘娘等神像。第四，大庙和小庙的区别。大庙多为十方庙，可以接单留众，接待信众的范围较广。小庙多为子孙庙，一般仅供庙里尼僧或附近居民信仰。相比之下，小庙的地方性和私密性比大庙更强。与北京诸多男庙相比，观音女庙是小庙，到女庙上香的人数也十分有限，且限定在一定的地域范围内。第五，北京旧城观音女庙因住持尼僧的家族背景、经济来源、宗派传承的不同而存在明显的类型差异。如西观音寺是一座历史悠久、有许多规矩的女庙，虽然每逢初一、十五也有人前去上香，但该寺不接受香客供养。与之不同，另外一些女庙则主要依靠香客的捐资来维持尼僧的日用开支和信仰费用，如小石桥胡同重阳庵。[①] 关于北京女市民到寺庙上香的情形，隆智的家人也谈了一些。

访谈样本 26：隆智的堂妹谈北京女市民到寺庙上香的情况

过去，老北京基本都是信佛教的人。就是这么一个规律。主要是满族。汉族人信不信我不知道。没有香会。只是二月十九、六月十九，圣诞日，去庙里。现在我们上香主要上广化寺，有时也上广济寺，没有固定的地方。（在家人）最信的是三世佛，因为相信净土嘛。念弥陀经、无量寿经。观音经我这儿也有。（还有）十小咒，大悲咒。大悲咒算一堂功课。在家的就念弥陀经、无量寿经。[②]

从以上内容不难看到，第一，佛教在老北京人的生活中占有重要位置。对于女信众来说，观音诞和观音出家日都是十分重要的日子，要到庙里去参加仪式活动。第二，北京女市民上香的地点没有固定之处。例如广化寺作为北京的地方性庙宇对于北京市民具有更大的吸引力，而广济寺的香客既有本地人，也有来自全国各地的人。总体上看，男庙中的大庙（十方丛林）对香客更有吸引力。第三，北京女居士（在家人）的信仰以净土为主，供奉的佛像与念诵的经典都与净土有关。观音信仰只是净土信仰的一个组成部分，供佛、念经至今依然是女性信仰者的主要修行方式。

---

① 此外还存在着第三种情况：即女庙本身并不缺乏经济来源，但对香客的捐资照收不误，如位于干面胡同的女冠庙白衣庵。

② 访谈时间：2006 年 3 月 3 日。

访谈样本 27：亲莲谈北京外城的天仙庵香会

（过去北京）天仙庵有的是，挨着我们那儿就是一天仙庵，他们那儿供的是九天娘娘，供着痘哥哥、痘奶奶，他们那儿有人上香，有上会，每年办会，收好多钱。他们那儿也停灵，在跨院，尼僧庙也停灵。[①]

据民国档案记录，亲莲口述中提到的天仙庵位于三教寺胡同 2 号。1930 年北平特别市公安局进行寺庙调查登记时，住持尼僧为续常，63 岁，宛平人。据续常登记，该庙建于明末，属私建。土地面积约四亩半，房殿共五十九间，泥像共四十五尊。[②] 从亲莲口述来看，天仙庵与三教寺虽同为女庙，但在信仰对象、信仰形式以及庙宇与胡同社区的关系上都有很大不同，从中可以看到清末民初至 1949 年，以碧霞元君（天仙）信仰为特征和以观音信仰为核心的北京旧城女庙在生存方式和庙宇功能等方面均有很大差异。

二、北京旧城观音女庙的地方仪式与传承特征

本节所说的“地方仪式”，主要指北京旧城观音女庙中的修行仪式和传承仪式。所用资料主要来自笔者对老北京比丘尼所做的个案访谈以及民国时期北京地方政府寺庙档案文献。重点讨论以下两个问题：第一，北京旧城观音女庙地方仪式的基本内容。第二，北京旧城观音女庙的传承特征。

（一）北京旧城观音女庙的地方仪式

从现有资料来看，北京旧城观音女庙的地方仪式包括比丘尼日常修行仪式和女庙传承仪式两部分。

1. 观音女庙的日常修行仪式。北京旧城观音女庙的日常修行仪式主要以诵经为主，这一特点在本研究的田野调查和口述史资料中有鲜明体现。

访谈样本 28：隆智谈西观音寺、重阳庵尼僧的日常修行

（女庙里怎么修行）不一样。（在西观音寺）各人管各人。你爱念经、爱拜

---

① 访谈时间：2008 年 7 月 29 日。

② 北京档案馆藏《伪北平特别市公安局（尼）》1928 年，档案号 J181-15-423，第 91 页。

佛，没人管。功课，随自个儿。我们那师哥有看经的，有打坐的，各人有各人的规矩，没有串门的。成天跟你说说聊聊，没有！除了念佛、念经、做功课，没有胡说八道的。坐那儿聊天儿的也没有。我在那庙里发心十年，梳着辫子那十年，成天没有笑料儿。人都有功课，你没事儿你乐，你抽风呐。①

我（特别）尊敬地藏王菩萨，我看《地藏王经》，地藏王菩萨不是三世救母吗？我就尊敬地藏王菩萨。（敬哪位菩萨，要看）跟哪位佛菩萨有缘。各有各的信法。有信阿弥陀佛的，愿意往生极乐世界。我是看地藏王菩萨三世救母，那么着。因为我自愿地是为上坟，也算尽一份孝吧。师父（普静）特别尊敬的菩萨是观音。观音菩萨大慈大悲嘛，善良啊。差不多咱们这儿的人都信观音菩萨的多，因为观音菩萨慈悲。有那么一个说法，说：观音菩萨慈悲大，地藏王菩萨愿力大。（观音诞啊、观音菩萨成道啊这些日子解放前）有啊，当下还没断呐。解放前比这会儿丰富。②

从隆智的口述回忆来看，北京女庙尼僧如何修行没有一定之规，选择哪种方式主要在于自己。串门、闲聊都是不允许的行为。对初入佛门的隆智来说，在西观音寺中感受最深的是女庙中的凝重气氛。换言之，在修行方式上，女庙与世俗之家有很大不同。

从民国档案记录和访谈内容来看，隆智与普静都是重阳庵尼僧，二人为师徒关系。由于人生经历不同，师徒二人在出家背景与信仰对象上也有所不同。隆智是为了上坟尽孝出家，所以特别尊敬地藏菩萨；普静则因守寡而出家，所以特别尊敬观音菩萨。在同一座女庙中修行的尼僧，因出家背景不同而带来的信仰对象和信仰空间差异，透视出北京旧城庙宇空间与社会空间关系的复杂性和多样性。

访谈样本 29：亲莲谈三教寺尼僧的修行仪式

每天上殿念经。早起四点钟起来就上殿，念楞严咒，念大悲咒、十小咒、心经。中午吃饭时念供。下午三点半上晚殿，念弥陀经、八十八佛，这些都得学。认字都是师父教的。（礼器中的）鼎是烧香的。钟是打的，上殿用小钟。磬是指

---

① 访谈时间：2005 年 9 月 4 日。

② 访谈时间：2005 年 8 月 2 日。

挥用的。神像有木的、泥的、铜的，没有区别，看年代。[1]

出家人信佛没有什么分别，对每位菩萨都尊敬。女人、老人信观音的多，因为灵验啊。我奶奶也信。过去家里都有佛堂，差一点儿的也有佛龛，小佛龛。[2]

从亲莲口述内容来看，诵经也是三教寺尼僧每日生活中不可缺少的活动，识字则是尼僧提升修行能力所不可缺少的一个条件。在三教寺，尼僧的学习方式主要为师传徒受。而在西观音寺，据隆智回忆，觉密、觉祥是出家前在礼王府里学的；她自己主要靠自学。从三教寺和西观音寺尼僧日常修行活动的对比中，可以看到北京旧城女庙之间的差异。从诵经仪式来看，虽然观音女庙为子孙小庙，但仍遵循着佛教寺院的常规礼仪，如焚香、击磬、鸣钟，供奉佛像、神像等。另一方面，与在庙修行的出家尼僧相比，在家信佛的女性则对观音菩萨倾注了更多的情感，更相信观音的灵验，其信仰空间主要有佛堂和佛龛等。

除诵经外，女庙还有许多对尼僧日常行为规范的要求，其中既有与宗教戒律相关的戒规，也有与世俗生活相关的庙规。所谓“庙规”，是寺庙对僧尼尤其是对刚进庙的小和尚所立的规矩。庙规的作用主要在于规范出家人的言行，使其严格遵守宗教戒律。对民国时期北京旧城观音女庙尼僧来说，庙规还包含着中国父系传统社会对女性行为规范的各种要求。这些规范是尼僧在入庙时就要遵守的，对尼僧的人生有着深刻的影响。在本书个案研究中，上述戒规和庙规被老北京尼僧统称为“规矩”。

访谈样本 30：隆智谈西观音寺的规矩

甭管你怎么修行，你得守规矩。走道儿要飞呀，没这个！坐着要规规矩矩，歪躺着不成。要坐如钟，躺似弓。睡觉不许仰脖脚儿睡，得侧身躺着，头和身体向右，右手枕头，左手自然垂放于身体左侧（好像一尊睡佛），这叫吉祥卧。释迦牟尼佛涅槃的时候儿就是这样。尼僧受戒都这规矩，这是老人留下的佛制。一律都得这么躺着，从小到大都得这么着。女僧不能绕世跑（那会儿街上没有比丘

① 访谈时间：2008 年 9 月 12 日。
② 访谈时间：2008 年 10 月 15 日。

尼)。有事去在家人或居士家里，不许一人进去，必须得两人。[①]

我喜欢那庙(指西观音寺)规矩好。我那个师父啊，7岁出家，她收徒弟不收中年出家的，说结过婚的不要，我佩服我那师父，才去了西观音寺。我在我们庙里待了十年，这十年也不说出家，就在里边干活儿。哎呀，那会儿规矩严呐，我们师哥给我立的："人不吃的你吃，人不干的你干，说得好坏你不许顶嘴，这三样可厉害极了！""吃了苦还不行，不是你就是你。比方说这东西摔了，要问说："这个东西是怎么回事儿？"我说："不知道。""你不知道是谁摔的，你得找出主来。你找不出来，就是你！"不是我摔的，我还得作文儿："是我摔的，我怕您生气。"哪有这么回事儿啊，我真没瞧见谁摔呀。你就得承认。我怎么老有病啊？虽说忍了这个了，生气啊！你就得承认，"这坏了是不是你？不是你是谁？你找不着主，找不着主就是你。"就生这份儿气。你不认不成啊！人家说了，好坏不许顶嘴嘛。你忍着吧。不是说收徒弟进门就给你剃头，哪有那事啊？

(西观音寺尼僧)不出去。不给死人念经挣钱，不挣这份儿钱。庙里边儿有房，出租。我那师哥从礼王府出家带一部分钱，搁在庙里头。哎呀，(在庙里面租房的)都是劳动人民。谁有钱住庙啊？你说。庙里头有好些规矩：你娶媳妇、聘闺女不成！说我们这庙里你娶媳妇、聘姑子出门啊，不许！生小孩儿不成！生小孩儿去请收生婆，上姑子庙来给谁收生啊？怕寒碜。得应这几个条件才能住，不应这条件还不租。不许这儿生孩子，不许娶媳妇、聘姑娘，谁住啊？您说。住的都是劳动人民呐，那凑合吃饭的才住庙呢。做小买卖的；做壮工的，就是做小工的那个。他没钱干那事儿啊。也没什么人(到庙里上香)。咳，我们那庙啊，个别了！人来烧香啊，您自己请愿，烧完了完；您要是烧我们庙里的香，该买多少钱您给多少钱。您请供来你上供，供完拿走。就是这样！不是人家供完了，人家留下来我们吃。不价，让人包着让人拿走。[②]

从以上口述内容来看，西观音寺的规矩包括语言和行为等多方面内容，比如对入庙尼僧的年龄限制和在日常行为规范和劳作方面的要求。在具体内容上，这

① 访谈时间：2005年7月24日、9月4日。

② 访谈时间：2005年7月24日。

些规矩更多地来自于世俗社会的观念意识，而非与宗教相关的精神层面的要求。第一，收徒不收中年已婚女性，只收幼年或青少年时期出家的女孩儿。在西观音寺《寺庙人口登记表》中也反映了这一特点。第二，在同一座庙里，尼僧之间的关系是不平等的，有严格的尊卑等级。第三，除了对入庙尼僧的限制和要求外，西观音寺的规矩还包括对庙里租房户提出的各种要求。比如不许在庙里娶媳妇、聘闺女、生小孩儿等。第四，对于香客到庙里上香的做法也与一般庙宇不同，不受外人供养。第五，不给外人念经，也不做道场。

2．观音女庙的传承仪式。北京旧城观音女庙的传承仪式主要包括收徒和住持接续两个部分。

（1）收徒。从档案资料来看，清末民初至1949年北京旧城中有大量子孙庙，老北京人称之为“小庙”。对小庙来说，接收徒弟是一件大事，至于收多少则需要根据各庙的条件。在收徒的条件和仪式上，各庙都有自己的规矩。比如在西观音寺，尼僧出家至少得“跟这庙待三年发心。徒弟也许不待，这三年没齐；你能待三年了，也许庙里不要你，有这么个规矩”。[①] 而在三教寺，庙里尼僧一共四代人，亲莲最小，上边还有太爷、师爷、师父，“过去小徒弟进庙不办事，都是身体不好进去的。就是家里人给送去，大家去贺一下，跟俗家一样，吃顿饭”。[②]

与收徒相关的两个词语是“本家”和“庙亲”。关于女庙中的本家，隆智有自己的解释。

访谈样本31：隆智谈女庙的本家

谁是本家？比方说那当师兄的收了徒弟了，这当师弟的也收了徒弟，这么凑一块儿就成了本家了。跟在家的一样。比方说我吧，我父亲他们哥四个，都有孩子，再生了小孩儿了，我们就都成了本家了。你是叔叔屋的，我是大爷屋的，这不成本家了吗？（崇阳庵和西观音寺的关系）就是本家。就好像叔叔和大爷屋里收徒弟，不就是本家了吗？[③]

---

① 访谈时间：2005年7月24日。

② 访谈时间：2008年10月15日。

③ 访谈时间：2005年9月4日。

由此看来，民国时期北京女庙中的本家是一个与父系家族制度中的"本家"概念相一致的词语。尼僧收徒如同父亲得子；而出自同一个师父的师兄弟如再另立门户，各自收徒，这些徒弟之间的关系就成了本家。从北京观音女庙作为子孙小庙的这一特征及其本家关系中可以看到中国传统父系家族制度的深刻影响。

与本家相关的一个概念是"庙亲"。所谓"庙亲"，是有本家关系的庙宇之间的互称，庙亲之间互称"本家"。师兄弟收徒之后可以分家另过，庙与庙的僧尼之间也就形成了师叔、师大爷、师侄等"亲戚"关系。隆智在西观音寺发心，最后在重阳庵落发，其意义如同世俗人家的"过继"。据隆智回忆，在她落发时，师父普静也曾请人办事儿，当时各庙都来祝贺。[①] 从隆智口述来看，北京女庙的收徒仪式具有浓厚世俗色彩。

（2）受戒。佛教中的受戒仪式，相当于世俗社会的成年仪礼，标志着一个人脱离了原有的世俗身份而进入到一种全新的状态中。受戒的目的在于使初入佛门的僧尼意识到，在获得宗教权利的同时必须严守戒律，虔心修行，尽到出家人的义务和责任。尼僧受戒不同于师父收徒，不能在自己的小庙里举行仪式，必须去大庙。受戒之后，尼僧才有自己的法名与法号。师父可以称其法名，徒弟自称法号。《同戒录》上一般用的是法名。

访谈样本 32：亲莲谈自己出家、落发和受戒的仪式

我根本就没留过发，我 19 岁（民国二十一年）受的戒。受戒就跟在家人办喜事儿似的，真正成人了。出家的时候没什么仪式，就是烧香、上供。受戒之前也算出家，叫小沙弥。落发的时候要办事儿，请师父，大方丈，也挺隆重的。我落发的时候儿没请方丈，那时师爷去世了，我还在守孝呢。受戒要选日子。民国二十一年我在拈花寺受的戒，《同戒录》"文化大革命"的时候都烧了。[②]

从亲莲的口述内容来看，比丘尼受戒的意义在于"成人"；受戒不仅需要选择特别的日子，而且要举行隆重的仪式。尼僧落发的时候，庙里要请客，即所谓"办事儿"，但如果庙里年长的尼僧圆寂，则一切从简，因为晚辈需要守孝。从民

① 参见访谈样本 8.

② 访谈时间：2008 年 7 月 29 日，10 月 15 日。

国时期北京旧城女庙在收徒仪式上的种种“规定”，可以了解到其与中国父系家族制度的内在联系。

（二）北京旧城观音女庙的传承特征

北京旧城观音女庙的传承特征主要表现在住持接续和法派传承上。在住持接续上，观音女庙与男庙中的子孙小庙没有本质区别，但与十方丛林庙宇的差别很大。作为正统宗教的庙宇，十方庙是以推举的方式来选择住持的，而观音女庙作为子孙小庙，其住持接续方式则是师传徒受。

访谈样本 33：隆智谈女庙的住持接续

（西观音寺住持）不是大家选的，只要是小庙就不是选的，收的徒弟。子孙庙（跟十方庙）不一样，那是家天下了我们那庙是，师父能收徒弟，徒弟能收孙子。像万寿寺就是十方庙，住持得选。他活着的时候我是他徒弟，他死了我来做住持，不成，你是十方人。①

作为子孙小庙，北京观音女庙的住持接续主要体现了两种关系：一是宗派关系；二是财产关系。对于尼僧的生存来说，后者更显重要。

除此之外，北京旧城观音女庙的传承特征还表现在字辈谱上。与男庙一样，清末至 1949 年北京旧城观音女庙的宗派传承也是按字辈来进行的。与男庙不同的是女庙字辈谱大多没有文字记录，仅以师徒口授的形式保存下来。

1. 西观音寺尼僧的字辈谱与宗派传承。从档案和访谈资料来看，西直门南小街西观音寺属于临济宗女庙，师徒法名均按照字辈来传承。

访谈样本 34：隆智谈北京临济宗女庙字辈谱

我的法名叫隆智。我们那个庙按照宗来排。庙里的老师父叫上本下修。师兄都是按着字儿来排的。我师父是本字的，他收的徒弟呢就是觉字的了，再往下就是昌字的。我进庙的时候儿，我师父死了，我就不愿在那儿待了。我就过继给本家了，我师父是昌字的，到我这儿就隆字了，是下一辈儿。我们是临济宗。临

---

① 访谈时间：2005 年 9 月 4 日。

济宗不是四十八个字吗？“智慧清净，道德圆明；真如性海，寂照普通；心缘广续，本觉昌隆。仁言盛果，常眼分宏，天师静界，永继祖宗。”一个字儿一个辈儿，一个字儿一个辈儿，我占隆字。①

根据上述内容，西观音寺及其本家庙宇属于北京临济宗女庙。据隆智回忆，清末民初至1949年西观音寺及其本家女庙尼僧共有四代人，分别是本修，觉密、觉祥、觉悟，昌果、昌济，隆智。字辈谱不仅使女庙尼僧有了一个宗教意义上的属于自己的名称（法名），而且确立了尼僧之间在世俗意义上的长幼尊卑关系。在以往的宗教史文献中，对于临济宗的记载虽有不少，但对临济宗女庙的记载却几乎是一个空白，因而，笔者通过田野访谈了解的上述信息，对于研究明代以后临济宗在北京的发展，以及佛教宗派与北京女性生活的关系具有重要意义。从民国十八年北平特别市公安局寺庙档案记录来看，外四区三教寺二号天仙庵尼僧的法名也符合隆智口述之北京临济宗字辈谱。②据档案记载，内四区观音寺五圣庵属于北京临济正宗女庙，其同宗诸山有方家胡同白衣庵、翠峰寺等女庙。③另外，内四区西观音寺、内五区小石桥胡同观音庵以及外四区天仙庵等女庙的尼僧法名传承，也符合临济宗女庙字辈谱。

2. 三教寺尼僧的字辈谱与宗派传承。与西观音寺不同，位于北京南城的女庙三教寺不属于临济宗。据亲莲回忆，该寺来自东北千山一个鲜为人知的佛教宗派毗卢派。

访谈样本35：亲莲谈三教寺尼僧的字辈谱和宗派传承

（佛教的派别）曹洞的、临济的特别多，有正宗、也有岔派。到头了就往前续字。我们的宗派不一样，跟他们都不来往。三教寺跟东北千山传来的，东北毗卢派多，我们属于毗卢派。我们的宗派是后续的二十个字。毗卢派后续的二十个字是“崇先本来少，性空圆明照；思修常安国，亲传无为教”。我师父叫国宝，

① 访谈时间：2005年7月24日，9月4日。

② 北京档案馆藏《伪北平特别市公安局 外四区尼僧续常呈报私建天仙庵（三教寺胡同二号）庙产》，档案号J181-15-423，第91—110页。

③ 北京档案馆藏《内四区五圣庵尼僧觉华呈请登记庙产接充主持并发凭照及社会局批示》，1930—1941年，档案号J2-8-246。

国家的国，宝贝的宝。一直我们就是单传，一个师父收一个徒弟。可以多收徒弟，但不愿收，怕他们捣乱，嫌师父疼这个不疼那个的。到我这儿就绝了，没收（徒弟）。我后边儿还有三个字就完了，就要另写了。[①]

关于东北千山毗庐派，在正统佛教典籍中均无记载。有一种观点认为，“毗庐派可能是在千山地区形成的一支宗教流派”。“从千山明代以后各大禅寺的佛像供奉来看，毗庐派的供奉对象和密宗大体相同，当为密宗的一个分支或延续，最起码是受密宗影响较大的派别。”“据 1956 年鞍山市文化局等单位对千山普查资料记载，千山内的僧人都是毗庐派。”据千山五佛顶所存明代碑文记载，龙泉寺和尚宗斌于明代嘉靖年间（1522—1566）居龙泉寺主持庙务。明隆庆五年（1571）新建龙泉寺后堂碑记更详细地记载了当时的情况，碑文中写道：“……寺僧宗斌，号泉峰，祖籍盖平（今盖县）之宦族。续升僧之弟子，率同志住持……。”查毗庐派宗谱所载其法系为：闻、定、静、宗、道，慈、福、真、法、德；普、宏、信、玄、妙，正、善、仁、义、祖；崇、先、本、来、少，性、空、圆、明、照；思、修、常、安、果（国），亲、传、无、维（为）、教。计 40 代。不难看出，宗斌为该派的第四代和尚。因此可以推断，毗庐派是在明代嘉靖之前百年之间形成，于明代初年进据千山的。[②]

从上述口述样本和文献资料来看，北京旧城观音女庙的宗派传承有以下两个特征：第一，在宗派上既有主流派别临济宗（包括正宗和支系），也有其他宗派，如从东北千山传入北京的毗庐派，从而体现了北京旧城观音女庙历史渊源的复杂性。第二，北京旧城观音女庙的传承方式大多根据字辈谱代代延续，在这一点上，亦体现了中国父系家族制度对于北京旧城观音女庙的深刻影响。

三、北京旧城观音女庙女市民信仰群体的日常生活

这部分主要探讨北京旧城观音女庙尼僧的日常生活与北京民俗社会的关系等

① 访谈时间：2006 年 5 月 11 日，2008 年 7 月 29 日、9 月 12 日。

② 本书关于千山毗卢派的资料来源于《千山佛学》，网址为 http://www.qianshan.ln.cn/qsfp.asp。其中对毗卢派宗谱的记述与民国档案和笔者田野调查中记录的文字略有出入，如“国”与“果”，“为”与“维”。造成歧义的原因或在于“口口相传，同音异义”。待考。

问题。具体包括以下三方面内容：一、观音女庙的经济类型。二、观音女庙尼僧的日常用度、日常用水与日常洒扫。三、观音女庙中的节日活动。

（一）北京旧城观音女庙的经济类型

以往人们对于女性出家和女庙经济来源的一般性看法是：大凡做姑子的都是穷人，因而庙中尼僧的生活来源主要靠外部供养。本书对北京旧城观音女庙的研究表明，对此不能一概而论。从民国档案和访谈资料来看，清末民初至1949年北京观音女庙出家尼僧中有相当一部分来自有钱人家。对这些女性来说，出家如同"出嫁"，为此，家里一般会给她们一笔财产，这些财产虽名目不同——如有的称为"养例"，但对女庙尼僧维持日常生活和修行所需费用起着十分重要的经济支撑作用。此外，也有部分女庙中的尼僧确无经济来源，生活十分困难，需要依靠化缘或香火钱度日。

根据经济来源的不同，笔者将北京旧城观音女庙分为两类：一类是自养型女庙；另一类是供养型女庙。

1. 自养型女庙。从田野访谈和档案资料来看，自养型女庙中的尼僧或来自富户人家，或来自清王府中的下层女性。前者在出家后不断得到家族成员的经济资助；后者仅在出家时带出一笔"财产"以供在庙里生活。这些从俗家带出来的钱物，如同女儿出嫁时娘家陪送的"嫁妆"，凭借这笔钱，女庙尼僧或在庙外购买少许土地供人租种；或在庙内大殿之外（一般是在外院）添盖瓦房出租，以收取租金维持生活。自养型女庙的基本特征是（一般）不接受十方供养。清末民初到1949年的西观音寺和三教寺即属于这种类型。

访谈样本36：隆智谈西观音寺的经济来源

她们出家都带出一份养例来。[①] 好比你出家了，人家主人很慈悲啊，你住哪屋，这屋子里的东西都归你。（李居士插话：就跟出一份陪嫁似的。）东西都给她，人还带出一份钱，一份财产来。要不我们那庙没有施主呢，自己有养例，不吃施主。她们带出一份钱，在庙里盖的房。在外院儿盖的房。[②]

---

① 此段访谈中的"她们"指西观音寺尼僧觉密和觉祥。

② 访谈时间：2005年8月19日。

根据上述内容，“养例”的性质即相当于姑娘出嫁时的嫁妆，是民国时期西观音寺尼僧最重要的经济来源。住持尼僧通过用这笔钱盖房出租所得的租金来维持庙里的生活而不接受施主的供养。从访谈和档案资料来看，由于北京观音女庙住持尼僧的家族背景和经济实力的不同，自养型女庙在经济来源和经营能力上也存在着差异，如位于南城的三教寺在经济上就远胜于内城的西观音寺。

访谈样本 37：亲莲谈三教寺的经济来源

（我的）娘家原来在西直门，那边儿好多房子都是我们家的，左一所、右一所，后来都卖了。每月给庙里多少钱不知道，我只知道花，不比别的庙要靠香火钱生活。庙里要是没有别的进项，就指着这个呢。我们这儿也没有外边的来上香。每天后边的殿就不去了，就是初一、十五、节日、佛的圣诞日时去上香。过圣诞日时外边也有人来，庙里都一样，但很少，我们不指着这个吃饭。（也）不给做道场，就指着吃家里，租房的钱还不够拾掇房呢。[①]

由此可知，三教寺的经济来源主要靠比丘尼的俗家亲属供养，而非依靠房租。不同经济来源的自养型女庙之间亦存在差异，其共同特点是不靠外人上香或给外人做道场生活。从这个意义上说，自养型女庙与世俗社会中的“家”十分相似，在经济上如同一个“自给自足”的实体。

2. 供养型女庙。在北京旧城观音女庙中还有另一类女庙，这类女庙没有独立的经济来源和收入，尼僧只能依靠香火钱（即香客提供的香灯油钱）或外出募化度日。与自养型女庙相比，供养型女庙尼僧的生活要艰难得多。这类女庙的特征是庙里一般都有娘娘像；平时上香的人较多，以妇女为主，一般都带着小孩儿。这类庙宇的主要功能在于社会交换。从城市社会学的空间理论来看，供养型女庙所从事的活动也是一种空间生产，尼僧通过提供信仰空间满足市民的精神需要，以维持女庙自身的生存。[②] 隆智落发的西观音寺本家庙重阳庵即属于这一类女庙。

---

① 访谈时间：2008 年 9 月 12 日、10 月 15 日。

② 关于城市社会学的空间理论，参见 Henri Lefebvre.*Space is a Social Product*，于海主编《城市社会学文选》，上海：复旦大学出版社，2005，第 13—130 页。

（二）北京旧城观音女庙尼僧的日常生活

北京旧城观音女庙尼僧的日常生活与北京民俗社会有着密切关系，不同女庙之间存在很大差异。本节主要从日常用品、日常用水和日常洒扫等方面来进行分析。

1. 日常用品。在此主要指尼僧的衣服、鞋袜等生活用品。据隆智回忆，在西观音寺及其本家女庙中，尼僧们跟外界的联系很少，所用衣服、鞋袜都自己做。

访谈样本 38：隆智谈女庙中的日常生活之一

自个儿管自个儿，没有管一片儿的。把你自己庙管好就不错了，管你们家几口人呐。还管外头呢？先管好自己家的事儿，别人的事儿管不着。外头有警察呢用你管？庙里只管上香。（李居士插话：子孙庙就跟住家似的，各人过各人的日子，只不过庙里边供这些菩萨。）（衣服、鞋）我们都自己做呀。外头有鞋铺，自己做好让外头给绱去，花绱的钱。有这铺子，做好给人送去绱。袜子都自己做，没穿过洋袜子。没有外头买去的，连穿的衣服也都自己做。[①]

由此可知，观音女庙与世俗家庭既有相同点，也有不同之处。相同点是观音女庙与世俗家庭一样都是关起门来过日子；不同点是庙里除了一般的生活外，还供着菩萨，负责上香。从这个意义上说，观音女庙的空间既是世俗的，又是神圣的。

2. 日常用水。据隆智回忆，西观音寺东边儿有一口井，平时她都到那儿去挑水、洗衣裳、洗菜。重阳庵后边也有一口井，但水是苦的。

访谈样本 39：隆智谈女庙中的日常生活之二

过去北京有人推着水车卖水。一挑水零碎买，也可以包月，一个月给多少钱。西观音寺是天天买水吃。重阳庵后院也有一眼井，井里的水只能洗菜、洗衣裳。吃水还得买，因为那井水是苦的，晚上待一宿一层铁锈。西观音寺门前的那眼井水不苦，那边的住户吃水也上那儿打去。我做梦有时候还去打水呢，拿小桶打，跟井里挑回来。挑水不给钱，那井没人管，谁爱挑谁挑，但吃的水要买。[②]

---

① 访谈时间：2005 年 9 月 4 日。

② 访谈时间：2005 年 9 月 4 日。

水与北京城市生活的关系十分密切。据隆智口述，女庙尼僧的用水来源主要有两个：一个是买水，一个是打水。来源不同，水的用途也不一样。北京女庙在选址时往往离不开水井，西观音寺门前和重阳庵后院也都有一口水井。打水、挑水、买水不仅是尼僧日常生活的一部分，而且隐含着女庙与北京民俗生活的一种内在关系。

3. 日常洒扫。所谓“洒扫”，主要指洗衣、做饭、扫院子等杂活。从访谈资料来看，北京旧城观音女庙中的洒扫一般都由寺院中的“新人”来做。隆智在西观音寺发心出家时就做了十年杂活。但如果庙里只有师徒二人，也有由师父自己来做的，如隆智在重阳庵时的情况。

访谈样本 40：隆智谈女庙中的日常生活之三

我自己啊，十年，连念珠都不敢拿。为什么呢？我跟您说那十年我在那儿干什么呢，那叫什么——行苦僧，做活、洗衣裳、做饭、拾掇院子，成天系着围裙，怎么修行？没有工夫儿！连这个（指手中的念珠）都不许（拿），你净拿这个，谁干活儿啊？就是我小啊，可不就我干呐。我四个师哥，就我小啊，又带着辫子呢。你知道那时候他们成心挤对我，就说我父母就我一个，出不了家，养活得娇。人越说这个我越较劲，我凭什么出不了家！让我干什么我干什么，让我干什么我干什么，天天这么着，整个带着辫子十年！我打 18 岁去的。

（在重阳庵）我那师父疼我着呢，比在观音寺疼我，因为我师父结过婚，把我当孩子。不许我拢火，怕把手弄裂了，小和尚打问寒碜。吃完饭也不许我刷碗，成天怕仰着脸打问去两只手不好看。把我当孩子。糙活都我师傅干。[①]

从上述内容来看，隆智 18 岁出家到西观音寺时，其身份是不确定的。在隆智自己看来，它是发心出家到庙里修行的；而在西观音寺的尼僧们看来，隆智只是一个在庙里干活、出不了家的俗女子。在民国时期北京地方政府对西观音寺的寺庙人口登记中，也没有隆智的名字，这说明隆智在西观音寺的 10 年，是一个漫长的过渡时期。从隆智口述的情况来看，西观音寺中的尼僧与“新人”的关系有着明显的等级差别；这种差别又跟尼僧的出家背景及俗家是否为女庙提供了经

① 访谈时间：2005 年 9 月 4 日。

济支持有关。而在重阳庵，隆智的生活有了许多改变，在那里她终于落了发并有了自己的师父。从访谈资料来看，重阳庵与西观音寺在经济上属于两种不同类型的女庙。在重阳庵，住持尼僧对隆智的疼爱，一半出于母性，另一半也是为了生存的需要。从西观音寺和重阳庵在日常生活方面的不同情况，可以看到北京女庙在日常生活方面的显著差别。而位于外城的三教寺与上述两座内城的女庙又有不同。据亲莲回忆，寺中除了她和师父、师爷、太爷四位尼僧外，还有五个仆人。

访谈样本 41：亲莲谈女庙中的日常生活之四

我进庙的时候寺里有四个人（尼僧），我师父才 15 岁，上边有爷爷，也有太爷。仆人倒用了五个，有一个做饭的，一个扫院子的，有三个麽麽：一个麽麽伺候太爷，一个麽麽洗衣裳，一个麽麽伺候我。后来慢慢都完了，最后就剩一个了。我岁数只比我师父小 11 岁，我们就跟着老仆人一块儿过。

在庙里，别瞧没有外人，每天也是三、四点钟就起。早课完了以后可以睡觉。我们就一直过日子，不应酬。不应酬人，不应酬世俗。不像别的庙有法会什么的，都没有。就是关门过日子，念佛，上殿，不管外边的事情。（有的）女庙也做（法事），那是因为庙里穷。我们庙有家里供着（所以不做）。家里给钱，按月给，老给。我在那儿就像掉在孙子坑里了，都疼我着呢。我的号是悟法，这个号就没叫出去。因为辈分低，在庙里师父就叫一个字“莲”，好像家里的长辈叫孩子的小名。

我小时候就爱玩儿。我四岁就进庙，太爷特别疼，太爷跟家里都认识，也是亲戚啊。家里人随便来，我奶奶还跟我在庙里住呢。愿意住就住，不愿意住就回去。① 出家人的孝是对父母亲啊，把父母亲接来，住到跨院，不能跟僧人住。父母过世的时候庙里也管，也做佛事。②

从上述内容来看，在日常生活方面，北京旧城观音女庙就像一个“家”，它们与世俗家庭的不同之处在于“家庭成员”全部由女性组成，但尼僧之间的称谓

① 访谈时间：2006 年 5 月 11 日、2008 年 7 月 29 日、9 月 12 日。
② 访谈时间：2008 年 10 月 15 日。

却都是男性的。与此同时，孝道在北京出家女性的思想观念中也是非常重要的。从本书的个案研究来看，清末至民国时期，北京旧城女庙既是出家女性的修行场所，也是她们对家人尽孝的地方。对北京一部分女市民来说，观音女庙不仅是信仰空间，也是应对现实危机的生存转换空间。

结　语

庙宇的历史，也是城市的历史以及作为社会文化群体的人的历史。1949 年以前北京旧城观音女庙的兴衰嬗变，与观音信仰的本土化、女性化及观音经典、观音造像在北京地区的传播有密切关系。本书所引用的历史文献与访谈资料表明，清末至民国时期，北京旧城观音女庙与北京城市社会结构和女市民群体的家族背景、人生经历及日常生活关系密切。通过对民国时期在北京旧城子孙女庙中出家的老北京比丘尼的个案描述与分析，笔者试图说明中国传统父权制度下女性身份问题的复杂性与灵活性。从隆智和亲莲的个案来看，北京旧城观音女庙不仅具有宗教功能，而且承担着世俗功能，为在现实生活中遭遇困境的女性提供了不同类型的生存转换空间。对世居北京的一部分满族女性来说，出家并非意味着离尘出世，而是把女性身份转换为家族继承人的替代者，承担家族无男性子嗣所缺失的社会角色。与此同时，北京旧城观音女庙的生存方式与中国的家族传统也有十分密切的关系。清末至民国时期，北京一些女庙的经济来源，部分来自尼僧俗家的资助。这种自养型女庙的存在，反映了“出家”与“在家”的内在联系；而女庙住持“师传徒受”的接续方式，亦与“父死子继”的家族传统一脉相承。

1949 年以后，随着中国国家制度和社会生活的巨大改变，北京旧城观音女庙也走向历史的终结。然而，作为一种动态的、不断变化并与女性生活息息相关的信仰形式，观音信仰始终是一种活态的信仰，至今保持着旺盛的生命力。笔者希望本书所做的初步工作有助于增进人们对晚清至民国时期北京宗教史、北京城市社会史和女性生活史的认识与理解，同时也期待学界更多地关注历史转型期不同社会群体女性的生存状态和精神信仰问题。

参考文献

（一）论著

Arvind Sharma，*Today' s Women in World Religions*, State University of New York Press,1994.

Arvind Sharma and Katherine K.Young,*The Annual Review of Women in World Religions（Volume VI）*, State University of New York Press,2002.

阿灵顿（Arlington，L. C.）《古都旧景：65 年前外国人眼中的老北京》，赵晓阳译，北京：经济科学出版社，1999。

欧达伟（Arkush R.David）《中国民众思想史论》，中译本，董晓萍译，北京：中央民族大学出版社，1995。

欧大年（Overmyer,Daniel L.）《中国民间宗教教派研究》，刘心勇等译，上海：上海古籍出版社，1993。

艾伯华 (Eberhard Wolfram)《中国民间故事类型》，王燕生、周祖生译，北京：商务印书馆，1999。

白寿彝《中国通史》（第九卷），上海：上海人民出版社，1999。

白文固、赵春娥《中国古代僧尼名籍制度》，西宁：青海人民出版社，2002。

陈兵、邓子美《二十世纪中国佛教》，北京：民族出版社，2000。

陈东原《中国妇女生活史》，北京：商务印书馆，影印本，1998。

陈子艾、李新吾《古梅山峒区域是蚩尤部族的世居地之一》，《民俗典籍文字研究》（第一辑），北京：商务印书馆，2003。

陈旸《中国观音的女性化》，《西北民俗》，1990 年第 1 期。

车锡伦《清代民间宗教的两种宝卷》，《兰州学刊》，1995 年第 4 期。

曹大为《中国古代女子教育》，北京：北京师范大学出版社，1996。

曹子西主编《北京通史》(全十卷),北京:中国书店,1994。

白凯(Bernhardt Kathryn)《中国的妇女与财产:960—1949年》,上海:上海书店出版社,2003。

董晓萍、欧达伟《乡村戏曲表演与中国现代民众》,北京:北京师范大学出版社,2000。

董晓萍《田野民俗志》,北京:北京师范大学出版社,2003。

董晓萍《全球化与民俗保护》,北京:高等教育出版社,2007。

董晓萍《现代民俗学讲演录》,桂林:广西师范大学出版社,2007。

董晓萍《传说研究的现代方法与现在的问题:评杜德桥的< 妙善传说 >》,《民族文学研究》,2003年第3期。

董晓萍《华北说唱经卷研究》,《北京师范大学学报》,2000年第6期。

董晓萍等《北京西四北三条隆长寺庙宇碑刻与寺庙住户的调查报告》,《北京寺庙碑刻与社会史》中法项目组调查资料,内部资料,2004。

杜继文主编《佛教史》,南京:江苏人民出版社,2006。

杜芳琴《中国社会性别的历史文化寻踪》,天津:天津社会科学院出版社,1998。

杜芳琴《妇女学和妇女史的本土探索:社会性别视角和跨学科视野》,天津:天津人民出版社,2002。

杜芳琴、王政主编《中国历史中的妇女与性别》,天津:天津人民出版社,2004。

杜德桥(Glen Dudbridge)《妙善传说》,李文彬等译,台北:巨流图书公司,1990。

杜尔干(Durkheim Emile)《宗教生活的初级形式》,林宗锦、彭守义译,北京:中央民族大学出版社,1999。

涂尔干(Durkheim Emile)、马塞尔·莫斯(Marcel Mauss)《原始分类》,汲喆译,上海:上海人民出版社,2000。

渡边欣雄《汉族的民俗宗教:社会人类学的研究》,周星译,天津:天津人民出版社,1998。

费孝通《乡土中国》，北京：三联书店，1985。

费正清主编《剑桥中华民国史》（1912—1949）上、下卷，北京：中国社会科学出版社，1993。

冯尔康《中国社会史研究概述》（学术研究指南丛书），天津：天津教育出版社，1988。

方长生《观音“中国化”的范例：舟山民间的观音信仰》，《中国民间文化》，1992年第1期。

高大伦、范勇编译《中国女性史》（1851—1958），成都：四川大学出版社，1987。

高世瑜《中国古代妇女生活》（中国古代生活丛书），北京：商务印书馆，1996。

郭箴一《中国妇女问题》，上海：商务印书馆，1937。

郭朋《明清佛教》，福州：福建人民出版社，1982。

何孝荣《明代北京佛教寺院修建研究》（上、下），天津：南开大学出版社，2007。

侯仁之《北京城的生命印记》，北京：三联书店，2009。

侯仁之主编《北京城市历史地理》，北京：北京燕山出版社，2000。

洪淑苓《民间文学的女性研究》，台北：里仁书局，2004。

贺嘉.《民间传说中的观音》，《民间文学论坛》，1996年第3期。

韩森(Hansen Valerie)《变迁之神——南宋时期的民间信仰》，中译本，包伟民译，杭州：浙江人民出版社，1999。

韩秉方《观世音信仰与妙善的传说》，《世界宗教研究》，2004年第2期。

江绍原《江绍原民俗学论集》，上海：上海文艺出版社，1998。

金泽《中国民间信仰》（第二版），杭州：浙江教育出版社，1995。

金泽《宗教人类学导论》，北京：宗教文化出版社，2001。

觉醒《众善奉行——佛教礼仪观》，北京：宗教文化出版社，2002。

鞠熙《碑刻民俗志——北京旧城寺庙碑刻民俗分析及其数据处理》，导师：董晓萍教授，北京师范大学博士学位论文，2007年5月。

琼·凯利（Joan Kelly）《女性、历史和理论：琼·凯利论文集》（*Women，History and Theory：The Essays of Joan Kelly*），芝加哥：芝加哥大学出版社(University of Chicago Press)，1984。

克利福德·吉尔茨（Clifford Geertz）《文化的解释》，中译本，韩莉译，南京：译林出版社，1999。

克利福德·吉尔兹（Clifford Geertz）《地方性知识》，中译本，王海龙等译，北京：中央编译出版社，2000。

高彦颐(Ko Dorothy)《闺塾师：明末清初江南的才女文化》，李志生译，南京：江苏人民出版社，2005。

刘魁立《刘魁立民俗学论集》，上海：上海文艺出版社，1998。

刘锡诚主编《妙峰山：世纪之交的中国民俗流变》，北京：中国城市出版社，1996。

刘仲宇《中国民间信仰与道教》，台北：东大图书股份有限公司，2003。

刘亚丁《佛教灵验记研究——以晋唐为中心》，成都：巴蜀书社，2006。

刘小萌《清代北京旗人社会》，北京：中国社会科学出版社，2008。

刘宁元主编《中国女性史类编》，北京：北京师范大学出版社,1999。

刘玉权《榆林窟第3窟〈千手经变〉研究》，《敦煌研究》，1987年第4期。

李芳民《唐五代佛寺辑考》，北京：商务印书馆，2006。

李丰楙、朱荣贵主编《仪式、庙会与社区——道教、民间信仰与民间文化》，台北：“中央研究院”中国文哲研究所，1996。

李福顺主编《北京美术史》（上·下卷），北京：首都师范大学出版社，2008。

李利安《观音信仰的渊源与传播》，北京：宗教文化出版社，2008。

李利安《观音信仰的中国化》，《山东大学学报》（哲学社会科学版），2006年第4期。

李利安《中国观音文化的基本结构解析》，《哲学研究》，2000年第4期。

李翎《水月观音与藏传佛教观音像之关系》，《美术》，2002年第11期。

李圣华《观世音菩萨之研究》，中山大学语言历史学研究所《民俗》周刊（神的专号）,1929年第78期。

李世瑜《宝卷综录》，上海：中华书局，1961。

李世瑜《顺天保明寺考》，《北京史苑》（第三辑），北京：北京出版社，1985。

李淞《长安艺术与宗教文明》，北京：中华书局，2002。

李天锡《观音信仰在东南亚华侨华人中传播的原因及其作用》，《佛学研究》（年刊），2000年。

李文海《世纪之交的晚清社会》，北京：中国人民大学出版社，1995。

李文海《民国时期社会调查丛编·宗教民俗卷》，福州：福建教育出版社，2004。

李小江、朱虹、董秀玉主编《性别与中国》，北京：三联书店，1994。

李小江等《历史、史学与性别》，南京：江苏人民出版社，2002。

罗苏文《女性与近代中国社会》（近代中国社会史丛书），上海：上海人民出版社，1996。

罗时进《中国妇女生活风俗》（中国风俗丛书），西安：陕西人民出版社，1994。

林如《民间信仰与中国文化：国际研讨会论文集》，台北：汉学研究中心，1994。

冷晓《天竺史话》，浙江杭州，1998年（内部刊行）。

冷晓《杭州佛教史》，浙江：杭州市佛教协会，1993。

楼宇烈《〈法华经〉与观世音信仰》，《世界宗教研究》，1998年第2期。

［印度］洛克什·钱德拉、苏达尔沙娜·戴维·星哈尔《敦煌壁画中的观音》，杨富学译，《敦煌研究》，1995年第2期。

马西沙、韩秉方《中国民间宗教史》，上海：上海人民出版社，1992。

马西沙《民间宗教志》，上海：上海人民出版社，1998。

《妙峰山进香调查专号》，中山大学语言历史学研究所《民俗》周刊，1929年第69、70合刊。

牟钟鉴、张践《中国宗教通史》（上、下两册），北京：社会科学文献出版社，2000。

马克斯·韦伯（Max Weber）《儒教与道教》，中译本，王容芬译，北京：商务印书馆，1995。

马林诺夫斯基（Malinowski B.）《文化论》（外国民间文学理论著作翻译丛书），费孝通等译，北京：中国民间文艺出版社，1987。

曼·素恩（Mann Susan）《缀珍录——十八世纪及其前后的中国妇女》，定宜庄、颜宜葳译，南京：江苏人民出版社，2005。

梅里·E. 威斯纳-汉克斯（Merry E.Wiesner-Hanks）《历史中的性别》(*Gender in History*)，何开松译，北京：东方出版社，2003。

Naquin Susan，*Peking Temples and City Life,1400-1900*，Berkeley and Los Angeles, California: University of California Press，2000。

钱小柏编《顾颉刚民俗学论集》，上海：上海文艺出版社，1998。

任继愈主编《中国佛教史》（第一卷），北京：中国社会科学出版社，1981。

任继愈主编《中国佛教史》（第二卷），北京：中国社会科学出版社，1985。

任继愈主编《中国佛教史》（第三卷），北京：中国社会科学出版社，1988。

任继愈主编《中国道教史》（上、下，增订本），北京：中国社会科学出版社，2001。

任宜敏《中国佛教史》（元代），北京：人民出版社，2005。

孙昌武《中国文学中的维摩与观音》，天津：天津教育出版社，2005；北京：高等教育出版社，1996。

圣凯《中国汉传佛教礼仪》，北京：宗教文化出版社，2001。

圣严法师《明末佛教研究》，北京：宗教文化出版社，2006。

史宗主编《20世纪西方宗教人类学文选》（上、下册），上海三联书店，1995。

孙燕京《晚清社会风尚研究》，北京：中国人民大学出版社，2002。

水镜君、[英] 玛利亚·雅绍克《中国清真女寺史》，北京：三联书店，2002。

施坚雅（Skinner G .William）主编《中华帝国晚期的城市》，叶光庭等译，北京：中华书局，2000。

索·安（Seidel Anna）《西方道教研究编年史》，吕鹏志、陈平等译，北京：中华书局，2002。

施舟人（Schipper Kristofer M.）《中国文化基因库》，北京：北京大学出版社，2002。

丁乃通（Ting Nai-tung)《中国民间故事类型索引》，郑建成等译，北京：中国民间文艺出版社，1986。

定宜庄《满族的妇女生活与婚姻制度研究》，北京：北京大学出版社，1999。

王文宝《中国民俗研究史》，哈尔滨：黑龙江教育出版社，2003。

王景琳《中国古代寺院生活》，西安：陕西人民出版社，2002。

王绯《空前之迹——1851—1930：中国妇女思想与文学发展史论》，北京：商务印书馆，2004。

王惠民《敦煌水月观音像》，《敦煌研究》，1987 年第 1 期。

孙修身、孙晓岗《从观音造型谈佛教的中国化》，《敦煌研究》，1995 年第 1 期。

魏迎春《敦煌菩萨漫谈》，北京：民族出版社，2004。

韦溪、张苌《中国古代妇女禁忌礼俗》，西安：陕西人民出版社，1994。

韦思谛（Averill,Stephen C.）《中国大众宗教》，陈仲丹译，南京：江苏人民出版社，2006。

温金玉《观音菩萨与女性》，《中华文化论坛》，1996 年第 4 期。

邢莉主编《中国女性民俗文化》，北京：中国档案出版社，1995。

邢莉《观音——神圣与世俗》，北京：学苑出版社，2001。

邢莉《观音信仰与少数民族》，《中央民族大学学报》，2002 年第 2 期。

徐威《北京汉传佛教史》，北京：宗教文化出版社，2010。

薛凤旋《北京：由传统国都到社会主义首都》，香港：香港大学出版社，1996。

萧虹《阴之德——中国妇女研究论文集》，中译本，张威译，北京：新世界出版社，1999。

小柳司气太编《白云观志》（《中国道观志丛刊》1），南京：江苏古籍出版社，2000。

严耀中《中国东南佛教史》，上海：上海人民出版社，2005。

于凌波《中国近现代佛教人物志》，北京：宗教文化出版社，1995。

于海主编《城市社会学文选》，上海：复旦大学出版社，2005。

于君方《观音：菩萨中国化的演变》，北京：商务印书馆，2005。

于君方《宝卷文学中的观音与民间信仰》，《民间信仰与中国文化国际研讨会论文集》，台北：汉学研究中心印行，1994。

Yu Chun-fang. *Kuan-Yin: The Chinese Transformation of Avalokitesvara*, New

York: Columbia University Press，2001.

伊沛霞（Ebrey Patricia）《内闱：宋代的婚姻和妇女生活》，胡志宏译，南京：江苏人民出版社，2004。

钟敬文《钟敬文民间文学论集》（上、下），上海：上海文艺出版社，1982。

钟敬文主编《民俗学概论》，上海：上海文艺出版社，1998。

钟敬文《民俗文化学·梗概与兴起》，北京：中华书局，1996。

钟敬文主编《民间文化讲演集》，广西：广西民族出版社，1998。

钟敬文《民间文艺学及其历史》，济南：山东教育出版社，1998。

钟敬文《建立中国民俗学派》，哈尔滨：黑龙江教育出版社，1999。

钟敬文《钟敬文文集·民俗学卷》，合肥：安徽教育出版社，2002。

周作人《周作人民俗学论集》，上海：上海文艺出版社，1999。

周秋良《观音故事与观音信仰研究：以俗文学为中心》，广州：广东高等教育出版社，2011。

周星主编《民俗学的历史、理论与方法》，北京：商务印书馆，2006。

张静二《西游记人物研究》，台北：台湾学生书局，1984。

张紫晨《中国民俗学史》，长春：吉林文史出版社，1993。

郑振铎《中国俗文学史》，北京：商务印书馆，1938 年初版，1998 年重印。

郑杭生主编《社会学概论新修》（第三版），北京：中国人民大学出版社，2003。

郑新蓉、杜芳琴主编《社会性别与妇女发展》，西安：陕西人民教育出版社，2000。

庄孔韶主编《人类学通论》，太原：山西教育出版社，2003。

赵世瑜《狂欢与日常——明清以来的庙会与民间社会》，北京：三联书店，2002。

赵克尧《从观音的变性看佛教的中国化》，《东南文化》，1990 年第 4 期。

朱子彦《论观音变性与儒释文化的融合》，《上海大学学报》（社会科学版），2000 年第 7 卷第 1 期。

塚本善隆《支那佛教史研究》（北魏篇），清水弘文堂，1969。

（二）文献

〔梁〕释宝唱著，王孺童校注《比丘尼传校注》，北京：中华书局，2006。

〔梁〕释宝唱《比丘尼传》，朱良志、詹绪左释译，（台湾）高雄：佛光山宗务委员会印行，1996。

〔梁〕慧皎《高僧传》，《续修四库全书·子部·宗教类》，上海古籍出版社，2002。

〔唐〕李延寿《北史》，北京：中华书局，1974。

〔唐〕玄奘述，辩机撰，季羡林等校注《大唐西域记校注》，北京：中华书局，1985。

〔唐〕释道世撰，周叔迦、苏晋仁校注《法苑珠林校注》（全六册），北京：中华书局，2003。

〔宋〕宗赜《禅苑清规》，郑州：中州古籍出版社，2001。

〔元〕熊梦祥《析津志辑轶》，北京：北京古籍出版社，1983。

〔明〕沈应文、张元芳《顺天府志》（六卷），明万历二十一年刻本，北京：中国书店，影印本，1959。

〔明〕蒋一葵《长安客话》，北京：北京古籍出版社，重印本，1980。

〔明〕佚名、萧洵《北平考·故宫遗录》，北京：北京古籍出版社，1980。

〔明〕刘侗、于奕正《帝京景物略》，崇祯八年本，北京：北京古籍出版社，重印本，1983。

〔明〕沈榜《宛署杂记》（二十卷），万历二十一年刻本，北京：北京出版社，1961。

〔明〕张爵、〔清〕朱一新《京师五城坊巷胡同集·京师坊巷志稿》，北京古籍出版社，重印本，1983。

〔清〕俞正燮《癸巳类稿》，上海：商务印书馆，1957。

〔清〕震钧《天咫偶闻》，光绪三十三年（1907）甘棠转舍刊本，八册，收入沈云龙主编《近代中国史料丛刊》（第二十二辑），台北：文海出版社，影印本，1968。

〔清〕潘荣陛、富察敦崇、查慎行、让廉《帝京岁时纪胜·燕京岁时记·人海记·京都风俗志》，北京：北京古籍出版社，重印本，1981。

〔清〕吴长元《宸垣识略》，乾隆戊申刻本（1788），光绪丙子刻本（1876），北京：北京古籍出版社，重印本，1982。

〔清〕于敏中《日下旧闻考》，乾隆内府刻本，北京：北京古籍出版社，重印本，1983。

〔清〕周家楣、缪荃孙等编纂《光绪顺天府志》，北京：北京古籍出版社，重印本，1987。

〔清〕励宗万《京城古迹考》，北京：北京古籍出版社，1981。

〔清〕孙承泽《春明梦余录》，北京：北京古籍出版社，1992。

〔清〕曼陀罗室主人《观音菩萨的故事》（插图珍藏本），陕西师范大学出版社，2002。

〔清〕《乾隆京城地图》，日本“兴亚院华北联络部政务局调查所”缩印出版，1940年。

撷华编辑社编《新北京》，撷华书局，1914。

爱新觉罗瀛生、于润琦《京城旧俗》，北京：北京燕山出版社，1998。

北京史研究会《北京史论文集》（第2辑），内部资料，1982年9月。

北京市文物事业管理局编《北京名胜古迹辞典》，北京：燕山出版社，1988。

北京市古代建筑研究所、北京市文物事业管理局资料中心编《加摹乾隆京师地图》，北京：北京燕山出版社，1995。

北京史研究会《北京史论文集》（第2辑），内部资料，1982年9月。

北京图书馆金石组《北京图书馆藏中国历代石刻拓本汇编》，郑州：中州古籍出版社，1990。

北京档案史料编辑部编《北京档案史料目录索引》（1986—1997），北京：新华出版社，1998。

北京市档案馆编《北京寺庙历史资料》，北京：中国档案出版社，1997。

北京市档案馆藏《内一延寿院住持广圆庭关于登记庙产的呈及社会局的批示》，档号J2-8-885。

北京市档案馆藏《伪北平特别市公安局观音寺（尼）》，档号J181-15-491。

北京市档案馆藏《内二区大栅栏观音寺尼僧觉旺登记庙产的呈文及社会局的批示》，档号 J2-8-634。

北京市档案馆藏《内二区观音庵灵如登记庙产的呈文及社会局的批示》，档号 J2-8-676。

北京市档案馆藏《伪北平特别市公安局（尼）》（内二区槐抱椿树庵），档号 J181-15-461。

北京市档案馆藏《内二区观音庵渊澄关于登记庙产的呈及社会局的批示》，档号 J2-8-895。

北京市档案馆藏《广慈寺住持常（ ）呈报庙产登记及社会局的批示》，档号 J2-8-813。

北京市档案馆藏《内三区广慈寺僧人普觉登记庙产的呈文及社会局的批示》，档号 J2-8-436。

北京市档案馆藏《内三区隆福寺东廊下观音庵住持广智关于添盖庙房的呈及社会局批示》，档号 J2-8-899。

北京市档案馆藏《内三区白衣庵尼僧法光关呈请登记庙产及社会局的批示》，档号 J2-8-315。

北京市档案馆藏《内三区观音庵住持广智关于登记庙产的呈及社会局的批示》，档号 J2-8-868。

北京市档案馆藏《内四法华寺尼僧常纲呈请登记庙产及社会局的批示》，档号 J2-8-159。

北京市档案馆藏《内四观音庵（尼）僧广安呈请庙产并发凭照及社会局的批示》，档号 J2-8-235。

北京市档案馆藏《伪北平特别市公安局观音寺（尼）》（内四区南小街西观音寺湛元登记庙产的批示），档号 J181-15-431。

北京市档案馆藏《内五观音庵（尼）僧觉清呈请登记庙产和昌果接充主持的呈文及社会局的批示》，档号 J2-8-232。

北京市档案馆藏《伪北平特别市公安局王宅家庙（尼）》，档号 J181-15-479。

北京市档案馆藏《内五区守善堂王宅家庙印存呈请庙产登记及社会局的批

示》，档案号 J2-8-815。

北京市档案馆藏《内五区大悲庵管理人魏尹氏送寺庙登记表及社会局的批示》，档号 J2-8-1127。

北京市档案馆藏《外二区圆通寺尼僧安祥呈请登记庙产及社会局的批示（附寺庙登记表）》，档号 J2-8-314。

北京市档案馆藏《外三区白衣庵尼僧阔然呈请登记庙产及社会局的批示（附寺庙登记表）》，档号 J2-8-313。

北京市档案馆藏《外四区观音庵尼僧长海登记庙产和渚奎接充主持的呈文及社会局批示》，档号 J2-8-562。

北京市档案馆藏《外四区水月禅林海龄登记庙产、发放凭照的呈文及社会局的批示》，档号 J2-8-547。

北京市档案馆藏《外四区水月庵印志接充住持的呈及社会局的批示（附寺庙登记表）》，档号 J2-8-854。

北京市档案馆藏《外四区三教寺胡同天仙庵尼僧续常登记庙产的呈文及社会局的批示》，档号 J2-8-673。

北京市档案馆藏《外四区三教寺尼僧安平、国宝等人呈请庙产及社会局的批示》，档号 J2-8-162。

北京市档案馆藏《京师警察厅（司法处）关于检查三教寺尼僧大愿信件的呈》（1915-7-1 至 1915-7-31），档号 J181-19-9759。

北京市档案馆藏《北平市政府警察局外四分局户口调查表》（1947 年 8 月），档号 J181-006-01833。

北京市档案馆藏《外四宣外大街观音寺尼僧心如关于登记庙产的呈文及社会局的批示》，档号 J2-8-161

北京档案馆藏《伪北平特别市公安局训令外五区尼僧法如请登记观音庵庙产由》（1929），档号 J181-15-404。

常人春《老北京的风情》，北京：北京出版社，2001。

陈宗蕃《燕都丛考》，民国十九年（1930）初版，民国二十四年（1935）再版，北京：北京古籍出版社，重印本，1991。

董志翘《〈观世音应验记三种〉译注》，南京：江苏古籍出版社，2002。

段玉达主编《北京市西城区志》，北京：北京出版社，1999。

冯其利《寻访京城清王府》，北京：文化艺术出版社，2006。

果鸿孝、王彬、崔国政辑《燕京风土录》（上、下卷），北京：光明日报出版社，2000。

果鸿孝《北京史话》，北京：社会科学文献出版社，2000。

《观音宝典》（佛教小百科 11），北京：中国社会科学出版社，2003。

胡朴安《中华全国风俗志》，郑州：中州古籍出版社，影印本，1990。

胡春焕、白鹤群《北京的会馆》，北京：中国出版社，1994。

胡玉远《日下回眸》，北京：学苑出版社，2001。

侯仁之《历史上的北京城》，北京：新华出版社，1980。

侯仁之《北京历史地图集》，北京：北京出版社，1985。

侯仁之《北京历史地图集》（二集），北京：北京出版社，1995。

侯仁之、金涛《北京史话》，上海：上海人民出版社，1980。

侯仁之、邓辉《北京城的起源与变迁》，北京：中国书店，2001。

金受申《老北京的生活》，北京：北京出版社，1989。

金启孮《金启孮谈北京的满族》，北京：中华书局，2009。

姜忠信《观音尊像图谱》（图文本），北京：宗教文化出版社，2006。

姜立勋、富丽、罗志发《北京的宗教》，天津古籍出版社，1995。

李家瑞《北平俗曲略》，北京：中央研究院历史语言研究所，1933。

李家瑞《北平风俗类征》，上海：商务印书馆，1937。

李登科《北京历史民俗》，北京：中国环境科学出版社，1993。

刘复、李家瑞《中国俗曲总目稿》，国立中央研究院历史语言研究所印行，1932。

刘锡诚主编、长生编《观音的传说》，石家庄：花山文艺出版社，1995。

吕铁刚、黄春和《法源寺》，北京：华文出版社，2006。

马书田《全像观音》，南昌：江西美术出版社，2006。

青沙《观世音的故事》，北京：中国社会科学出版社，2002。

瞿宣颖编《北京史表长编》，铅印本二册，1934。

首都图书馆编《佛教慈悲女神：中国古代观音菩萨》（前言），北京：文物出版社，2008。

田奇《北京的佛教寺庙》，北京：书目文献出版社，1993。

王灿炽《燕都古籍考》，北京：京华出版社，1995。

王灿炽《北京史地风物书录》，北京：北京出版社，1985。

王瑞年《京城琐谈·第一辑》（街巷、戏院），北京：北京图书馆出版社，1998。

王宝光《紫禁城里的宗教》，北京：紫禁城出版社，2001。

王彬、徐秀珊主编《北京地名典》，北京：中国文联出版社，2001。

温金玉《观音菩萨》，山西高校联合出版社，1994。

吴延燮《北京市志稿》，北京：北京燕山出版社，1998。

吴建雍等《北京城市生活史》，北京：开明出版社，1997。

文安主编《古刹寻踪》，北京：中国文史出版社，2005。

肖武男主编《观世音菩萨经典》，北京：华夏出版社，2007。

徐苹芳《明清北京城图》，中国社会科学院考古研究所编辑，北京：地图出版社，1986。

徐自强《北京图书馆藏北京石刻拓片目录》，北京：书目文献出版社，1994。

许道龄《北平庙宇通检》，国立北平研究院史学研究会，1936。

颜素慧《观音小百科》，长沙：岳麓书社，2003。

阎崇年《北京史话》，北京：中华书局，1982。

余棨昌《故都变迁记略》（旧京景物笔记丛书），北京：北京燕山出版社，2000。

于德源编著《北京历史灾荒灾害纪年（公元前80年—公元1948年）》，北京：学苑出版社，2004。

张江裁《北平岁时志》，国立北平研究院史学研究会，1936年。

张江裁、许道龄《北京庙宇碑刻目录》，国立北平研究院，1936。

张江裁《北京庙宇征存录》，收入《中国史迹风土丛书》，1943。

震华编述《续比丘尼传》（六卷）（民国铅印本），中国宗教历史文献集成编纂委员会编《藏外佛经》（第十九册），合肥：黄山书社，2005。

张军等编《中国地方志民俗资料汇编》(华北卷)，北京：书目文献出版社，1989。

张连城、孙学雷《北京的佛寺与佛塔》，北京：光明日报出版社，2004。

中华图书馆编辑部编《北京指南》，上海：中华图书馆，1918年。

中共北京市委党史研究室编《新旧交替之际的北京——北京解放前夕社会概览》，北京：中央文献出版社，1998。

中国民间文学集成全国编辑委员会《中国民间故事集成·北京卷》，北京：中国ISBN中心出版，1998。

中国第一历史档案馆藏《乾隆二十九年十二月二十三日 奏为派员查明京城各处应修坍塌庙宇事》，档号05-0222-014，总管内务府军机处录副奏折。

中国第一历史档案馆藏《军机处录副奏折》，乾隆九年十一月十四日，监察御史舒敏奏折。

中国第一历史档案馆藏《军机处录副奏折》，乾隆三十四年五月二十一日，监察御史赵镆奏折。

朱封鳌编著《普陀山观音文化胜迹游访》，北京：宗教文化出版社，2002。

附录：北京旧城观音女庙碑刻录文

（一）观音寺碑（京 185）

碑名：觀音寺碑　明天順三年（1459）十二月八日刻。①

【碑阳正文】

敕賜觀音寺重建碑記

翰林院檢討征禦郎掌國子監助教事清□閣仕佐郎國子監學□奉直大夫協正庶尹禮部祠祭清吏司員外郎

京城□維北居賢坊有觀音寺，無碑記，不可考其創建。詢諸居民故老皆曰古迹，素無有力量者居之。歲月□□□□□□。殿中唯一觀音聖像而已。正統十四年秋八月，有北寇入翠嚴寺，住持澤圓號太虛者攜其徒浩祥入城□□□□爰始□□出罄衣缽之資，充拓民地，□廣基址，檀越陳普海、孫福資幣，普山等相繼各施所有爲倡。次第具材，期年立□□五间用□□□□□及二殿始成大勢嚴正，□□□□自是天王、伽藍、祖師諸殿，鐘鼓二樓，山門、□□、僧舍、齋廚繼作，陰陽向背，成適□□□□□□□□□□□□而深益□□□□像設莊嚴，髹漆堅好，施金繪影，□□□□。後殿主像觀音，前殿大通智勝佛，□□□□□□□□□□□五十余像，經費白金百余斤，□□□□□施而□設，皆普海具也。

---

①《观音寺碑》（京 185），明天顺三年（1459）十二月八日刻。首题：敕赐观音寺重建碑记。书体：篆书。碑阴额题：十方檀越芳名，碑阴正文磨泐不清。原在地：北京东城区东九条广慈寺。现在地：不详。据《北京图书馆藏中国历代石刻拓本汇编》第 52 册，第 20 页录文。

□□□□□□□□□□□□九月初八日□□□□□□□□□□□□□足立清規成□其徒□□□□□□□□□□□□□□□□□□□持於茲也。浩祥□□□□昌平劉氏子，自幼出家，慈性唯一，禮澤圓爲師，澤圓□□□□□□□□□□□□□□□□□□□學足爲緇流儀錶，浩祥克盡弟子之職，德行如其師□，協就福善之基□□□□□□□□□□□□□□□□□□□相聞因末求本，滅諸惡趣皎□上乘初地必自茲始具。□□□□□□□□□□□□□□□□伊邇賢閣，澤圓與子善故告祥□□□□既識其復興于碑，凡有功於寺者載□

冬十二月初八日開山第一代住持浩祥同檀越陳普海等

蘇福成鐫

（二）观音寺碑（京 355）

碑名：觀音寺碑 明嘉靖三十四年（1555）四月立。[①]

【碑阳正文】

□敕重修古刹觀音寺碑記

□賜進士□□近□□□□□左侍衛（碑文不清）□賜進士□□□□大□□王（碑文不清）□□左巡□□（碑文不清）敕南京臨□□□□掌南京右軍都□□□□□□□□軍務□（碑文不清）□□予□□人□事□□□□□□□□□□□□□□□觀以說聖帝□乃□□□□□□□□□□□□□□□者矣□見阿□□□□說若能補故□□□寺是□二將□福□知上古□□□□□□□□□□矣。古人□□□心亦有先□□（碑文不清）□得人心之同然也。□□□□□□□（碑文不清）

帝城西直之南舊有觀音寺一所，□□□□□□□□□□（中間碑文不清）踐踏廢墜□□□□□□□□□□□□地□敗日見頹□，無處□□（碑文不清）□□錦參將軍□事後□□□□□志士□□□□□，無復興之，□□□同人（碑文不清）□□□□□□□□□□者，（中間碑文不清）煥然一新。正殿設□□□□（碑文不清）觀世音□□（中間不清）天仙殿兩座，禪室方丈布

① 《观音寺碑》（京 355），清嘉靖三十四年（1555）四月立。額題：重修古刹觀音寺碑記。首題：□敕重修古刹觀音寺碑記。書體：額篆書。拓片无碑阴。原在地：北京西直门内南小街西观音寺。现在地：不详。据中国国家图书馆藏拓片原件录文。

□周密□偉具□□瞻，悲□□□□□□□□□列之儀，凡可以□神者，靡不□□□□□（碑文不清）一方盛□□（碑文不清）矣。使□□前日廢棄之□爲（碑文不清）□□□□□□□□□□□□□□□□□□□□（碑文不清）禪□祝□□□□□□□□□□□□□□□□□□□□□□（碑文不清）□□成，於四月□旬□□事之，底績□□□□□（碑文不清）□□非□所強而然者，即是唐□□□□□□□（碑文不清）□□實祇陀太子園□□□□□（碑文不清）□□□□□□□（碑文不清）□□□□□其□臨，與乾坤同其□大□□□□□□（碑文不清）□□□□神相尊嚴□□□□□□□□□□（碑文不清）

□國□靈長□一人之□□□世之□（碑文不清）

□□嘉靖乙卯歲四月□□

（三）观音寺碑（京356）

碑名：觀音寺碑 明嘉靖三十四年（1555）四月立。[①]

【碑阳正文】

□□□□□□□□□□（前三行碑文不清）□□京城同守□□（碑文不清）□□□□□□□□□□（碑文不清）□□西城之南，□□□□（中間碑文不清）□來之所□□□□（碑文不清）乾清宮（碑文不清）□□□□乃西苑農務廳 使□□□□□□常印□□□□□□□□□□□□□（碑文不清）□□□□□□□□□□□□□□□□□□□□□□□□□□□□□□□邊地□□千余□施以爲修，□□□□（碑文不清）□□□□□□□□□□□□□□□□□□□一山門，後殿碧霞元君、天仙殿兩座，□□□□□□□是□□□□□□□□□□□□佛、彌勒佛□□□□□□□（碑文不清），□□可以□敬神者，靡不詳甚，□□□□□□□□□□□□□□□□（碑文不清）□□□□□□□萬世不拔之甚矣。爰□□□□□□□□□（碑文不清）皇臣□□□□□□□□（碑文不清）故功成□□□終旬喜其事之□□囑予爲文，□□□□□□□□□□□（碑文不清），即是唐相捨宅□觀，以祀觀世音□□□□□□□□□□□□□□□□□□□（碑文不清）□□太子園，建精舍詣佛所居

① 《观音寺碑》（京356），清嘉靖三十四年（1555）四月立。**额题**：重修古刹**觀**音寺碑記。**首题**：□□重修古刹**觀**音寺碑記。**書體**：**額篆書**。无碑阴。原在地：北京西直门内南小街西观音寺。现在地：不详。据中国国家图书馆藏拓片原件录文。

之處，□□□□□□□□□□□□□□□□□□□□□□□□（碑文不清）國□□□□□□□□□（中間碑文不清）日月同其照□，□□同其廣大，□□□之一二世□□□□（以下三行碑文不清）國祚 永長，□□□□（以下碑文不清）

□□嘉靖□□乙卯四月

（四）新建玉皇廟碑（京 864）

碑名：新建玉皇廟碑 明天启四年（1625）十二月十五日立。[①]

【碑阳正文】

新建玉皇廟□□□□碑記

嘗聞皇者大也，無上之謂；帝者宰也，□知之謂；王者碧也，無翳之謂。故世稱天至聖上帝。然蒼蒼茫茫，誰奉行□，則繼明之無□也，故天子曰皇帝，蓋從昊之皇天之帝，而□之帝□雲。《尚書》曰：天工人其代之臣鄰者實日月星辰，四時之推遷而紫微垣凝□中居耳第天道遠，人道邇，則飾於昭昭，肆於冥冥者，十嘗八九不知天視小民，天能自正，小民即天也；狎民者實以狎天。十目所視，十手所指，吾心即天也，欺心者實以欺天。故幽有鬼神，明有王法，凡人一切禍福皆屬自求也，而鬼神又若逼之使就於禍福者，善不與福故，而福必不能外善；禍不與不善期，而禍必不能外不善。善者不知，惡者不知，福者不知，禍者不知。世未有爲善而不知者，爲□知其爲善而善始真；亦未有爲惡而不知者，惟不知其爲惡而惡始極真矣。則杳冥中福與真凝不知其所以凝；禍與極胚不知其所以胚，天之神道護教抑何□且著哉。□人以“獲罪於天無所禱”一語警王孫賈孫，賈未必悟，繁徒未必悟而天下萬世且用以凜凜此語矣，故天下有道則庶人不議。春秋一世，孔子以口筆代斧鉞，孰非天之嘿持世道也乎?

今上龍飛四耕，彌性彌福不啻□至日升天之篤祜其昌有極而引君尚道，仰答天休，余于揆席有翹足矣。頓特恩拔餘田間，累遷亞太官卿上長安未幾道友元陽李真人洎望雲味智少照本哉□虛本正懇紀建玉皇廟事，誼弗可辭。按岫雲氏王，諱一清，徽之歙人，少穎慧，長習制舉，未卒業，厭俗跡，遂事玄修，入武當

---

① 《新建玉皇庙碑》（京 864），明天启四年（1625）十二月十五日立。**額題**：新建玉皇廟碑。**首題**：新建玉皇廟□□□□碑記。**書體**：額篆書，陽行書，陰正書。原在地：北京宣武区南横街三教寺。现在地：不详。据中国国家图书馆藏拓片原件录文。

山中，詁釋諸經典及他書，皆精詣秘奥。充效行脚，遊京師，住白雲觀内。諸中貴往德北面，執弟子禮，複于南城辟土地祠，請更棲焉。會神宗聖母弗豫，榮昌主朝夕泣禱，旻昊罔濟，尋命掌府張公壽、宋公隆遍訪真人可代祝釐者，逾季不得。一日致歎李公昇，以岫雲告張，就之，見王踞，旋去再訪，遍其無求於人。駭曰：非他齷齪輩可倫然。後三清得喏。開經日，二公舉炷泣，岫雲感心公泣，亦誦而泣，甫三晝夜。即日□地天泰之應籲神矣。内外大小莫不頌真人感格，而榮昌主又何惜此阿堵物不率夙願？岫雲甘苦守一羽士，經目百千，曾無足疏淪者，獨無陽報□，始議建玉皇廟，文昌居後，及後殿木方構而岫雲更履已西。衣缽之徒幾失詁，幸元陽朝夕於此，與内諸公飭材鳩工，拓基相位，竹頭木屑，課日省成，甯一榮昌主之一力也乎？山門西向，靈官東對，中爲儀門，前殿三楹，金碧壯麗，嚴玉皇象。左配楹三，奉三元；右配楹三，奉四聖；南配鐘鼓樓。後殿三楹，嚴文昌象。右房七，爲膳堂内庫；左房七，爲雲舍廚房。後山間各三楹，爲静室。又西一院南北向各三，以待□遠之客，過鐘樓西、經堂、五書紀、三儀門外南牆下又一院，三明兩暗，備内奉使者信夙之留。□屋東六儲材西外庫由靈官處迤北，禪屋四所，各三楹，十方道侶不惟□□且得静而，以南則蓄芻、喂馬基備矣。四丈余尺許旗杆二，神宗發以旗旛者，偉矣哉。四周□以圍牆，東圃畝有五,一井七湧，用之不竭。自今始羊坊店園地畝五十，耕地畝百五十，資十方膳粥施博衆濟伊誰之人。創始于萬曆二十九年春，落成於四十八年秋。元陽子曰：是後也，皆少雲、望雲兄弟師徒一口一手所拮，一寸一尺所拓，一念一□所臻，豈易之乎？至元陽友誼道情，望雲不容口出，當于古人中□之者，噫罩皇圖千載祝聖壽無疆，百世當如一日矣。凡施財助工及徒弟孫先後諸姓名例德並載碑陰，以志不朽。惟爾後代子孫各宜恪守清規，永綿岫雲之脈，是爲記。

天啓四年歲次甲子嘉平聖日之穀。

賜進士出身奉議大夫光禄寺少卿前雲南道監察禦史巡按湖廣渭上史記事謹撰；賜進士弟中憲大夫翰林院提督四夷館太常寺少卿前大理寺右寺丞吏部考功清吏司郎中宛陵張守道書丹；特進榮禄大夫柱國少傅兼太子太傅博平侯前軍都督府左都督齊東郭振明篆額，皖桐後學許應□摹；古燕李登雲鐫。

【碑阴】

十方常住□家：屈常壽、陳真瑞、李和鳴、孫□□、孫常山、蘇守□、許性明、□味□、劉清鸞、劉味智、王本戴、李清安、陳虛隆、陶味靜、韓本祥、張清鑑、馬虛元、段味□、張本濟、田清來、劉虛乾。

增修玉皇廟梵修全真住持：王一清。徒孫：祝本德；重孫：王清廉；玄孫：李虛堯；玄玄孫：陸澄極、施味真、施本然、王清玉、甄虛照、馮味□、劉本還、趙清勤、李虛光、張味真、張本正、於清疆、劉虛駐、雷味海、趙清德。

（五）三教寺題名碑（京 897）

碑名：三教寺題名碑 無首題與立碑年代。[①]

【碑阴】

左輔政：張國□、黃明、張敬、王進朝、周尚禮、許□、李文進、張教、張國用、牛祿、屈祥、李承□、晁明、鮑天吉、張祥、周承恩、劉朝、榮得伸、韓承壽、李奉、劉從善、陳進、王玉、邵進朝、錢之章、陳永泰、譚有德、王敏政、張進、商忠、劉忠、梁明、金容、徐萬祿、通昇、郭用、樂貴、高陞、閻進孝、張秉元、王進朝、張進忠、黃一魁、畢朝用、馬化龍、陳昇、申之秀、葛景、於進朝、史朝、馬應麒、張進朝、王文忠、申榮、王裕民、高文明、王廷策、盧國相、趙文福、張恩、張文質、趙奉、楊國棟、亢佃、趙邦紀、蔣昇、王尚進、周亮、趙文明、高進忠、張代麟、張守成、朱儒、崔澤朝、袁□、劉宗、田昇、李□池、李廣、戴吉、郭添壽、孫嘉喜、高朝、宋進朝、吳繼盛、吳進忠、趙璧完、孫文輔、王道元、胡秉忠、王美、劉忠、楊邦□、鄧進。

乾清宮近侍司禮監各衙門太監等官會首：石寅、郭堯臣、劉教、李陞、商承德、韓尚用、張文弼、周維湯、薛永壽、陳良、李喬、高位、趙邦柱、蔡國用、王進忠、張□範、劉文翰、孫尚禮、楊　奎、馬雲程、張　陞、張　進、張　春、申承璽、□國政、于進朝、楊象乾、馮　良、田存善、王　□、馮允昇、楊進、張全忠、段卿、王增壽、周春芳、魏相、王致□、李　清、張□朝、魯尚用、曹　裕、

---

① 《三教寺题名碑》（京 897），无首题与立碑年代。额题：十方题名碑记。书体：正书。无碑阳。碑阴共收录乾清宫近侍司礼监各衙门太监会首题名 199 人。原在地：北京宣武区南横街三教寺。现在地：不详。据中国国家图书馆藏拓片原件录文。

呂進、安進、張從訓、郝維、陳正紀、王國泰、蔡進朝、李國卿、馬進朝、劉惠、楊文選、王忠、王貴、李 艾、田布尹、郭安、陳添壽、彭守智、孫元德、董致忠、呂純、李昇、曹爲國、趙朝、申繼賢、檀勵、李秉植、張進□、羅祥、殷成、朱進喜、範廷儀、劉守紹、王宣、劉良弼、魏國臣、張嘉相、李保、張洪善、常鎮寧、徐純、牛文進、韓進、於躍輔、施大用、趙進忠、張進朝、李志議、李宗順、孔文源、張學詩、祝壽、郭進、趙正科、韓春、馬文弼、王進、田進朝、陳永壽、王進忠、郝拱然。

（六）文昌殿碑（京 862）

碑名：文昌殿碑 清顺治十八年（1661）二月二日刻[①]

【碑阳正文】

□□□□□□□□□□文昌大殿碑記

京師城南玉皇廟，皇清順治丁酉，住持清勤始嚴鳩庀材，以謀新輪奐，既落成，文昌殿建立，皇□□次賜帑金一千五百兩，世章皇帝駕臨祇謁，皇情悅豫，發帑金一千兩。□□□□□□乘正齋賜□，今又閱三載矣。清勤既感先皇帝欽天祀神之意，複自念累業經始之勞，將伐石建碑以紀其盛，而徵文于余。□明天啓間光祿卿史公原碑，廟址系城南土地祠，爲開山住持王岫雲幻□棲□之所。岫雲風羽流龍象歸體物子曾注道德經文，始化書金丹四百字行世。會明神廟慈宫弗豫，榮昌王欽其道行，延請祝釐□□□□□□創建廟宇□□□文昌殿。而岫雲羽化，嗣徒味智、味貞，孫本齊、本然、本正相繼□建大殿暨鐘鼓樓、兩廊□房，隨建兩配殿及彌□□□□宫紺宇□□□□□清勤□□幽邃□□□□□□□宇年深摧漶，夫願重修，□□有年，始獲建文昌大殿及兩配殿。廟□一新，都人瞻□，□稱□年。岫雲師以丹立化迹托履棲□，□□王之孝思興隆盛事，法裔相延，經營數世，而清勤□能不忘祖志，□斷丹□，不遺餘力乃至上助。至尊□□□□寵錫朱□，雖□□遇之非常□由祖孫之一德洵□稱矣。乃餘以此□重有感焉。光皇帝□□□□□□□□□

① 《文昌殿碑》（京 862），清顺治十八年（1661）二月二日刻。**额题**：重修文昌殿記（篆書）。**首题**：□□□□□□□□□□文昌大殿碑記。原在地：北京宣武区南横街三教寺。现在地：不详。据《北京图书馆藏中国历代石刻拓本汇编》，第 61 册，第 161 页录文。

（七）廓然禪林碑（京 524）

碑名：廓然禪林碑 清康熙三十二年（1693）十二月八日刻。[1]

【碑阳正文】

新建□□下院廓然禪林碑記

夫□□流芳，闡宗風而不墜；一燈發焰，續慧命以綿長。凡聖同皎，天人共仰。恭惟□□法兄和尚聲昭朝野，道及蠢靈。印一乘之精傳，羣魔蕩息；紹雙桂之妙法，異域駢遘。槎梁普濟，能爲救世之醫王；揶栗横□，□是割塵之慧劍。慈門海曠，化百佛以个身；至性山空，渡十方而應現。整委靡於末法，獨轉金輪；啟顏懦於餘流，重開寶筏。豈曰聖主傳宣，作千秋之遇合；尤忻楓庭賜對，為一代之觀瞻。龍象雲臻，檀那景集。聞者心悅，見者眉舒。各捐淨資，用買梵刹。永滋雙桂之慈航，指禅億年之薦席。願宰官種福果於將來，俾沙門祝簪纓於後裔。玆因 和尚拔錫還山，廓然無託，幸值我龍興法叔□□上□下□和尚囑嗣□□□□□□□在京，特請主持，全身擔荷常住，一切器皿等物，一□列單交付焉。授受之規模，嗣此交代。惟擇□□有德者居之。不得紊亂家風。試看選佛場開，施甘霖於六合；傳燈勒碣，振法眼於千枝。道繼前徽，風開弈世。

□□法第□□和尚撰。江寧□□□□和尚書。

法派：道尊祖鏡懸，徧現陸中蓮。智慧洪深远，□光照大千。曹溪宗法旨，□□□花鮮。普蔭周 1 □界，香林亙古傳。

清康熙三十二年十二月初八日（下不清）

【碑陰】

御前侍衛掌鑾儀衛雲麾使左所掌印山主掌儀司員外郎：□遠洪、昌趙七、劉文耀、□塞、阿哈尼坎、張得惠、傅良佐、盧尚志、曹科選、孫明道、王遇照、龎進舉、劉文龍、孟敏臣、黃金章；儲司員外郎：王士俊、□男覺；侍衛：□□□、□□□、赫哲□克、堪太、□□□、□□□、□□□、□□

---

[1]《廓然禅林碑》（京 524），清康熙三十二年（1693）十二月八日刻。碑阳额题：万寿无疆。首题：新建□□下院廓然禅林碑记。书体：楷书，额双勾篆书。碑阴额题：萬世流芳。原在地：北京旧鼓楼大街小石桥胡同观音庵。现在地：不详。据《北京图书馆藏中国历代石刻拓本汇编》，第 65 册第 41—42 页录文。

（八）圓通寺碑（京 852）

碑名：圓通寺碑 清咸豐八年（1858）十二月刻。①

【碑陽正文】

重修圓通寺碑記

京師宣南坊圓通寺建於前明永樂十三年。住持戒衲竹林禪師，法名源興，浙江杭州府富陽縣人。祖父例贈文林郎周國秀公，父錦堂公，母紀孺人，生有夙慧，性厭凡塵，年甫四齡，捨身事佛，及十二歲即已落發，自圓通堂上始祖壽公和尚傳至永公和尚，爲第十代竹林，則其弟子也。前于道光二十六年，因大雄寶殿摧殘傾圮，既經發大願力，一新舊址矣。今年複重修門母、寶壇及四圍牆垣，工既告竣，乞言于余，餘惟使蒼生安穩者，是謂佛理。夫安穩非安逸之謂也，其謂各盡其職，各勤其業，則心不外馳，即身無廢事所爲，真實修行，成第一功德也。今夫下蒼生亦不安穩甚矣，揆厥所由，大抵服官者粉飾耳目，苟安旦夕，譬諸傳舍，國家建置，有經歲修，有典而蒞任者，聽其荒蕪，未聞葺補一事，如此事事可知夫士大夫以國家所自有之財，爲國家籌緩急之用，乃左右支絀，未見起色，而竹林以孑然之身，無憑藉之資，積窮年之力，殫土木之功，昔也數椽風雨，松杉寥落；今也繡柱金鋪，纓絡莊嚴，竟使蓮花世界，樹雲表之巍峨；寶鐸和聲，答林間之梵響。喜園迢遞，樂樹扶疏，從此環繞禮懺，六時不輟。恒河七寶，等身佈施，爲天下祈無量無邊功德者，其在是矣。假使士大夫能如是之，各勤其業，各盡其職，蒼生更何患不安穩哉，然則竹林之行其亦可傳也。夫遂援筆而爲之記。

賜進士及第誥授奉直大夫 記名禦史翰林院編修許其光謹撰

翰林院待詔 實録館校對功臣館收掌 記名倉監督己酉科拔貢王應孚敬書

監修鴻臚寺序班即選縣丞童育泉

欽天監博士童楷

咸豐八年 歲在戊午十二月 轂旦立

---

①《圓通寺碑》（京 852），清咸丰八年（1858）十二月刻。**額題**：永垂不朽。首題：重修圓通寺碑记。**書體**：碑文正书，额篆书。原在地：碑在北京宣武区裘家街。现在地：不详。据《北京图书馆藏中国历代石刻拓本汇编》，第 82 册第 149 页录文。

（九）觀音寺旗杆碑（京 1220）

碑名：觀音寺旗杆碑 清光緒二十二年（1896）五月刻。[①]

【碑阳正文】

重建觀音寺旗杆碑記

懿夫菩薩抱慈悲之念，渡世普濟乎群生，京師爲首善之區，設教尤重夫神道。正陽門外大柵欄迤西地方有觀音寺焉，其創建于何時，重修者幾次，碑記無存，莫□稽考，但坐落之街衢即以寺名名之，其由來固已遠矣。主持僧靈泉開士嚴尊戒律，恪守清規，洵方今緇流中之矯矯者。因山門內雙旗杆年久糟朽，被風吹折，靈泉心焉憫之，尤懼其自己身而廢墜也，矢願重新建立，複還舊觀，幾香資所入，銖積寸累，存有若干，估計仍不敷用，爰商諸檀樾量力集資，共襄善舉，於是鳩工庀材，經營締構而廢者復興，墜者複舉且也。前後殿宇葺而新之，內外□垣□而□之，經始於二月朔日，告竣於五月望日，是役也，人皆歎靈泉之有志竟成，而不知佛法之潛孚默佑也。嗟乎，功德無邊，感通有素，慈航普渡，寰海鏡清，慧日高懸，江山錦簇。乘寶筏者三千界，□金甌於億萬年，其所以裨我皇圖，保我黎庶者，豈不懿歟？是爲記。

誥授中憲大夫 賜進士出身工部營膳司主事加七級利津高彤瑄薰沐敬撰

誥授中憲大夫 賜同進士出身工部主事加四級 新城邢維經薰沐敬書

誥授中憲大夫 賜同進士出身刑部主事加四級 章邱孟廣模薰沐篆額

光緒二十二年歲次丙申五月 穀旦

（十）觀音寺碑（京 770）

碑名：觀音寺碑 民國十年（1921 ）五月一日刻。[②]

---

① 《觀音寺旗杆碑》（京 1220），清光绪二十二年（1896）五月刻。額題：福緣□□。首題：重建觀音寺旗杆碑記。书体：正书。原在地：北京宣武區大柵欄西街。现在地：不详。据《北京图书馆藏中国历代石刻拓本汇编》，第 87 册第 150 页录文。

② 《观音寺碑》（京 770），民国十年（1921）五月一日刻。額題：万古流芳。无首題。書體：正书。撰书人：僧性泉。原在地：北京宣武区大栅栏西街。现在地：不详。据《北京图书馆藏中国历代石刻拓本汇编》，第 93 册第 58 頁录文。

【碑阳正文】

重建觀音寺旗杆碑記

蓋觀音寺爲燕京名勝，闡揚宗教，創建於明代。殿宇雲堂屢經大檀越信士莊嚴念佛力普明照于衆生。時逢民國成立，爲改革從新以路政尤關緊要，九年間經市政公署示諭退讓地點，擴充南北馬路。住持性泉正在躊躇之際，幸仰賴衆檀越大信士發心輔助以成善舉，茲將募緣文啓錄之于左。

敬啓者北京正陽門外右二區地方觀音寺廟，創自明初，數百年來未能隨時修理，各處殿宇以及山門山牆多有不堪。茲值市政公所興修馬路，擴充路線，本廟群房山門山牆均在退讓界限，地方路政迫不及待，拆卸繕修工程浩大。主持戒衲性泉平素清修無蓄，獨力難支，惟仰賴十方大善士量力助施，成茲善舉，庶幾安禪奉佛，無褻莊嚴，美哉奂美哉輪，無羡補天之巧；得吾尺得吾寸，不矜縮地之奇。托缽懇祈諸大檀越大慈大力佈施功德，助成此願則功德無量，福德無量，子孫綿遠，龍天護佑，當時機緣在該都會林立，轉瞬四月之久，募款源源接濟，破土改造，先將後殿釋迦牟尼佛及兩序羅漢法身莊嚴；中殿觀世音菩薩尊像並前殿護國伏魔關聖大帝尊像莊嚴，及山門山牆改建並配房改修西樓十間，北樓三十五間，前後殿宇莊嚴，成就彼得。住持性泉奉佛供養，乃衆檀越信士佈施功德不敢泯沒，以翰墨之迹將善士芳名勒于碑石，永垂不朽，功德願力，以結淨土之緣也。

中華民國 歲在辛酉五月 吉日穀旦

住持僧性泉率徒定源 敬立

后　记

北京是我生长的地方。在我的记忆里，北京与庙有关的地名很多。与皇家庙宇的富丽堂皇相比，那些散落在民间的众多小庙或湮没无存，或已变为民居大杂院。在我们开始调查时，关于它们的历史已很少有人知晓。

2003 年夏到 2009 年秋，我回到母校北京师范大学，在职攻读民俗学专业博士研究生。本书为作者参加导师董晓萍教授主持的教育部人文社科重点研究基地重大项目“清代民俗文献研究”的子课题成果，该项目与董晓萍教授与法国远东学院吕敏（Marianne Bujard）教授合作的“北京寺庙碑刻与社会史”项目田野调查工作同步进行。本书所研究的北京寺庙中的观音菩萨是佛教四大菩萨之一，也是中国百姓生活中最有影响力的女神之一。从笔者所调查的实际资料看，在晚清至民国时期，北京还有一些专供女性出家者修行居住的庙宇，其中不少是以观音为主神的。是谁修建了这类庙宇？又是谁在这些寺庙中修行？这些庙宇的存在与北京城市社会以及特定时代的女性生活有哪些关系？在查阅文献的过程中，我发现相关记录很少。带着困惑，我走进田野，走近出家女性，寻访曾经的历史。当我把在田野中获得的口述史料与文字史料相对接时，那些在文献记录中被隐去的女性身影以及被遗忘的女性故事，一一浮现在眼前。本书的写作过程使我了解到在 1911 年至 1949 年的社会转型期，北京处于社会底层的一部分女性所遭遇的困境以及为摆脱困境所付出的努力。在她们的心目中，宗教不是远离现实的乌托邦，也不是邪恶与叛逆的危险品，而是应对现实危机的一种生存策略。由此亦使我认识到，历史其实有多种书写形式，而在以往以男性为主导的历史记录中，人们几乎听不到女性的声音。为此，我尝试在本书写作中运用另一种方式，即通过女性的自我表述与历史文献的参照对比，从一个侧面体现北京城市社会史和女性生活史的多样性与复杂性。

本书终稿是我在 2009 年通过评审的博士论文基础上修改完成的。感谢导师董晓萍教授的悉心指导与言传身教。在跟随导师学习的过程中，我不仅重温了钟敬文先生所留下的宝贵学术遗产，而且在母校底蕴深厚、开放交流的环境影响下，切实体会到学术对话与文化传承的意义。感谢清华大学社会学系的李强教授，北京大学东方文学研究中心的王邦维教授，中国社会科学院世界宗教研究所的马西沙教授和考古研究所赵超教授，北京师范大学历史学院的晁福林教授和文学院的色音教授，以及法国远东学院的吕敏教授，各位先生对本书选题和结构的充分肯定以及在文献检索和论题展开等方面所提出的宝贵意见，使本书在修改时得以进一步完善。感谢我的硕士论文导师陈子艾教授的引导与勉励。上世纪 90 年代初，她带着两个“不听话”的女弟子到云南和贵州少数民族地区进行田野考察。这次难忘的经历，使我对民俗学的研究对象以及田野作业方法产生了浓厚兴趣并有了最初的直观体验。感谢鞠熙博士、赖彦斌博士、赵娜博士、周锦章博士和法国远东学院阮如意（Victoire Surio）女士在田野工作上所给予的启发与帮助。感谢北京胡同里那些素不相识却热情相助的大爷大妈，他们对北京城的热爱，对转型期社会问题的担忧以及对美好生活的期待，令我感动。我特别要感谢隆智和亲莲两位老人以及隆智的堂妹，正是因为加入了她们的声音，本书的个案才有了鲜活的生命！

感谢中国国家图书馆以及北京档案馆工作人员热情周到的服务。感谢家人给予我的理解、关爱与支持，特别是我的父母，他们总是尽可能地减轻我的负担，使我在忙碌的教学工作之余，能够心无旁骛地完成本书的写作。

最后，我要感谢北京语言大学、北京市共建项目以及学苑出版社徐建军先生为本书出版提供的有力支持。本书责任编辑刘丰先生对拙作进行了认真、细致的审阅并提出了中肯的修改建议。在此一并致谢！

由于本书涉及的学科领域和资料范围很广，笔者学力有限，书中错讹之处难免，恳请专家、读者批评指正。